JN008981

中学入試 国語

実力突破

受験研究社

この本の特色としくみ

有名国立・私立中学校の入試を突破するためには、基本を理解し、実際の入試問題を多く解いて、応用力をつけることが重要です。本書は有名中学校の入試問題の中から、重要な問題、よく出る問題を選び、実力が確実につくようくふうしました。

実力強化編

基本問題　その単元で学習する内容にしぼった、基礎レベルの問題を取り上げています。

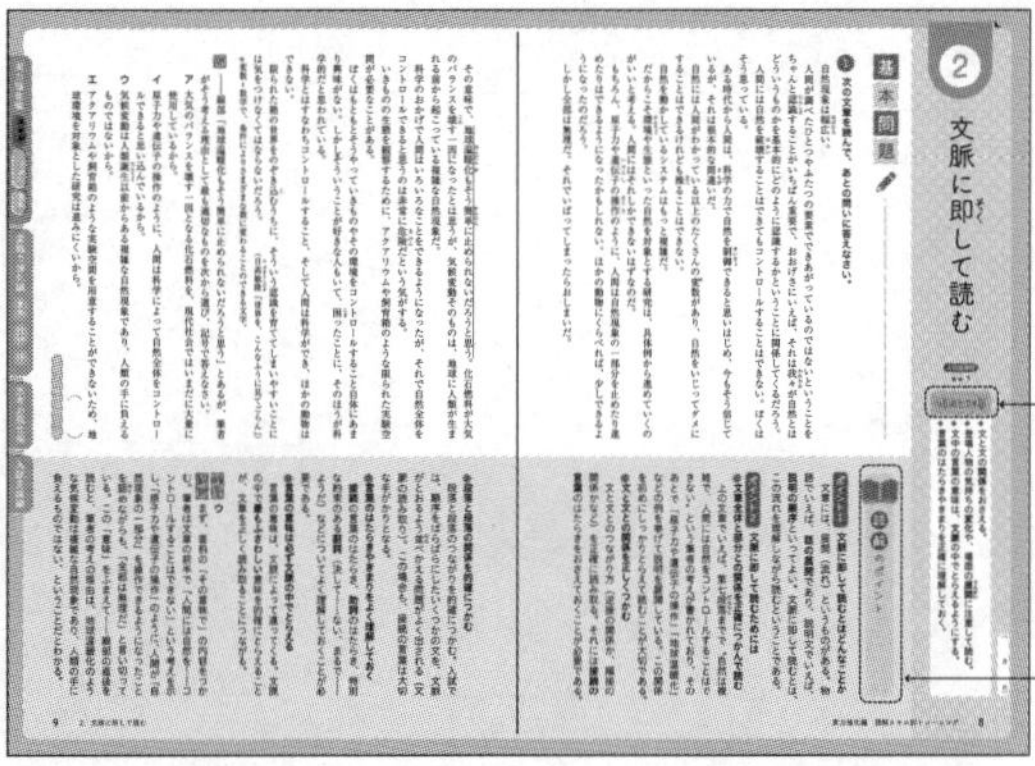

傾向と対策　入試問題の出題傾向と単元の学習内容を関連づけ説明しています。

読解のポイント　学習するポイントを挙げ、それぞれくわしく解説しています。

問題と同じページに解答・解説がついているので、自分の答えをすぐに確かめられます。

実力問題　その単元で学習する内容を含む、標準レベルの問題を取り上げています。

よく出る　入試でよく出る問題です。

難問　難易度の高い問題です。

記述式解答の必要な問題です。

実戦力強化編

入試の国語においてとりわけ重要な読解問題にしぼり、実際の入試問題と同等のハイレベルな問題を取り上げています。じっくりと取り組み、実際の入試を突破する実力を養うことができます。

思考力強化編

最近の入試でしばしば出題される、長文記述の解答を要する問題や、条件・課題についての作文解答の問題を収録しています。最近の傾向に対応して、しっかりと対策することができます。

入試完成編

最近の入試問題から精選した問題で構成しています。総合的な力を試せる形式なので制限時間を守り、入試本番に臨むつもりでチャレンジしましょう。

チェックカードの使い方

付録として、チェックカードを設けています。入試によく出る漢字・語句の問題を集めていますので、試験前に集中的に取り組むことにより、短期間で対策できます。

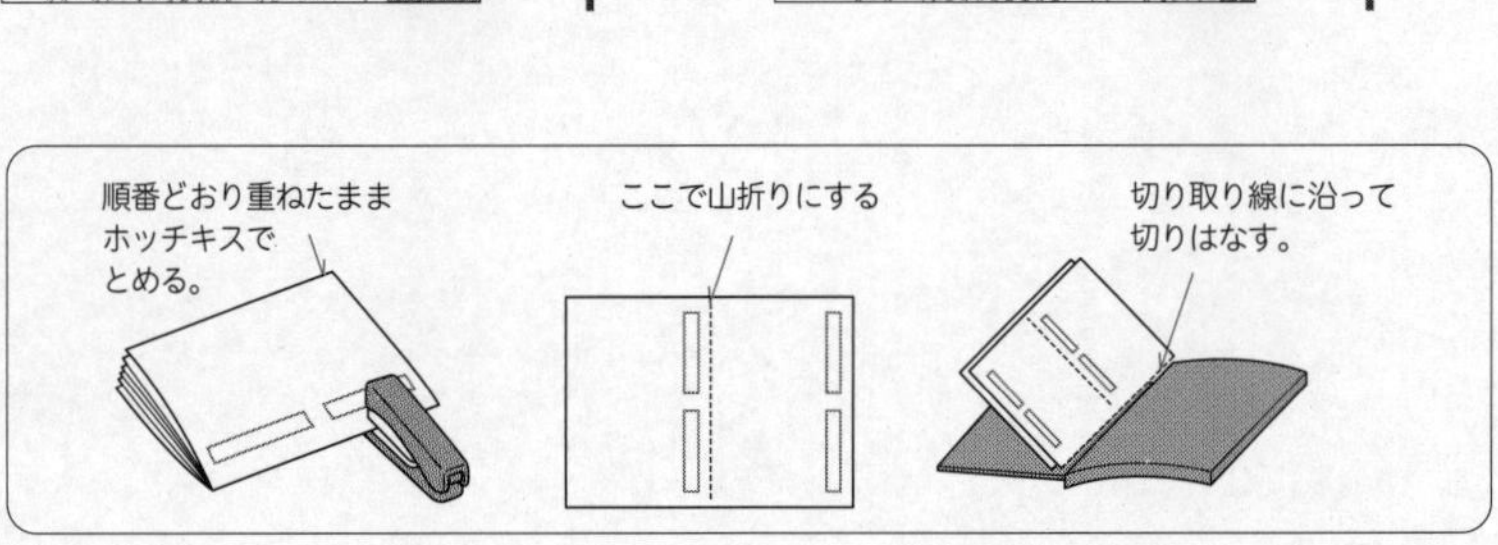

もくじ

実力強化編

読解スキル別トレーニング

1 心情・場面・情景を読み取る …… 4
2 文脈に即して読む …… 8
3 指示語・接続語をおさえる …… 12
4 要点を読み取る …… 16
5 段落の関係をとらえる …… 20
6 要約の仕方 …… 24
7 主題・要旨を読み取る …… 28
8 筆者の考えをとらえる …… 32

読解ジャンル別トレーニング

9 物　語 ① …… 36
10 物　語 ② …… 40
11 随筆・紀行文 ① …… 44
12 随筆・紀行文 ② …… 48
13 説明文 ① …… 52
14 説明文 ② …… 56
15 論説文 …… 60
16 詩 …… 64
17 短歌・俳句 …… 68

漢字・語句・文法

18 言葉のきまり（文の組み立てと敬語） …… 72
19 言葉のはたらき（品詞とそのはたらき） …… 76
20 ことわざ・慣用句・故事成語・四字熟語 …… 80
21 同訓異字・同音異義語・類義語・対義語 …… 84

実戦力強化編

読解 文学的文章

1 場面・情景をつかむ ① …… 88
2 場面・情景をつかむ ② …… 92
3 心情を読み取る ① …… 96
4 心情を読み取る ② …… 100
5 文脈に即して読む ① …… 104
6 文脈に即して読む ② …… 106
7 主題をつかむ ① …… 108
8 主題をつかむ ② …… 110

読解 説明的文章

9 事実と意見を読み分ける ① …… 112
10 事実と意見を読み分ける ② …… 114
11 指示語・接続語をおさえる ① …… 116
12 指示語・接続語をおさえる ② …… 118
13 段落の関係をつかむ ① …… 120
14 段落の関係をつかむ ② …… 122
15 要旨をつかむ ① …… 124
16 要旨をつかむ ② …… 126
17 詩・短歌・俳句を味わう ① …… 128
18 詩・短歌・俳句を味わう ② …… 130

思考力強化編

1 資料を読み取って書く ① …… 132
2 資料を読み取って書く ② …… 134
3 資料を読み取って書く ③ …… 136
4 資料を読み取って書く ④ …… 138
5 課題・テーマを読んで書く ① …… 140
6 課題・テーマを読んで書く ② …… 142
7 課題・テーマを読んで書く ③ …… 144

入試完成編

中学入試 模擬テスト 第1回 …… 146
中学入試 模擬テスト 第2回 …… 150
中学入試 模擬テスト 第3回 …… 154

本書に関する最新情報は、小社ホームページにある**本書の「サポート情報」**をご覧ください。（開設していない場合もございます。）

なお、この本の内容についての責任は小社にあり、内容に関するご質問は直接小社におよせください。

1 心情・場面・情景を読み取る

実力強化編　読解スキル別トレーニング

入試重要度 ★★★

（　月　日）

傾向と対策

- ◆ 登場人物の行動や会話から深く考えて**心情**を読み取る。
- ◆ 登場人物の立場で読んだり、自分と比べて読んだりする。
- ◆ **場面・情景**が、登場人物の心情とどう関わっているかを考える。
- ◆ **作者**（筆者）の心情の表れている部分も読み取る。

読解のポイント

ポイント1　心情とは何か

心情とは、作品の中に出てくる人物の、**心の動きや気持ち**のことである。また、作者の気持ちを指すこともある。

ポイント2　心情を読み取るうえで大切なことはどんなことか

心情を読み取ることは、作品（文章）を通して、作者が読み手にうったえていることを知ることである。次のようなことに気をつけて読み取る。

- 気持ちを**直接的に表現**している部分を読み取る。
- **会話**や**独り言**などから読み取る。
- 登場人物の**様子**や**行動**などから読み取る。
- **比喩《ひゆ》表現**や、間接的に表現されている部分から読み取る。

ポイント3　場面・情景とは何か

場面や情景は、その作品の**背景《はいけい》**として描《えが》かれる場合や、物語の展開《てんかい》に合わせて表現される場合が

基本問題

1 次の文章を読んで、あとの問いに答えなさい。

「私《わたし》」が小学六年生のとき、クラスメイトの高山《たかやま》くんの万年筆（父親からもらったという大切なもので、何万円もする品物）がなくなるという出来事が起こった。ランドセルを収納《しゅうのう》する棚《たな》にのこされたインクの汚《よご》れが、「私」のランドセルのそばにあったため、「私」は盗《ぬす》みの犯人として疑《うたが》われる。身に覚えのない「私」が自分のランドセルの中を確認《かくにん》すると、高山くんの万年筆が入っていた。

先生は誤解《ごかい》していた。私の家は父親のいない母子家庭だ。だから、父親から高価な贈《おく》り物をされた高山くんに嫉妬《しっと》して、こんなことをしたのだと、おもいこんでいた。

帰りの会がおわって、私だけ職員室に連れて行かれた。いつまでも自分のやったことを認《みと》めないので、先生は業《ごう》を煮《に》やし、母の職場に電話をすると言いはじめた。泣きながらやめてくださいと言うと「じゃあ正直になってお願いだから」と先生は言う。首を横にふりつづけていたら、あきらめたような顔で母の職場に電話をかけた。母は税理士事務所ではたらいているのだが、ちょうど一日の業務を済《す》ませて帰り支度《じたく》をしていたところだったらしい。タクシーをつかって蒼白《そうはく》な顔で職員室に駆《か》けつけた。母はまず先生の話を聞いて、ハンカチで目元をおさえながら、しきりに謝《あやま》っていた。先生の話がおわると、母が私の頭をおさえつけて「ほら、真琴《まこと》、あんたも謝りなさい！」としかった。

「わ……、私……、やってない……」

涙《なみだ》と鼻水まじりに、ようやく私は、それだけを言えた。先生は「まだしらをきるの？」という表情をする。私は絶望した。私のことを信じてくれる人なんて、きっとどこにもいないのだ。しかし母は、そんな私の言葉を聞いて、何かを感じ取ってくれたらしい。おそるおそる先生に問いかける。

「うちの子、やってないと、言ってますが……。どういうことでしょう……？」

「でも、お母さん、万年筆は真琴さんのランドセルに入っていたわけですし」

「うちの子にかぎって……。みなさん、なにかおもいちがいをしているのでは……」

職員室を出るとき、母にむける先生方の視線《しせん》はよそよそしかった。学校を出たところで雨にふられ、コンビニで弁当とビニール傘《がさ》を買った。家に帰り、レンジで弁当をあたためて二人で食べているとき、私たちの髪《かみ》の毛は濡《ぬ》れて波うっていた。

（中田永一《なかたえいいち》「宗像《むなかた》くんと万年筆事件」）

問 ――線部「私たちの髪の毛は濡れて波うっていた」とあるが、この部分について説明したものとして最も適切なものを次から選び、記号で答えなさい。

ア 学校に呼《よ》び出されて遅《おそ》くなったため、親子の楽しいはずの夕食が、質素なものになったことへの不満が象徴《しょうちょう》されている。

イ 担任《たんにん》の先生は話を聞いてくれず、親が他の先生達のよそよそしい視線を受けたことによる、娘《むすめ》の後悔《こうかい》が強調されている。

ウ クラスメイトのものを盗んだといううわさが広がることへの不安が、親と娘のそれぞれの視点で巧《たく》みに表現されている。

エ 自分たちの言い分を先生が全く聞き入れてくれず、一方的に盗みの犯人にされてしまったことへの親子の悲しさが表れている。

オ 娘が盗みの犯人にされてしまったことで、今後の自分たちを襲《おそ》うであろう不幸に対するあきらめの気持ちが読み取れる。

西武学園文理中―改　（　　）

ある。情景は、単なる風景ではなく、登場人物の心情とも関係のあることが多い。したがって、心情・場面・情景はたがいに関連させて読み取ることが大切である。

ポイント4 場面・情景の読み取りで大切なことはどんなことか

- 文章中の**表現**を細部まで気をつけて読むこと。
- 自分の**経験**と結びつけて場面や情景を豊かに想像してみること。
- 場面や情景と、**登場人物の気持ち**とのつながりを考えてみること。

解答 エ

解説 先生は、「私」が高山くんに嫉妬して万年筆を盗んだとおもいこんでおり、「私」が「首を横にふりつづけて」も、「やってない」と言っても信じてくれない。また、「私」の母が「なにかおもいちがいをしているのでは」と言っても、「先生方の視線はよそよそし」い。「私」と母は、自分たちの言い分をまったく聞き入れてもらえなかったのである。このような状況《じょうきょう》をふまえると、――線部の濡れた髪の毛の描写《びょうしゃ》には、一方的に盗みの犯人にされた「私」と母の悲しみが表れているといえる。

実力問題

解答編1ページ

（　月　日）

1 次の文章を読んで、あとの問いに答えなさい。

[Ⅰ]から[Ⅱ]へと移り変わっていくこの季節には、ありとあらゆる生きものが子育てにいそしむ。草を刈《か》っていたら野ネズミの巣(子ネズミ入り）が現れたり、畦道《あぜみち》の先をタヌキが子連れで横切ったり……。

うちの馬小屋には今年、ツバメが巣をかけた。大きな梁《はり》の真ん中、人に観察はされるが邪魔《じゃま》はされないという①絶好の位置だ。チーチージュクジュクキュイキュイ、とさえずりながら慌《あわ》ただしく出入りする親鳥を、馬小屋の屋根によじのぼった猫《ねこ》たちが日がな一日見張っている（でも届《とど》かない）。その猫たちを、犬たちが下から見あげては吠《ほ》えまくる（でも届かない）。

シーッと彼《かれ》らを黙《だま》らせながら一緒《いっしょ》に見あげると、のどの赤いヒナが競って口をあけているのが見える。ポケットのような形の巣は、泥《どろ》を唾液《だえき》で固めて作るものらしい。昔は人間の家も地方ごとに土塀《どべい》や塗《ぬ》り壁《かべ》の色が違《ちが》ったというけれど、②彼らの巣はいまだにそうなんだろう。

毎年、こうしてツバメを見るたびに③思い出してしまうことがある。小学四年生のキャンプ。学年全員が、四台のバスに分乗して遠出をした帰り道のことだ。

バスの待つ駐車場《ちゅうしゃじょう》まで列になって歩いて戻《もど》る途中《とちゅう》、私《わたし》は、とある家の前の溝《みぞ》に落ちているツバメのヒナを見つけて動けなくなってしまった。みんなが押《お》し合いへし合いして覗《のぞ》きこむなか、④うずくまっているヒナを両手ですくいあげる。くちばしなんか文字通りまだ黄色くて、ちょっと押してもつぶれてしまいそうだけれど、前にスズメだって育てたことあるもの、きっと大丈夫《だいじょうぶ》。

と、滞《とどこお》る列を不審《ふしん》に思った先生が走り寄ってきた。

「そこ、何してるの！　道草してないでまっすぐ歩きなさい！」

「先生、見て、ツバメの子が……」

最後まで言う暇《ひま》もなかった。先生は一瞬《いっしゅん》迷いこそしたものの、すぐにヒナをひったくるようにして私の帽子《ぼうし》に入れると、列のほうへぐいっと背中《せなか》を押しやったのだ。

交通量の多いところだったから先生も[A]していたのだろう、と、今だからわかる。でも当時の私は、大好きな先生の険しい横顔と、押された力の思いがけない強さにすっかりすくんでしまい、バスが動きだしてからも帽子の中のヒナを眺《なが》めるふりを装《よそお》ってうつむいていることしかできなかった。

けれど、バスは五分ほど走った後、するすると路肩《ろかた》に寄って止まった。運転席のほうから無線でほかのバスとやり取りする声が聞こえ、やがて男の先生が私の席へやって来て、ひどく優《やさ》しい声で言った。

「そのヒナはここに残していこう。生きた餌《えさ》しか食べないから僕《ぼく》らにはとても育てられないけど、ここならお母さんツバメが見つけて餌を運んでくれるから。ね？」

まわりじゅうの視線《しせん》が注がれていた。私のせいで四台ものバスが止まっているのだ。巣からこんなに離《はな》れた今、お母さんツバメ云々《うんぬん》という先生の言葉がその場を丸くおさめるためのウソに過ぎないことくらい子供心にもわかっていた。でも私には何も言えなかった。そんなのウソだよ、と言ってしまったが最後、ヒナを守るために先生たちと戦わなくてはならなくなる。ああ、こんなことなら拾ったりしなければよかった。せめて元の場所に帰してやれたら……。

結局、しばらくして、バスは再び走りだした。ピィピィと鳴くヒナを、［Ⅲ］。

先生たちばかりかクラスのみんなまでがほっとしているのを肌《はだ》で感じながら、私はやっぱりうつむいていた。あのヒナを守らずに自分自身を守ってしまった、そう思うといたたまれなさに顔が上げられなかった。か細いヒナの鳴き声が耳に残って、涙がこぼれそうだった。

あれから三十年ほどがたつというのに、いまだにツバメの姿《すがた》を見るたび胸《むね》の奥《おく》が［B］するのはそのせいだ。しようと思えば出来たのにしなかったこと――そういう後悔《こうかい》ほどいつまでも尾《お》を引くものはない。

（村山由佳《むらやまゆか》「楽園のしっぽ」）

(1) ［Ⅰ］・［Ⅱ］には、春・夏・秋・冬のどの季節が入るか。それぞれ答えなさい。

Ⅰ（　　）　Ⅱ（　　）

(2) ――線部①「絶好の位置」とあるが、だれにとって「絶好」なのか。適切なものを次からすべて選び、記号で答えなさい。

ア ツバメ　**イ** 馬　**ウ** 猫
エ 犬　**オ** 筆者

（　　）

(3) ――線部②「彼らの巣はいまだにそうなんだろう」とあるが、どうしてそうなのか。その理由を三十字以内で答えなさい。ただし、句読点等も字数にふくめる。

よく出る

(4) ――線部③「思い出してしまうことがある」とあるが、「思い出すことがある」という表現と比べると筆者のどのような思いが強く伝わるか。「～の思い」に続く形で本文中からぬき出しなさい。

（　　）の思い

(5) ――線部④「うずくまっているヒナを両手ですくいあげる」とあるが、筆者はどうするためにそうしたか。最も適切なものを次から選び、記号で答えなさい。

ア 巣にもどしてやるため。
イ 家に連れ帰って育てるため。
ウ 大好きな先生に見せるため。
エ 他の人に取られないようにするため。

（　　）

(6) ［A］・［B］に入る言葉として適切なものをそれぞれ次から選び、記号で答えなさい。

ア しくしく　**イ** くよくよ　**ウ** ぴりぴり

A（　　）　B（　　）

(7) ［Ⅲ］に入る内容として最も適切なものを次から選び、記号で答えなさい。

ア 元の場所に帰してやって　**イ** 先生に取りあげられて
ウ 道路脇《わき》の草むらに残して　**エ** そのまま抱《だ》きかかえて

（　　）

巣鴨中―改

2 文脈に即《そく》して読む

入試重要度 ★★★

傾向と対策

◆ 文と文の**関係**をおさえる。
◆ 登場人物の気持ちの**変化**や、場面の**展開**《てんかい》に注意して読む。
◆ 文中の言葉の意味は、**文脈**の中でとらえるようにする。
◆ 言葉のはたらきやきまりを正確に理解しておく。

（　月　日）

基本問題

1 次の文章を読んで、あとの問いに答えなさい。

自然現象は幅広《はばひろ》い。

人間が調べたひとつやふたつの要素でできあがっているのではないということをちゃんと認識《にんしき》することがいちばん重要で、おおげさにいえば、それは我々《われわれ》が自然とはどういうものかを基本的にどのように認識するかということに関係してくるだろう。人間には自然を破壊《はかい》することはできてもコントロールすることはできない。ぼくはそう思っている。

ある時代から人間は、科学の力で自然を制御《せいぎょ》できると思いはじめ、今もそう信じているが、それは根本的な間違《まちが》いだ。

自然には人間がわかっている以上のたくさんの変数*があり、自然をいじってダメにすることはできるけれども操《あやつ》ることはできない。

自然を動かしているシステムはもっと複雑だ。

だからこそ環境《かんきょう》や生態といった自然を対象とする研究は、具体例から進めていくのがいいと考える。人間にはそれしかできないはずなのだ。

もちろん、原子力や遺伝子《いでんし》の操作《そうさ》のように、人間は自然現象の一部分を止めたり進めたりはできるようになったかもしれない。ほかの動物にくらべれば、少しできるようになったのだろう。

しかし全部は無理だ。それでいばってしまったらおしまいだ。

読解のポイント

ポイント1　文脈に即して読むとはどんなことか

文章には、展開（流れ）というものがある。物語でいえば、**話の展開**であり、説明文でいえば、**説明の順序**といってよい。文脈に即して読むとは、この流れを理解しながら読むということである。

ポイント2　文脈に即して読むためには

●**文章全体と部分との関係を正確につかんで読む**

上の文章でいえば、第七段落《だんらく》までで〝自然は複雑で、人間には自然をコントロールすることはできない〟という筆者の考えが書かれており、そのあとで「原子力や遺伝子の操作」「地球温暖化」などの例を挙げて説明を展開している。この関係を初めにしっかりとらえて読むことが大切である。

●**文と文との関係を正しくつかむ**

文と文とのつながり方（逆接の関係か、順接の関係かなど）を正確に読み取る。それには**接続の言葉**のはたらきをおさえておくことが必要である。

その意味で、地球温暖化《おんだんか》もそう簡単《かんたん》に止められないだろうと思う。化石燃料が大気のバランスを壊《こわ》す一因になったとは思うが、気候変動そのものは、地球に人類が生まれる前から起こっている複雑な自然現象だ。

科学のおかげで人間はいろいろなことをできるようになったが、それで自然全体をコントロールできると思うのは非常に危険《きけん》だという気がする。

いきものの生態を観察するために、アクアリウムや飼育箱のような限られた実験空間が必要なことがある。

ぼくはもともとそうやっていきものやその環境をコントロールすること自体にあまり興味がない。しかしそういうことが好きな人もいて、困《こま》ったことに、そのほうが科学的だと思われている。

科学とはすなわちコントロールすること、そして人間は科学ができ、ほかの動物はできない。

限られた箱の世界をのぞき込《こ》むうちに、そういう認識を育ててしまいやすいことには気をつけなくてはならないだろう。

（日高敏隆《ひだかとしたか》「世界を、こんなふうに見てごらん」）

＊変数＝数学で、条件によりさまざまな数に変わることのできる文字。

問 ——線部「地球温暖化もそう簡単に止められないだろうと思う」とあるが、筆者がそう考える理由として最も適切なものを次から選び、記号で答えなさい。

ア 大気のバランスを壊す一因となる化石燃料を、現代社会ではいまだに大量に使用しているから。

イ 原子力や遺伝子の操作のように、人間は科学によって自然全体をコントロールできると思い込んでいるから。

ウ 気候変動は人類誕生《たんじょう》以前からある複雑な自然現象であり、人類の手に負えるものではないから。

エ アクアリウムや飼育箱のような実験空間を用意することができないため、地球環境を対象とした研究は進みにくいから。

（　　）

青山学院横浜英和中―改

●段落と段落の関係を的確につかむ

段落と段落のつながりを的確につかむ。入試では、順序をばらばらにしたいくつかの文を、文脈がとおるよう並《なら》べかえる問題がよく出される（文脈の読み取り）。この場合も、接続の言葉は大切な手がかりとなる。

●言葉のはたらきやきまりをよく理解しておく

接続の言葉のはたらき、**助詞**のはたらき、特別な約束のある**副詞**（決して……ない、まるで……ようだ）などについてよく理解しておくことが必要である。

●言葉の意味は必ず文脈の中でとらえる

言葉の意味は、文脈によって違ってくる。文脈の中で**最もふさわしい**意味を的確にとらえることが、文章を正しく読み取ることにつながる。

解答 ウ

解説 まず、直前の「その意味で」の内容をつかむ。筆者は文章の前半で「人間には自然を……コントロールすることはできない」という考えを示し、「原子力や遺伝子の操作」のように、人間が「自然現象の一部分」を操作できるようになったことを認《みと》めながらも、「全部は無理だ」と言い切っている。この「意味」をふまえて——線部の直後を読むと、筆者の考えの理由は、地球温暖化のような気候変動は複雑な自然現象であり、人類の手に負えるものではない、ということだとわかる。

実力問題

解答編1ページ

（　月　日）

1 **次の文章を読んで、あとの問いに答えなさい。**

キャッチボールをするときのことを想像してみてください。キャッチボールは、相手を①打ち負かすためにするのではなく、相手とのボールのやりとりを続けることが目的です。[A]、互《たが》いに相手がボールを無理なく受け取れるようにするのがふつうです。

[B]、あなたが高校の野球部の生徒で、野球をしはじめて間もない近所の小学生とキャッチボールをすることになったらどうでしょう。日頃《ひごろ》、部活でするのとはかなり違《ちが》ったやり方をするのではないですか。

[C]球を投げるときには、ゆっくりとしたスピードで、相手が捕《と》りやすいところ、ちょうど胸《むね》のあたりに投げようとするでしょう。距離《きょり》も、相手が捕りやすく、また相手の球が届《とど》くあたりにしないといけません。[D]、相手の能力や性格によっても、投げ方を変える必要があります。初心者でも運動が得意で積極的な性格の子なら、少し速い球を投げてみるのもいいかもしれません。反対に、運動が苦手で自信がない子なら、はじめはできるだけ簡単《かんたん》に捕れる球を投げるほうがいいでしょう。また、そのときの状況《じょうきょう》も関係してきます。塾《じゅく》に行くまでのちょっとした時間のキャッチボールなのか、日が暮《く》れるまでずっとやっていたいのか。それによっても投げ方やキャッチボールのやり方自体が変わってきます。

実際には、これらを一つひとつ確認《かくにん》しながらキャッチボールをすることはないでしょうが、よく知っている子が相手なら、理屈《りくつ》は抜《ぬ》きに、あなたは瞬時《しゅんじ》のうちにこうしたことを感じ取って対応の仕方を変えるはずです。

言葉のやりとりもキャッチボールと同じように、受け取る相手に応じて表現や手段《しゅだん》を変える必要があります。②そうすることで、言葉というボールが相手の心というグラブに収《おさ》まります。

しかし、言葉にはさまざまな伝達手段があり、相手が目の前にいるとは限りません。そのため、とくに文書で何かを伝えようとするときには、途中《とちゅう》までは読み手のことを考えていたのに、書くのに四苦八苦しているうちに、つい忘《わす》れてしまうことがよくあります。

あるいは、すらすらと書けたと思っても、読み直してみると内容が相手の知りたいことからはずれてしまっていることがあります。例えば、修学旅行に参加できなかったクラスメートのA君のために報告書を書いてあげたとします。そこには、③みんながホテルや遊園地でどんなに楽しく過ごしたかということばかり書いてあって、A君が一番知りたいと言っていた会社見学のことが全く含《ふく》まれていなかったら、A君はがっかりするかもしれません。

書いている当人は一生懸命《けんめい》だったのですが、いつしか受け取る側が求めているものを意識するのを忘れてしまい、代わりに自分がおもしろかったこと、自分が言いたいことばかりを書いてしまって、ひとりよがりの文章になっていたのです。これは、キャッチボールで言えば、相手は練習のためにいろいろな球種を受けてみたいと思っているのに、自分は、自信のあるストレートばかり投げて喜んでいるようなものです。

学校で書く作文や感想文を読む相手は、たいてい先生です。先生は、文章が読みやすくても読みづらくても、その内容を理解しようと丁寧《ていねい》に読み、わかりづらければ指導してくれます。それが先生の仕事です。

しかし、④社会でやりとりされる文書の読者は、そうではありません。わかりづらかったら読まずに放っておくかもしれませんし、誤《ご》解《かい》して送り手との間でトラブルになるなど大変な結果になるかもしれません。これはある程度避《さ》けられないことですが、できるだけそうならないために、多種多様な読み手に応じて、伝え方、文章の書き方を変えることが求められます。どうしたら相手にとって読みやすく、理解しやすい文章になるかを考え、相手によって工夫《くふう》することが必要なのです。

（川井龍介《かわいりゅうすけ》「伝えるための教科書」）

よく出る

(1) [A]～[D]に入る言葉として最も適切なものをそれぞれ次から選び、記号で答えなさい（同じ記号は二度使えません）。

ア まず　イ だから　ウ しかし　エ さらに　オ もし

A（　）B（　）C（　）D（　）

(2) ——線部①「打ち負かす」の意味として最も適切なものを次から選び、記号で答えなさい。

ア よくあることをする　イ 打ち合って相手を負けさせる

ウ とことんやっつける　エ 放っておく　（　）

(3) ——線部②「そうすること」とは、どのようにすることか。本文中の言葉を用いて三十五字以内で答えなさい。ただし、句読点等も字数にふくめる。

(4) ——線部③「みんながホテルや遊園地でどんなに楽しく過ごしたかということばかり書いてあって、A君が一番知りたいと言っていた会社見学のことが全く含まれていなかった」とあるが、このことを簡潔《かんけつ》に表現した部分を、本文中から十字以内でぬき出しなさい。

(5) ——線部④「社会でやりとりされる文書の読者」とあるが、これはどのような読者か。それがわかる言葉を、本文中から漢字四字でぬき出しなさい。

(6) [　]には、次の1～4の文を並《なら》べかえたものが入る。どのように並べかえたらよいか、その順番を示したものとして最も適切なものをあとから選び、記号で答えなさい。

1 社会では、問い合わせや依頼《いらい》書やお礼状などの文書が、日常的にたくさん使われています。

2 そこには必ず読んで理解してもらいたい相手がいます。

3 それらの文書は、ただ相手に渡《わた》して読んでもらえばよいのではなく、その内容を相手に理解してもらって、初めて目的を達成する性格のものです。

4 それは不特定多数だったり、面識も親交もない個人だったり、あるいは親しい人だったりと、時と場合によってさまざまです。

ア 1→2→3→4　イ 1→3→2→4

ウ 1→3→4→2　エ 1→4→2→3

オ 1→4→3→2　（　）

聖セシリア女子中—改

3 指示語・接続語をおさえる

入試重要度 ★★★

傾向と対策

- 文脈に沿って、**語句の意味を理解する**。
- **指示語が指す内容を正確につかむ**。
- **接続語に注意して段落の関係をつかむ**。
- 想像したり、自分の**経験と結びつけたり**して豊かに読む。

（　月　日）

基本問題

1 次の文章を読んで、あとの問いに答えなさい。

何か調べたいことがあれば、検索《けんさく》するだけですぐに大半のことがわかるようになった現代は、いってみれば「知識にアクセスするための高速道路」ができたようなものでしょう。

なにしろ国会図書館の倉庫の奥《おく》で眠《ねむ》っていた資料を誰《だれ》でもインターネットで閲覧《えつらん》できるくらいですから、情報へのアクセスは本当に容易になりました。わざわざ文献《ぶんけん》に当たらずとも、同じテーマで3回くらい「ググって」みれば、かなりディープな知識にたどり着くこともできてしまいます。

このおかげで、以前だったら職業的な研究者にしかできなかった調査を一般《いっぱん》の人がするのも不可能ではなくなりました。検索の使い方によってはにわか仕込《じこ》みであろうと、ちょっとした専門家《せんもんか》程度の詳《くわ》しさが身に付いてしまうのです。

しかしこの高速道路、あまりにも簡単《かんたん》に目的地に着いてしまうので、知識を得る「感動」という点でちょっと物足りないのも否《いな》めません。また目的とする知識を得るまでの過程がここまでショートカットできるようになってしまうと、情報収集《しゅうしゅう》という点では効率的ではあっても、知性を磨《みが》くことにはつながりにくいのでは、という心配もあります。

昔の人が江戸《えど》から京の都まで移動する場合、相当に健脚《けんきゃく》な人でも12日程度はかかったそうです。しかしその長い道のりを、東海道五十三次の各宿場に宿を取りながら少

読解のポイント

ポイント1　接続の言葉のはたらきを知る

文と文とがどのようなつながり方をしているか（逆接の関係か、順接の関係かなど）を読み取る。そのためには**接続の言葉**に注意する必要がある。「しかし」「そして」「つまり」「さて」など、さまざまな接続語や文をつなぐ助詞《じょし》のはたらきをよく理解しておくことが大切である。

ポイント2　文脈の中で語句の意味を理解する

語句の意味は**文の中**でとらえ、文の意味は**文章全体**でつかむ。

語句の意味は、語句そのものの意味を理解するだけでなく、文や文章の中で、どんな意味をもっているかを読み取るようにする。これが、語句の意味を文脈に沿って理解する、ということである。

ポイント3　指示語が指す内容を読み取る

指示語とは、「これ」「それ」「あれ」「どれ」のように何かを指し示す言葉で、「こ・そ・あ・ど

しずつ進んでいく……という旅は、それこそ一生忘《わす》れることのできない思い出になったことでしょう。

翻《ひるがえ》って、現代の旅はどうでしょうか。私《わたし》も関西方面を含《ふく》め、日本各地の都市に仕事で行くことは年に何度もありますが、こうした「旅」だと、ほとんどの時間を新幹線や飛行機など乗り物の中で過ごしているだけなので、特別な思い出になる、ということはあまりありません。

私は、これと似たことが知識にもあるのではないか、という気がします。

インターネットなどなかった時代、自分の心の中に浮《う》かび上がったある一つの疑問《ぎもん》を解消するためには、その問題に詳しい他の人に質問をしたり、場合によっては何冊《なんさつ》も本を読んだりすることが必要でした。今にしてみれば非常に面倒《めんどう》なことをしていた、といえるかもしれませんが、しかしこの過程を経ることで、探求《たんきゅう》の過程で予想外の発見をしたり、学びに厚みや思いという熱量が加わっていたのも事実ではないかと思います。

（齋藤孝《さいとうたかし》「知性の磨《みが》き方」）

問 ――線部「これ」が指す内容として最も適切なものを次から選び、記号で答えなさい。

和洋九段女子中―改

ア 現代の旅は高速道路に乗ると目的地にすぐに着くので、とても便利だということ。

イ 昔も今も、職業的な研究者でない一般の人が自力で調査するのは難《むずか》しいということ。

ウ 現代とくらべ、昔は江戸から京の都まで移動するのにとても時間がかかったということ。

エ 昔の旅は現代とちがって苦労が多かったので、忘れがたい思い出になったということ。

オ いつの時代も、知識を得るためにはなるべく時間をかけた方が良いということ。

（　　）

言葉」ともいう。

・指示語が指す内容は、**その語の直前**にあることが多い。しかし、あとにきたり、少しはなれたところにあったりする場合もある。

・指示語の指すものは、**一つの語句や事がら**が多いが、述べたこと全体を指す場合もある。

・指示語の指す内容を読み取ったら、指示語の部分にあてはめて、**合うかどうか**を確かめてみる。

ポイント4 事がらの理由を読みとる

・**理由**を述べた表現を読み取る。文と文との関係、段落と段落との関係に注意する。

・**「ので・から・だから・すると」**など、理由を表す言葉に注意する。

解答 **エ**

解説 第五・六段落に、「昔」の旅は長い道のりを時間と労力をかけて進んでいくため「忘れることのできない思い出になった」が、「現代の旅」は乗り物で移動するため「特別な思い出にな」りにくい、とある。――線部をふくむ一文に着目すると、第五・六段落の内容が「知識」について考えるための例として挙げられていることがわかる。第八段落に「インターネットなどなかった時代」（＝昔）は面倒な過程を経ることで発見や熱量が生じたとあることをふまえると、正解は**エ**である。

実力問題

解答編2ページ

（　月　日）

1 次の文章を読んで、あとの問いに答えなさい。

最近の科学技術の進歩はめざましく、これまで考えられなかったような新しいものが、次々と生み出され、つくり出されてきています。このような時代においては、それらを使う立場にある私たち①人間の知恵《ちえ》を、これまで以上にみがき高めていかなければならないと思います。さもないと、科学の進歩、文明の発展によって生まれてきたせっかくのものが、けっきょくは生かしきれない、ということになってしまう②おそれが、多分にあると思うのです。

私は、およそこの世の中にあるものは、人間が人間のためにつくったものはもとより、すべてが人間生活に役立つもので、不用なものは一つもない、それが本来の姿《すがた》ではないかと考えています。

といっても、もちろんそれは、私たち人間が、現在においてすべてのものを活用できている、ということではありません。今日、私たちのまわりには、役に立たない、あるいは害になるということで捨てられているものが少なからずあります。しかし、それらのものも、将来《しょうらい》、人間の知恵が一歩一歩高まっていくことによって、一つ一つ役立つものにしていけるのではないかということです。

たとえば、かつて青カビは、人間にとって害になるものと考えられていました。しかし今それは、病気を治すペニシリンという薬として大いに役立っています。また石炭や石油にしても、昔は黒い石、黒い水といった程度の認識《にんしき》しかされていなかったのでしょうが、時代が進むにつれて、まず石炭がエネルギーとして活用され、ついで石油も大量に使われるようになりました。さらにエネルギー源としてだけではなく、薬やプラスチックなどの化学製品としても幅広《はばひろ》く活用されるようになりました。それは、科学技術が進歩し、人間の知恵が高まったからにほかなりません。

ですから、将来においても、現在は捨ててかえりみないようなものが、人間の生活向上のために次々に活用されるようになると思います。そしてそのように、〝　A　〟という基本認識のもとに、一つでも多くのものをよりよく生かしていくところに、お互《たが》い人間の一つの大事な使命がある。また科学技術など学問の存在する意義もあるのではないかと思います。

　B　、このような基本の認識、考え方について、最近はいささか力弱いというか、消極的にすぎる面があるような気がします。というのは、今日の社会には、せっかくいいものが発明されても、それに万に一つでも欠陥《けっかん》があると、もうそれだけでそのものは全部ダメ、としてしまうような傾向《けいこう》がみられます。万に一つの欠陥であれば、あとの九千九百九十九は何ともないわけですから、その万に一つの欠陥を直せばそれでいいはずなのですが、実際には一つの欠点をもってすべてをよくないとしてしまう。そのために、せっかくのいいものが生かされないという姿が少なくない。③これは決して好ましいことではないと思うのです。

冬の味覚の一つとして楽しむ人の多いあのフグにしても、毒があるからと恐《おそ》れて遠ざけてしまっていたならば、食べることはできなかったでしょう。しかし私たちの先人たちは、どこに毒があり、どのように調理すれば安全かということを積極的に考え、いろいろと研究してきました。そのおかげで、私たちは今日、安心してフグのおいしさを味わうことができているわけです。

[C]、フグの毒自体も、今は捨てられていても、やがては何かに活用されることになるかもしれません。現に、医療《いりょう》方面で研究がされているとのことですが、その研究が成功すれば、フグはおいしくて貴重《きちょう》だが、その毒はそれ以上に有用だということにもなるでしょう。そのようなことを考えてみると、科学技術が刻々《こくこく》に進歩しつつある今日、私たちは、フグの安全な調理に成功した昔の人たち以上に、この世に無用のものはないという認識を強くもち、すべてのものの活用を積極的にはかっていかなければならないと思います。

　日々の生活の中で、お互いの知恵をさらに養い高めつつ、ものを真に生かすように努めていく。それが人間としての大事な務めの一つではないでしょうか。

（松下幸《まつしたこう》之《の》助《すけ》「人生心得帖《ちょう》」）

(1) ――線部①「人間の知恵」を筆者はどのようなものだと考えているか。本文中の言葉を使って三十字以内で答えなさい。ただし、句読点等も字数にふくめる。

(2) [A]に入る適切な言葉を本文中から四十五字でぬき出し、はじめと終わりの五字を答えなさい。ただし、句読点等も字数にふくめる。

〜

(3) [B]・[C]に入る言葉として最も適切なものをそれぞれ次から選び、記号で答えなさい。

ア だから　イ また　ウ それとも
エ ところで　オ ところが

B（　　）C（　　）

(4) ――線部②「おそれが」が係っていく言葉をぬき出しなさい。

（　　）

(5) 次の文が入る適切な場所を本文中からさがし、この文が入る直前の五字を答えなさい。ただし、句読点等も字数にふくめる。

　実際、人間の歴史は、自然万物《ばんぶつ》を次々に活用してきた歩みであるとも言えるのではないでしょうか。

よく出る

(6) ――線部③「これ」は、どのようなことを指しているか。本文中の言葉を使って答えなさい。

（　　）

(7) 次の各文で、本文中で最も述べたい内容として最も適切なものを次から選び、記号で答えなさい。

ア 青カビ、石炭、石油の活用は、それが使えることを発見した人間の知恵によるものだ。
イ 最近の科学技術の進歩を人間は十分生かしきれていない。
ウ 人間の知恵と科学技術の進歩は、互いに相反するものであることをわれわれは知るべきである。
エ 世の中にあるものの中から役立つものを見つけ生かす人間の知恵が大切だ。

（　　）

〔聖望学園中―改〕

4 要点を読み取る

入試重要度 ★★★

傾向と対策

◆ **話題**（何について述べているか）をとらえる。
◆ **段落**の中の中心になる文を読み取る。
◆ まとめの段落の**中心**になることをおさえる。
読み取ったことをもとに、**小見出し**や**文題**をつけてみる。

（　月　日）

基本問題

1 次の文章を読んで、あとの問いに答えなさい。

日本人にとって、外国語の魅力《みりょく》がだんだん減ってきたと言われる。巷《ちまた》にカタカナ、横文字がはんらんしているのに、と不審《ふしん》に思うかもしれないが、それだからこそ、おもしろさがはげ出したのかもしれない。

もともと、都会の人と田舎《いなか》の人とを比べると、田舎にいる人間の方が外国語にあこがれる気持《きもち》がつよい。明治以降《いこう》の語学者を見ても、多くは地方出身者であった。ときに、東京出身の洋学者もないではないが、〝おくれている〟地方の若《わか》ものの方が、ヨーロッパへのあこがれはいっそうつよいようだ。

戦後、生活が洋風化した。ことに近年は、自由に海外旅行ができるようになった。行ってみると、夢に描《えが》いていた青い鳥は飛んでいない。うっすらと幻滅《げんめつ》を感じながら帰ってくるという次第《しだい》になる。知ることはかならずしも幸福とは限らない。

外国語にしても、あまりよくわからなかった時代には、何となく興味を覚えたのに、うんざりするほど目につくようになると、興味*索然《さくぜん》としてくる。

同じようなことは、人間と人間との間にも見られる。遠くはなれて眺《なが》めていたときにはすばらしく思われた人が、すこし親しくなってみると、さっぱりおもしろくない。むしろ、うとましくすら感じられる。恋愛《れんあい》などがそういう経緯《けいい》をたどって破局を迎《むか》えることもすくなくない。

こういう具体的経験をそのままにしておいたのでは、ほかへの応用がきかない。整

読解のポイント

ポイント1　要点とは何か

文章の要点とは、説明した事がらや、考えの中で、**最も大切なところ**のことである。

要点という言葉は、説明文や論説《ろんせつ》文などの**論理的な文章**について使われる。文学的な文章では使われない。

ポイント2　要点を見つけるには

- **話題**を見つける…筆者が、この文章で何について述べようとしているのか(話題)をまずつかむ。上の文章でいえば「日本人にとって外国語の魅力が減ってきたのはなぜか」が話題である。
- **段落の要点**を見つける…それぞれの段落には、**中心になる文**がある。それが段落の要点である。
- **本筋《ほんすじ》と例**の部分を見分ける…説明的文章では、話題を示したあと、いくつかの例を挙げて読み手によくわかるように説明している。また、最後には、説明したことや取り上げた**話題につい**

理して、公式化しておくと生活の知恵《ちえ》になる。

遠くにいたときりっぱに見えた人が親しくしてみると、いっこうに魅力のないように感じられるのは、〝従僕《じゅうぼく》に英雄《えいゆう》なし〟ということわざにまとめておくと、これに類することが、いくらでもあるのに気づく。

はじめの外国語の*凋落《ちょうらく》は、よくわからずに心をひかれていたのが、白日のもとに出てしまって色あせて見えるという現象である。これをさらに純化《じゅんか》させると、ことわざの〝夜目、遠目、笠《かさ》の内《うち》〟になる。これは女性が美しく見える状況《じょうきょう》を言ったものだが、一般《いっぱん》に、距離《きょり》がやや大きすぎて、さだかに見えないものに、われわれは心をひかれる。あまり近くなると、ハナにつく。ハナについたものが、美しくおもしろく感じられるわけがない。

（外山滋比古《とやましげひこ》「思考の整理学」）

*索然＝おもしろみがなくなってしまうようす。
*凋落＝勢いがおとろえること。

問 ――線部「日本人にとって、外国語の魅力がだんだん減ってきたと言われる」とあるが、この理由を説明したものはどれか。最も適切なものを次から選び、記号で答えなさい。

ア 外国語へのあこがれは地方出身者の方が強かったが、現在は地方でも都会と変わらず外国の情報が得られるから。

イ 自由に海外旅行ができるようになったが、その旅先でなんとなく幻滅を感じることが多くなったから。

ウ よく分からないから心ひかれていた外国語が、身近になることで色あせて見えるようになったから。

エ 田舎の人間の方が外国語にあこがれる気持ちは強かったが、今では地方でも横文字、カタカナがはんらんしているから。

（　　）

鎌倉学園中―改

て、筆者の考えを**まとめて**書くことが多い。上の文章では、第八段落が「まとめ」の段落である。

• 文章に「**題**」をつけてみる…論理的な文章では、**文題**が読み取りのヒントになる。ついていない場合は、自分で文題をつけてみよう。それによって、読み取った内容がいっそうはっきりする。

• **何度も出てくる言葉やその類語に着目する**…上の文章でいうと、「外国語」「魅力」など、文章中によく出てくる言葉に気をつけて読むと、要点をとらえやすい。

解答 **ウ**

解説 ――線部をふくむ第一段落では、「日本人にとって外国語の魅力が減ってきたのはなぜか」という、この文章の話題を示している。続く第二段落では、都会の人より田舎の人の方が外国語へのあこがれがつよかったこと、第三・四段落では、身近になったために外国語への興味が冷めたこと、第五～七段落では、人間関係を例に挙げ、距離が縮《ちぢ》まったために人の魅力がうすれることがあることを述べている。そして第八段落で、第二～七段落の内容をふまえ、「よくわからずに心をひかれていたのが、白日のもとに出てしまって色あせて見えるという現象」と、――線部の理由をまとめている。

1 **次の文章を読んで、あとの問いに答えなさい。**

ツバメやカッコウが、夏鳥といって、春日本に渡来《とらい》し、秋には南方にわたり去る鳥であることはよく知られている。反対に、ハクチョウやツグミのように秋日本に渡来し、春北国に帰る鳥は、冬鳥と呼《よ》ばれている。これらはいずれも、季節の変化に従《したが》い、毎年同じ形での移動をくり返すので、候鳥《こうちょう》と呼ばれる。いわゆる「渡《わた》り鳥」のことである。

夏鳥は、夏期、日本ではんしょくするために渡来する。冬鳥は、冬期、日本で越冬《えっとう》するために渡来する。そのわたり方は一見逆のようにみえる。しかし、これらの鳥の移動を人工衛星から見るように地球的視野《しや》でとらえると、原則的には、南北に移動することに変わりはなく、はんしょく地と越冬地との間の季節によって行き来しているのである。つまり、北半球では、いずれも秋に南下し、春に北上することになる。

この南下や北上の際に、日本が起点または終点にならず、通過する時に一時立ち寄るだけの鳥も当然あるわけで、このような渡り鳥を旅鳥《たびどり》といっている。多くのシギやチドリなどがそれで、春秋の二回、日本の海岸を通過していく。

このほかに、せまい日本の国内で、春になると、わずかに北の方へ移動したり高い山に登ったり、秋には、山地から平野に下ったり北海道から本州にわたったりという、小規模《きぼ》のわたりをするウグイスやヒヨドリなどがいて、これらを漂鳥《ひょうちょう》といっている。

以上のように、ひと口に渡り鳥といっても、夏鳥・冬鳥・旅鳥・漂鳥などがあり、そのほか、わたりをしない留鳥、他の国からまぎれこんでくる迷鳥といったように、移動の仕方によって鳥類もいろいろに分けられる。

鳥はつばさをもつことによって、空を飛ぶことが可能になった。このことは、いつでも、どこへでも、ただちに、短時間で、最短きょりを移動できるということで、その生存《せいぞん》上の意義はきわめて大きい。鳥類が、人類と同じく地球上のいたるところに分布を拡大《かくだい》し、繁栄《はんえい》し続けているのも当然であろう。今のところ、鳥がすめないのは、深い水の中と土の中だけである。

そのような能力をもつ鳥類が、どうしてまたわたりのような、危《き》険《けん》が多く多大の労力を費《つい》やす移動を、毎年くり返さなければならないのだろうか。

わたりに深く関係する要素には、気候・食物・はんしょくなどいくつかあるが、とりわけ重要なものに冬の寒さがある。寒さは多くの生物が生きていくうえで、重要な*制限要因となる。どの生物も、おのおのの生活に適した温度帯をもっているもので、それをこえる寒暑が生じると、生存が危険にさらされることになる。とりわけ冬の寒さはその度合いが大きい。わたりは冬の寒さをさけるための行動ともいえる。

寒さに追われて南下するのはよくわかるが、なぜ北上するのであろう。それは、鳥には自分の生まれた場所に強くこだわる習性があるからである。

では、なぜ北極に近い地方でもはんしょくするかというと、この地方は冬の厳寒《げんかん》の地であるが、夏には気温も上がり、ある種の動物にはたえられないほどではない。しかも、日照時間がきわめて長く(白夜《びゃくや》もある)、雪氷がとけて水分も十分にあるため、短時間に膨大《ぼうだい》な数の植物や動物がいっせいに成育する。それらを食物としてはんしょくをはかることは、大変有利な条件にめぐまれたことになる。わざわざ北上するだけの価値《かち》は十分にある。

わたりは、空を飛ぶことのできる鳥類が、長い進化の歴史の中から獲得《かくとく》した能力であり、多くのなぞに包まれている。しかしその実態は、じょじょにではあるが着実に解明されてきている。

(柴田敏隆《しばたとしたか》「渡り鳥のなぞ」)

＊制限要因＝生物の生存を左右する要因。

(1) 次の図を完成させなさい。〔 〕には説明を、[ ]には渡り鳥の種類を、( )には鳥の名前を答えなさい。

渡り鳥(候鳥)
- 〔①〕
  - 夏鳥 —(⑤)—〔⑧〕
  - ② —(ハクチョウ・ツグミ)—〔⑨〕
  - ③ —(⑥)—〔日本を通過する時に立ち寄る。〕
  - ④ —(⑦)—〔小規模のわたりをする。〕

① ② ・ ③ ④ ・ ⑤ ⑥ ⑦ ⑧ ⑨

よく出る

(2) この文章を内容のうえから二つに分けるとき、次の問いに答えなさい。

① 後半はどこからか。はじめの五字をぬき出しなさい。ただし、句読点等も字数にふくめる。

② それぞれに最も合う題名をそれぞれ次から選び、記号で答えなさい。

前半
- ア 渡り鳥のなりたち
- イ 渡り鳥のいろいろ
- ウ 渡り鳥とそのほかの鳥類
- エ 渡り鳥のなぞ

後半
- ア 渡り鳥の能力
- イ 移動と進化
- ウ なぜわたる
- エ 鳥の本能

前半( ) 後半( )

(3) わたりには「気候・食物・はんしょく」が大きく関係するが、「冬鳥」はなぜ厳寒の地方へ移動するのか。「冬鳥」が北上する理由を、これら三つの要素から、六十字程度で説明しなさい。ただし、句読点等も字数にふくめる。

ノートルダム女学院中—改

5 段落の関係をとらえる

入試重要度 ★★★

（　月　日）

傾向と対策

◆文章の**構成**をつかむ。筆者の**結論**《けつろん》を正確に読み取る。

◆**文章の展開**《てんかい》（説明的文章）、**場面・時間の移り変わり**（文学的文章）に注意する。

◆転換《てんかん》を示す**接続語**（さて・ところで・では、など）に注意する。

基本問題

1 次の文章を読んで、あとの問いに答えなさい。

小学生の頃《ころ》から友だちと自分を比べることはあったたし、友だちのほうがよくできるのを羨《うらや》ましく思うことはあったけど、この頃そういうことが多くなった。何かにつけて友だちと自分を比べては、自分の劣《おと》っている点が気になり、気分が落ち込《こ》む。そんなに深刻《しんこく》に落ち込むっていう感じではないのだけど、何だかイヤな気分になる。そんなことがあるだろう。

思春期になると、だれもがそんな感覚に苛《さいな》まれるようになる。じつは、大人も何かと人と自分を比べて羨んだり落ち込んだりしている。こうした比較《ひかく》意識からは、僕《ぼく》たちは一生逃《に》げられないようだ。

ただし、大人になり、人生経験を積むにしたがって、比較意識による気持ちの落ち込みを適当にごまかせるようになる。人によっては、比較による劣等《れっとう》感を成長のバネにすることさえできる。

でも、まだ人生経験の乏《とぼ》しい青年期には、比較によって生じる劣等感は、大きなダメージになりがちだ。《中略》

人と比べることの背後《はいご》には、自分を知りたいという思いがある。人と比べることを心理学では社会的比較というが、これは自己《じこ》評価の重要な指標を与《あた》えてくれる。

例をあげて考えてみよう。

自分は足が速い。自分は背《せ》が高い。自分は太っている。自分は引っ込み思案《じあん》だ。自

読解のポイント

ポイント1　段落とは何か

文章中で、書いてある事がらが、意味や内容のうえで**一まとまり**になっている部分のことである。段落には、次の二通りがある。

- **形式段落**…行を変え、**一字下げ**て書いてある一まとまりのことである。
- **意味段落**…**内容のまとまり**からみた段落のことである。意味段落は、いくつかの形式段落が集まってつくられていることが多い。

ポイント2　段落のとらえ方

論理的《ろんりてき》な文章では、文章の展開に特徴があり、中心的な文や段落と段落の関係をとらえることが大切である。

- **話題**をとらえる。

論理的な文章では、これから何について説明したり、述べたりするかという「話題」を**はじめに明らかにする**ことが多い。

分は勉強が苦手だ。これは、よくありがちな自己評価の例だが、こうした自己評価は、どのようにして形成されるのだろうか。生まれつきもっているわけではない。経験を通して徐々《じょじょ》につくられてきたもののはずだ。

授業や運動会で駆《か》けっこをするたびにみんなより速いことが多かったり、鬼《おに》ごっこでなかなか捕《つか》まらなかったりすると、「自分は足が速い」という自己評価をもつようになる。

クラスの中で自分より背の高い人が少ないと、自分は背が高いんだという自己評価をもつようになり、自分より太っている人があまりいないと、自分は太っているという自己評価をもつようになる。

授業中にクラスの人たちがみんな積極的に手をあげるのに、自分は間違《まちが》ったら恥《は》ずかしいとほとんど手をあげないということになると、自分は引っ込み思案だという自己評価をもつようになる。

クラスの中に自分より勉強ができる人がたくさんいて、自分よりできない人を探《さが》すのが難《むずか》しいということになると、自分は勉強が苦手だという自己評価をもつようになる。もし、もっと学力レベルの低い学校にいたとしたら、自分は勉強は苦手だという自己評価をもたなかったかもしれない。

このように、僕たちは社会的比較によって自分の特徴《とくちょう》を知ることができるのだ。人と比べてもしようがない、人との比較なんかにこだわる必要はない、自分らしくあればいい、などと言われることがある。でも、自分が劣ることがあっても落ち込まないようにすることが大事なのであって、人と比べること自体が悪いわけではない。何しろ、「自分らしくあればいい」なんて言われても、人と比べないと自分の特徴が浮《う》かび上がってこないのだから。（榎本博明《えのもとひろあき》「〈自分らしさ〉って何だろう？　自分と向き合う心理学」）

かえつ有明中―改

問　——線部「社会的比較」の具体例が述べられているのはどこまでか。本文中から終わりの十字をぬき出しなさい。ただし、句読点等も字数にふくめる。

・**中心の文**を見つける。

段落の中で大切なはたらきをしている言葉（何度も出てくる言葉など）や、まとめた言い方をしている文に気をつけ、段落の中心となる文を見つける。

・**文章全体の組み立て**を調べる。

序論…話題を示す。

本論…示した話題について例を挙げ、くわしく説明する。

結論…述べたことについてまとめる。

右の三つを文章全体にあてはめ、それぞれの段落のはたらきをとらえる。

・**結論**を正確に読み取る。

筆者が、取り上げた話題についてどのような結論を述べているかを読み取って、まとめてみる。

解答　かったかもしれない。

解説　第六段落に「例をあげて考えてみよう」とあること、第十二段落に「このように、僕たちは社会的比較によって自分の特徴を知ることができる」とあることに着目すると、第七〜十一段落までが具体例であるとわかる。この文章は、次のような組み立てになっている。

序論…第一〜五段落…「社会的比較」という話題

本論…第六〜十一段落…「社会的比較」の具体例

結論…第十二段落…「社会的比較」についてのまとめ

実力問題

（　月　日）

解答編3ページ

1 **次の文章を読んで、あとの問いに答えなさい。**

小説の*ヒントや*アイデアを得るのは、本からのこともあるし、人の話からのときもある。だれもが目にして見のがしていること、何でもないことでも気を付けていれば、それがヒントになり、アイデアになる。いわゆる目的意識というものだろうか。そうした態度は小説家に限らず、科学者なんかでも同じじゃないかな。常に、その問題のことを考えていれば、ある時、目にしたもの、ふとしたことが解決に結びつくことがある。

たとえば、縄文《じょうもん》土器の文様《もんよう》に対する発見がある。長い間あの文様がどのような方法でつけられたのかよくわからなかった。どうして乱《みだ》れもなく、[A]と文様を付けることができたのか。それを、考古学者山内清男《やまのうちすがお》が、ふとしたことから解決した。仲間をホテルのロビーで待っていたとき、カーテンの裾《すそ》に下がっているレース編みのひもを指に巻《ま》いたりしてさわっていた。そのとき気付いたんだね。[B]そう気がつくと、仲間にはものも言わずに家に走り帰ったという。アイデアを知らせたくなかったからだ。アイデアはないか、ヒントはないかと考えている人間は、[C]をおろそかにしない。

私はテレビの駅伝を見ていてヒントを得たことがある。駅伝やマラソンは毎年場所が同じ。それを見ていてね、どこかちがった場所でやれないか。私がやるとしたらどこだろうと考えた。日本では、もういっぱいだから、外国。外国なら南フランスでやったらどうだろう。それが最初にうかんだ小説の[D]だった。出発地点はエキス。アヴィニヨンを経て、レポーという石灰岩《せっかいがん》でできている険しい山の峠《とうげ》をこえ、アルルに至《いた》るコースでどうだと考えたわけさ。アイデアの後は、小説で、どんな主張をそこに盛《も》りこむかにかかってくる。アイデアから主張へと移るのが困難《こんなん》だ。その作品では、放映権《ほうえいけん》をめぐるテレビ界の競争、スポーツの興行化、さらに国際陸上界を[E]男の暗躍《あんやく》にした。アルルといえばゴッホに縁《えん》のある地。しかし、アルル市民はゴッホを売り物にしている。市民の*エゴだ。それが小説の主張になった。ここまでいけば、後は、全力をあげて取材にかかる。スポーツに詳《くわ》しい人間に話を聞いたり、アルルにも飛ぶしね。

（松本清張《まつもとせいちょう》「グルノーブルの吹奏《すいそう》」）

＊ヒント＝暗示。　＊アイデア＝考え。　＊エゴ＝自己中心の考え方。

(1) [A]・[C]に入る言葉として最も適切なものをそれぞれ次から選び、記号で答えなさい。

ア 当然　**イ** 未然　**ウ** 雑然　**エ** 公然
オ 整然　**カ** 偶然《ぐうぜん》

A（　　）　C（　　）

(2) [D]に入る言葉を本文中からぬき出しなさい。

（　　）

(3) [E]に入る言葉として最も適切なものを次から選び、記号で答えなさい。

ア 疎《うと》んじる　**イ** 案じる　**ウ** 信じる
エ 牛耳《ぎゅうじ》る　**オ** 乗じる

（　　）

(4) ――線部「同じ」とは、小説家でも科学者でも何が同じだというのか。十字程度で答えなさい。ただし、句読点等も字数にふくめる。

(5) B には、次の一文が入る。ⓐ～ⓒに入る言葉を答えなさい。

ⓐをⓑに巻きつけて、それをぬれたⓒに転がしたんじゃないかとね。

ⓐ（　）ⓑ（　）ⓒ（　）

よく出る

(6) 本文八行め「たとえば」以降の文章を四段落に分け、第二・三・四段落のはじめの五字ずつを答えなさい。

第二段落
第三段落
第四段落

（甲陽学院中―改）

2 次の文章を読んで、あとの問いに答えなさい。

昔、われわれが子どもの頃《ころ》は、食べるものが少なかった。A、そのためにかえって、五月の＊節句《せっく》の柏餅《かしわもち》のおいしかったことなどは、今でも忘《わす》れないほどである。家で餅を搗《つ》き、柏の葉を山で取ってきて、家族一同で柏餅を作って食べる。おいしくないはずはない。ここでは、すでに述べたように、こころとものとの区別以前の感覚がはたらき、食べることによって「味わう」ことは、実に①「豊かな」内容をもっている。しかし、このようなことが可能だったのは、昔は適当にものが不足していたからである。ところが、最近になって豊かになったものは、B自動車、ステレオ、いろいろな電気製品など。それによって人間の生活は快適で便利になる。しかし、それを得るためには人間は働かねばならない。働くために時間を節約しなければならないし、疲《つか》れるので、なるべく心を余計なこと――と言っても、ほんとうはこちらの方が大切なのだが――に使わないようにしようと思う。そうなると、家庭の食事を家族で楽しむ、ということがなくなって、「貧困《ひんこん》な食事」になってしまうのではなかろうか。心と物を分離《ぶんり》した後で、今度は、②物が心を圧迫《あっぱく》している、というのが現状ではないだろうか。C、物が心を操作《そうさ》しているとさえ言えるのではなかろうか。

（河合隼雄《かわいはやお》「日本人の心のゆくえ」）

＊節句＝一年の節目となる祝いの行事。ここでは五月五日の端午《たんご》の節句。

(1) A～Cに入る言葉として最も適切なものをそれぞれ次から選び、記号で答えなさい（同じ記号は二度使えない）。

ア それで　**イ** しかし　**ウ** そして　**エ** たとえば
オ さて　**カ** むしろ

A（　）B（　）C（　）

(2) ――線部①の「『豊かな』内容」を具体的に示す一文を本文中からぬき出し、はじめの三字を答えなさい。

(3) ――線部②「物が心を圧迫している」はどういう意味か。次の文の、Ⅰ～Ⅲに入る言葉を、それぞれ本文中からぬき出しなさい。ただし、Ⅰ・Ⅲは一字、Ⅱは三字とすること。

人々は、生活を快適で便利にするⅠの豊かさを求め、それを得るために働くようになった。そのための時間を大切にし、Ⅱ時間を節約しようとしてⅢの豊かさを失っているという意味。

Ⅰ　Ⅱ　Ⅲ

よく出る

(4) 本文を二段落に分けるとすれば、どこで切れるか。本文中から二段落目のはじめの三字をぬき出しなさい。

（芝中―改）

6 要約の仕方

入試重要度 ★★★

傾向と対策

- ◆説明的文章では**話題**を正確に読み取る。
- ◆段落の**要点**・**中心段落**を見つけ、話題についての筆者の考えを読み取り、全体として**すじ**の通った短い文章にまとめる。
- ◆物語文では、すじの**展開**《てんかい》を追って短くまとめる。

（　月　日）

基本問題

1 次の文章を読んで、あとの問いに答えなさい。

　これは多くの新興国*に共通することですが、経済《けいざい》発展が進むと都市に人が集中し始めます。そしてある地域《ちいき》に一定の収入《しゅうにゅう》を得ている人が数多く集まることで、大きな規《き》模《ぼ》の消費活動を行う市場が形成されるのです。

　たとえば新興国の場合、たいていは都市内の電車や地下鉄などの公共交通機関が未整備なので、人々の移動手段《しゅだん》として使われる、自転車、オートバイ、自動車などの需《じゅ》要《よう》が一気に増加する傾向《けいこう》があります。

　そのときに、どの乗り物が好まれるかは、一人あたりのGDP*と相関関係にあるように思えます。たとえば一人あたりのGDPが三〇〇〇ドルを超《こ》すと自転車が消えてエンジン駆動《くどう》のオートバイが増えてくるというかたちであらわれます。さらに一人あたりのGDPが一万ドルを超すと、二輪車から今度は四輪車、すなわち自動車が求められるようになるようです。ちなみに二万ドルを超してくると、物質的に必要なものがある程度行《い》き渡《わた》った社会になり、人々の考え方が変化してきます。

　このような形で新興国の市場はどんどん大きくなっています。これまでは生産地として新興国を見ていましたが、いまは生産地でもあり消費地でもあるという見方が必要です。それなら「日本から製品を輸出すればいい」と考えたくなるかもしれませんが、そこにはいくつかの壁《かべ》があります。新興国ではまず、日本の文化を背景《はいけい》にした製品は通用しません。

読解のポイント

ポイント1　要約するとはどんなことか

文章中の大事な部分を読み取って**短くまとめる**ことを要約という。

ポイント2　要旨《ようし》の形でまとめる

説明的文章では、**筆者の考え**をまとめて書いた部分（結論《けつろん》）がある。話題をふまえ、その部分を中心に短くまとめる。これが要旨である。文章を要約する際は、要旨の形でまとめることが多い。

ポイント3　あらましの形でまとめる

文章全体が理解できるように短くまとめたものがあらましである。

ポイント4　話題（文題）の形でまとめる

説明的な文章を**最も短い形**でまとめると、話題や文題となる。要約の問題では、字数を決められることが多い。要点を早く的確に読み取れるように力をつけることが大切である。

近年の日本の製品は、機能がどんどん増えて、その結果、高い価格設定がなされているのが一つの特徴《とくちょう》になっています。しかし、そういうものはほとんど相手にされないと考えたほうがいいでしょう。

かつて日本の消費者も同じ道を辿《たど》ってきましたが、初めて製品を使う人には、基本的な機能があれば十分です。自動車は走ればいいし、洗濯機《せんたくき》は洗《あら》って絞《しぼ》ることができればいいのです。便利な機能が必要になるのは、製品にある程度慣れてからで、最初は便利さよりも手頃《てごろ》な価格で入手できることのほうが喜ばれます。そうした製品は、すでに部品から完成品までをすべて新興国でつくれるようになったので、日本から輸出する必要はありません。つまり工業製品もいまは、地域で生産して地域で消費する「地産地消」が世界の趨勢《すうせい》になっているわけです。

そこで必要となってくるのは、機能を充実《じゅうじつ》させることよりも、その国の文化を知り、その国の文化にあった製品をつくることで、その国の消費者の圧倒的《あっとうてき》な支持を集めることなのです。

（畑村洋《はたむらよう》太郎《たろう》「技術大国幻想《げんそう》の終わり」）

＊新興国＝先進国と比べてまだ経済水準は低いが、今後成長を見込《みこ》める国のこと。かつて中国などアジア新興国への日本企業《きぎょう》の工場移転は、コストの安い生産地を求めるという目的で始まった。

＊ＧＤＰ＝国内総生産。

問 この文章を、八十字程度に要約しなさい。ただし、句読点等も字数にふくめる。

中央大附中―改

ポイント5 あらすじの形でまとめる

物語的な文章の全体を**すじの展開に沿って**短くまとめたものがあらすじである。

あらすじをまとめるときには、必ず次の**三つの要素**をおりこむことが大切である。

場面（いつ・どこで）

人（だれが）　**出来事**（どうした）

物語はふつう、次のような組み立てで書かれているので、あらすじをまとめるときも、そのことを頭に入れて、場面の展開をとらえていくとよい。

起…物語のはじまり

承《しょう》…物語の展開

転…物語の山場

結…物語の結び

あらすじをまとめる問題はほとんどなく、要旨をまとめる問題が多く出される。

解答 例経済発展によって市場が成長した新興国では、工業製品も「地産地消」が可能となったため、日本の製品を輸出するには、その国の文化にあった製品をつくり、支持される必要がある。（83字）

解説 経済発展が進んだ新興国で、日本の製品が支持されるには、その国の文化を知り、文化にあった製品をつくる必要があるということを中心にまとめていればよい。

実力問題

（　月　日）

解答編3ページ

1 **次の文章を読んで、あとの問いに答えなさい。**

あじさいの花を美しいと思うようになったのは、大人になってからである。梅雨《つゆ》期の重く湿《しめ》った大気の中に、静かに咲《さ》いている薄《うす》紫《むらさき》の花は、なかなかいいと思う。雨をしっとりと吸《す》って重たげでもあり、多少憂鬱《ゆううつ》げでもあり、①こうした時期に咲かねばならぬ花としての諦《あきら》めも持っている。

幼《おさな》い頃、私《わたくし》はこの花に②好感を持っていなかった。私の育った伊《い》豆《ず》の山村には、この花はなかったが、私たちが御料《ごりょう》局と呼《よ》んでいた東京営林局天城《あまぎ》営林所の敷地《しきち》の中だけに、あじさいの株《かぶ》が幾《いく》つかあった。子供《こども》たちはそこを遊び場としていて、よく集まったが、私はそこだけに見られる薄紫の花を、［X］他の花とは異《こと》なった特別の花として感じていた。陰気《いんき》な感じで嫌《いや》だった。

子供の時は、なべて花というものに好悪《こうお》の感情など持たなかったし、［Y］美しいとも、美しくないとも感じなかったようである。桜が咲こうと、梅が咲こうと、無関心であり、無頓着《むとんちゃく》であった。そういう点からいえば、私の場合［　］この花だけに、幼い私は好きでないものを感じていたのである。私は幼い者の感覚は非常に確かだと思う。何となく、あじさいの花を、他の花とは異なった特別な花として感じているのは、現在でも同じことなのである。幼い頃の私の感じ方は、そういう点ではいささかも訂正《ていせい》する必要はない。ただ異なるのは、幼い頃は嫌《きら》いだったが、今の私は好きになっているということ、それから、もう一つ異なるのは、幼い頃に何となく特別な花として感じたその特別であるということに対して、今の私が表現を与《あた》えることができるということである。幼い頃はなぜ特別な花かわからなかったが、今の私にはそれを説明することができるのである。

このあじさいの場合と同じように、幼い頃、外界の事象から心に受けとめているものは、そして心に深く刻《きざ》みこまれているものは、その事象の本質につながるなかなか大切なものではないかと思う。めったに間違《まちが》ったことは心に刻まれていない。ただ大人になってからでないと、それに表現を与えることができないだけのことである。

（井上靖《いのうえやすし》「あじさい」）

(1) ［X］・［Y］に入る語をそれぞれ次から選び、記号で答えなさい。

ア なんとなく　**イ** すっかり　**ウ** ただ　**エ** さして

X（　　）　Y（　　）

難問

(2) ——線部①「こうした時期」とはいつのことか。本文中からぬき出しなさい。

（　　　　）

(3) あじさいの花の美しさを擬人《ぎじん》法的に表現した箇所《かしょ》がある。その部分のはじめと終わりの五字をぬき出しなさい。ただし、句読点等は字数にふくめない。

□□□□□ ～ □□□□□

よく出る

(4) ——線部②「好感を持っていなかった」とあるが、具体的にどのように思っていたのか。本文中から五字でぬき出しなさい。

□□□□□

(5) ［　］に入る文を次から選び、記号で答えなさい。

ア あじさいだけは好きであった。

イ あじさいも他の花と同様嫌いであった。

ウ あじさいも例外ではなかった。

エ あじさいだけが例外であった。

よく出る

(6) 次の文章は本文の要約である。[A]～[D]に入る言葉を本文中からぬき出し、意味が通るように文章を完成させなさい。

> 幼い頃と今とでは、私のあじさいについての[A]の感情は異なるが、[B]として感じている点では変わらない。これと同じように、幼い頃、[C]から心に受けとめ、深く心に刻まれているものは[D]大切なものであるが、大人にならないと表現できないということだ。

A（　　） B（　　） C（　　） D（　　）

(7) この「あじさい」という文章は、文学作品のジャンルとして次のどれに該当《がいとう》するか。次から選び、記号で答えなさい。

ア 小説　**イ** 日記　**ウ** 評論　**エ** 伝記　**オ** 随筆《ずいひつ》　（　　）

江戸川学園取手中―改

難問

2 次の文章を八十字以上百字以内で要約しなさい。

科学者が謙虚《けんきょ》さを取り戻《もど》すためには、「科学は役に立たない」と、いったん反語的に考え直してみることが必要なのではないだろうか。それによって、科学の「価値《かち》」がいずこにあるかがはっきりすると思うのだ。

科学の「価値」とは、未知への憧憬《あこがれ》を満足させることにあり、好《こう》奇心《きしん》が問いかける謎《なぞ》への挑戦《ちょうせん》を愛《め》でることである。人間の文化をより厚くするための探求心《たんきゅうしん》を人々と共有し、知的な冒険《ぼうけん》を育《はぐく》む精神的な熱意を支援《しえん》し合うことでもある。科学は、人間の持つ知への衝動《しょうどう》から発するものなのだ。であればこそ、物質的な利益を考えれば「役に立たない」かもしれないが、文化の側面においては欠くべからざるものと言える。そこに科学の原点があり、科学者はその精神に忠《ちゅう》実《じつ》でなければならない。そこに科学の「価値」を見出《みいだ》すべきなのだ。

もっとも、人々は、空なる文化のみにまい進しているかに見える役に立たない科学者に苛立《いらだ》つかもしれない。実質的な利を生まない科学者に何の意味があるか、と言いたくもなるだろう。しかし、そこで成立する対話こそが大事なのである。科学の「価値」を互《たが》いに確かめ合うことができるかもしれないからだ。役に立たない科学をどれだけ抱《かか》え込めるかで、国家や国民の懐《ふところ》の大きさがわかることが合意できれば、新しい科学の時代が切り拓《ひら》かれるかもしれない、と夢想している。

（池内了《いけうちさとる》「転回期の科学を読む辞典」一部改めたところがあります。）

80

江戸川学園取手中―改

7 主題・要旨《ようし》を読み取る

入試重要度 ★★★

傾向と対策

◆ 文学的な文章では、登場人物の**行動**や**考え方**に気をつけて読む。
◆ 作品から受ける**感動**のポイントを文章の中から見つける。
◆ 話題について筆者はどのように**結論**《けつろん》を述べているかを読み取る。
◆ 登場人物や、筆者の**考え方**・**表現**の仕方について意見をもつ。

（　月　日）

基本問題

1 次の文章を読んで、あとの問いに答えなさい。

人は信じるものなくして生きていけるのか。最後は自分自身を信じるしか道はないのか。血縁《けつえん》の絆《きずな》も信じられず、といって仕事や職場、また国家や社会すら信じられない人間に、なにがあるのか。

信仰《しんこう》、という言葉がふと頭に浮《う》かびます。神とか、仏とかいった言葉は、決して現実的ではありません。しかし、この世に信じるものがなくなった人間に残されたものは、一体なんなのでしょうか。

愛、という言葉も、ふと頭をかすめます。純愛《じゅんあい》小説の流行は、いまだにつづいているらしい。

愛というイメージは、たしかに魔法《まほう》のように私たちの心に温かみのある感情をよびさましてくれます。

では、愛こそが信頼《しんらい》できる唯一《ゆいいつ》の感情《かんじょう》か、といえば、どうしても愛と裏切《うらぎ》り、愛と喪失《そうしつ》、というワンセットの言葉を忘《わす》れるわけにはいきません。また、愛憎《あいぞう》という表現もあります。愛と憎《にく》しみとは、＊双面《ふたおもて》のヤヌスのようにくっついているのです。

ふつう世間でいうところの「信用をつける」「信頼をかちえる」くらいのことなら、基本的なノウハウもあるでしょう。しかし、生死をかけてお互《たが》いにつくしあう信頼というものは、どうやら人間が勝手に自分の力でつくりだすことはできないのではないかと思います。

読解のポイント

ポイント1　主題とは何か

作品（文章）で、作者（筆者）が表したい**中心の考え**を主題という。主題という言葉はふつう、**文学的な文章**について使われる。

ポイント2　要旨とは何か

文章全体の中で、筆者が述べようとしている**中心の考え方**を要旨という。要旨という言葉は、**説明的文章**（論理《ろんり》的文章）について使われる。

ポイント3　主題を読み取るには

・はじめの**感動**を大切にする。
文章を読んで心に残ったこと、心を動かされたことは何かを考えてみる。
・**表現**に気をつけてくわしく読む。
はじめの感動が文章のどこからきたものかを、文章の**すじ**を追いながらくわしく読む。
・読んで**感じたこと、考えたこと**をまとめる。
・登場人物の行動や考え方、文章の表現の仕方な縁、という言葉、他力《たりき》という表現、そんな運命のいたずらがそこにかかわっているような気がしてなりません。

自力で築きあげた信頼は、一夜で崩《くず》れることもあります。本当の信頼とは、たとえどんなに裏切られても後悔《こうかい》しない、という覚悟《かくご》から生まれてくるのではないでしょうか。つまり、信頼とは、相手から受けるものではありません。信頼されることが大事なわけでもない。それはむしろ一方的なもので、見返りを求めない生き方です。

ぼくは少年時代に、国家に裏切られたというトラウマを抱《かか》えて生きてきました。しかし、それは浅薄《せんぱく》で、身勝手な個人的感情にすぎないと反省することがあります。信頼とは、賭《か》けることです。裏切られてもいい。相手にされなくてもいい。結果がどうなろうと関係がない。ただ、一途《いちず》に、と言うと、なんとなくストーカーみたいな感じですが、覚悟を決めてなにかを、誰《だれ》かを信頼する。それしかないような気がします。

そうでない限り、永遠の不信の荒野《こうや》をさまよいつづけて生きるしかないからです。すでに甘《あま》ったるい安手《やすで》の信頼の時代はすぎてしまいました。これまでの信用も、世間的なブランドへの信頼も、いまは色あせてしまっています。

信頼とは、することで、されることではない。ぼくはいまひしひしとそう感じているところです。

（五木寛之《いつきひろゆき》「人間の関係」）

＊双面のヤヌス＝表裏《ひょうり》一体のたとえ。

問 ――線部「信頼とは、することで、されることではない」とあるが、信頼とは本来どのようなことだと筆者は述べているか。六十字以内で答えなさい。ただし、句読点等も字数にふくめる。

大妻多摩中―改

どについてまとめ、はじめの感動と比べる。

ポイント4 要旨を読み取るには

・**話題を見つける。**

話題は、そのまま**文題**にしている場合や、**はじめの段落**に示されている場合が多い。

・段落の**要点を読み取る。**

筆者は、自分の言いたいことをよくわかってもらうために、**段落に分けて**順序よく述べる工夫《くふう》をしている。話題について「どのように」述べているかを読み取る。

・**まとめの段落**から筆者の考えを読み取る。

筆者の考えは、最後にまとめて述べられていることが多い。筆者の考えを読み取って短くまとめてみたり、文章に題をつけてみるとよい。

解答 例信頼とはたとえどんなに裏切られても後悔しないという覚悟から生まれてくるものであり、相手から受けるものではないということ。（60字）

解説 筆者は第八段落で「本当の信頼とは、たとえどんなに裏切られても後悔しない、という覚悟から生まれてくる」と述べ、第九段落「つまり」以降《いこう》で考えをまとめている。「信頼とは、相手から受けるものではありません。」は――線部「されることではない」と、第十一段落「信頼とは、……覚悟を決めてなにかを、誰かを信頼する」は――線部「すること」と対応する。この内容をまとめる。

実力問題

（　月　日）

解答編4ページ

1 次の文章を読んで、あとの問いに答えなさい。

Ⅰ

五日後、ふたたび奈良《なら》へ。花冷えの日が続いていたので、依然《いぜん》として満開であった。春日《かすが》の一の鳥居の横から低い丘《おか》をよぎり、向《むこ》うがわの斜面《しゃめん》に出ると、ゆるやかな石畳《いしだたみ》の坂道の左右に、崩れた土塀《どべい》が断続していた。点在というに近い有様《ありさま》だが、過ぎし世の土塀のおもかげをどうにか留《とど》めている。あたり一帯はかつて雑木林だったのを切り拓《ひら》いて整備し公園化したのだろう。あけっぴろげに、あかるくなった一帯が、いまは九重《ここのえ》桜の花盛《ざか》り。雑木林のなごりらしい欅《けやき》の大木が二株《かぶ》、花の雲よりも手前に突《つ》っ立って、崩れ残った土塀と①ひそかに交信している。深浅《しんせん》さまざまの傷《きず》を負い、大小の穴《あな》をうがたれ、風雨に削《けず》られた土塀の表面には、ながめているうちに古生代の化石のような物のまぼろしが浮かんでは消え、あとには猿《さる》や熊《くま》や鹿《しか》の顔、だれやら見おぼえのある人の顔が、あらわれては消える。

ようやく絵ごころが動いた。ゆっくり写生し、彩色《さいしょく》をほどこしおえたとき、よく晴れていた生駒《いこま》の空に灰色《はいいろ》の雲が集《あつま》り、空気がひんやりしてきた。料亭《りょうてい》江戸三《えどさん》の離《はな》れ家が見え隠《かく》れする木立《こだち》から鹿の親子がつれ立って近づいてきた。親鹿のあたまを撫《な》でながら目を見ると白く濁《にご》っている。この動物にも白内障《はくないしょう》があるのかもしれない。脚《あし》の運びがおぼつかないのはそのためかもしれない。二十年ほど前、その頃《ころ》はまだ学生だった末娘《すえむすめ》と春日の森を歩いたとき、頻《しき》りに雌鹿《めすじか》の背《せ》を撫でていた娘が「鹿って、いい匂《にお》いがする」と言った。指をかぐと、たしかにプディンのような匂いが移っている。子供《こども》の頃、母が作ってくれたプディン…。不意にさびしくなり、猿沢《さるさわ》池のほうへ帰りをいそいだ。

Ⅱ

水彩をこころみるようになったのは、四十歳《さい》前後からで、きっかけは浅井忠《あさいちゅう》の水彩画にあった。油彩画と等価なところまで、日本の水彩画を一気に高めたのは浅井忠である。一九〇〇年（明治三十三）より渡欧《とおう》二年のあいだにこの人が描《えが》いたグレ村（パリ南方、フォンテーヌブローから遠くない村落）の石橋、廃墟《はいきょ》の塔《とう》、洗濯場《せんたくば》、教会堂、牧場などを取り込《こ》んだ水彩画は、浅井忠の代表作だが、帰国後すぐに東京《とうきょう》から京都《きょうと》に移り住み、一九〇七年、五十五歳で没《ぼっ》するまでをここに暮《く》らした人だから、加茂《かも》川、糺《ただす》の森、八瀬《やせ》、そして比叡《ひえい》山《ざん》を描いた水彩画も数多く、なかには八瀬のくぬぎ林を描いて「秋林」と題したすばらしい作品もある。

そういう浅井水彩画をただ見ているだけでは我慢《がまん》できなくなって、なるだけ浅井風に、つまり浅井忠の目を借りて、浅井忠の色調、タッチをまねるべく心がけて描くというこころみに手をつけた。古風な言い方をすれば「事、志とは大いに異《ことな》り」、わたしの絵が「へたの横好き」の域《いき》を出ないのは言わずと知れたことである。

しかし「一寸《すん》の虫にも五分の魂《たましい》」とことわざにいうように、②わたしの腹《はら》の虫にも少しの魂があり、その虫がときどきじっとしていられなくなり、もぞもぞとうごめく。水彩を描いてこの腹の虫の餌《えさ》にしてやると、ふしぎと虫はおとなしくなる。このことから推《お》して、わたしの腹の虫というやつは、これを□と呼《よ》べばいいのかもしれない。

浅井忠の門下に加藤源之助《かとうげんのすけ》という人がある。生家は今も京都市中につづく法衣商だが、この人が油彩画を全く手がけず、もっぱら水彩に終始したのは、稼業《かぎょう》で扱《あつか》う品々に油絵具《えのぐ》の匂いが移るのを避《さ》けたためであった。そういう心がけのもとに描かれたこの人の水彩画には、一見おだやかなうちにも、はずむ息遣《いきづか》いが聞こえる。

油彩画は、画材、道具がいろいろ必要な上に、作品が場を占《し》める。手狭《てぜま》では、不都合になる。その点、水彩画は、画用紙、絵具箱と兼《けん》用《よう》の小さなパレット、筆、水があれば事足りる。描いた絵も机《つくえ》の引《ひき》出《だ》しに収《おさ》まる。わたしはウィンザー・ニュートンのそういうパレット、てのひらに収まる小さなのを愛用している。筆は鼬毛《いたちげ》の面相筆《めんそうふで》一本あれば、小品を描くには十分である。水はカメラフィルムの空《から》筒《づつ》一、二本に密封《みっぷう》する。小さな提《さ》げ袋《ぶくろ》に道具がすべて収まる。散歩のついでにスケッチする。旅行には忘れず持ってゆく。なにしろ軽便だから荷の重くかさばる心配がない。

百枚の写真よりも一枚のスケッチ、ということをここで主張してもいいだろう。旅の印象は時とともにうすれるし、記憶《きおく》は頼《たよ》りにならない。記録写真が印象をよみがえらせることを少しも否定《ひてい》するわけではないが、水彩スケッチ一枚に十分、二十分を惜《お》しまなければ、記憶はこの手仕事によって記憶本来の頼りなさを免《まぬが》れる。ドラクロワのモロッコ紀行のスケッチ帳には、絵の余白に、着色できなかった部分の色を文字で記入したものが少なくない。かれは、のちになってこのスケッチ帳を活用して油彩画の大作を描く。

欲《よく》を出せば、切りがない。余技なら余技の範囲《はんい》にとどめる用意も大切なことである。それでもデッサン、スケッチには、次のような余得がある。ものを写生しようと鉛筆《えんぴつ》を持ち、紙を広げて、ものを見る。すると、たちまちのうちに、ものがそれまでとはすっかりちがったものに見えはじめる。見なれていたものが、見なれぬものに一変する。それまでは、ものを見ているつもりで見ていなかったのがわかる。写生はものに迫《せま》る何よりの方法である。

（杉本《すぎもと》秀《ひで》太郎《たろう》「ひっつき虫」）

よく出る

(1) ――線部①「ひそかに交信している」とあるが、何と何が交信しているのか。本文中の言葉を用いて答えなさい。

（　　）と（　　）

(2) ――線部②「わたしの腹の虫にも少しの魂があり」の表現には筆者のどういう気持ちが表されているか。答えなさい。

（　　）

(3) □に入る言葉をⅠの文章からぬき出しなさい。

（　　）

(4) 〰〰線部について、筆者がこのような考えにいたったのはなぜか。Ⅱの文章中の言葉を用いて説明しなさい。

（　　）

桜蔭中―改

8 筆者の考えをとらえる

入試重要度 ★★★

傾向と対策

◆具体的な**事実**が述べられている部分と、筆者の**意見**や**感想**が述べられている部分を読み分ける。
◆文章の**まとめ**の部分は特にていねいに読む。
◆「筆者の考え」に対し、常に「読み手」としての考えをもつ。

（　月　日）

基本問題

1 次の文章を読んで、あとの問いに答えなさい。

「学び」には、三つの段階《だんかい》があると言われています。最初の段階は、いろいろな知識に触《ふ》れて、物の仕組みや歴史など、何かを知るということ。これを「端緒知《たんしょち》」と呼《よ》びます。

次に、端緒知をきっかけにして、それがなぜ起こったのだろうとか、どうしてこういう現象が起こるのだろう、などと自分なりの疑問《ぎもん》や課題を持って、いろいろと調べたり、人と*ディスカッションしたり、記録して分析《ぶんせき》したりして、知識を深めていくことを、「実践知《じっせんち》」と呼びます。「深め知」と言ってもいいでしょう。

たとえば、第1章で源頼朝《みなもとのよりとも》が鎌倉《かまくら》に幕府《ばくふ》を立ち上げたけれども、どうして朝廷《ちょうてい》のあった京都から遠く離《はな》れたところに幕府を開いたのだろうか、という話をしましたね。この例でいうと、頼朝が鎌倉に幕府を立ち上げたという事実を知ることが「端緒知」で、どうして鎌倉だったのだろうかと疑問に思って調べたり、考えたりしていくことが「実践知」ということになります。

そして、それらがわかったことで、「歴史には興味がなかったけれど、なんだか歴史って面白そうだな」と歴史に対する見方が変わったなど、その人の人格形成になんらかの影響《えいきょう》を与《あた》えるような学びに発展《はってん》していく。それを「人格知」と呼びます。

このように、本当の学びというのは、「端緒知」「実践知」「人格知」と三層《さんそう》になって深まっていきます。

読解のポイント

ポイント1 筆者の考えとは何か

その文章で述べようとする筆者の考えのこと。入試では主題や要旨《ようし》を問う問題だけでなく、直接、筆者の考えを問う問題が多くなってきた。

ポイント2 筆者の考えをとらえるには

- 筆者の考えが**直接的に表現**されたところをとらえる。――**文末表現**に気をつける。
「……と思っている」や、「……と考えている」といった、筆者の考えが直接的に表現されている部分に注目するとよい。
- **説明や解説の部分**から筆者の考えを読み取る。
「……と思う」などの文末表現が使われていない部分からも、筆者の考えが読み取れることがあるので注意する。

ポイント3 読み手の考えを述べるとは

筆者の考えだけではなく、読み手が「文章を読んで感じたことや考えたこと」を、自分で説明す

　僕《ぼく》は実際、どうして京都から遠く離れたところに幕府をつくったのだろうと不思議に思って、東京に出てきたときに、鎌倉へ行ってみたことがあります。そこは切り通*しになっていて、確かに攻《せ》め込《こ》みにくい場所でした。頼朝が攻め込みにくいところに幕府の拠点《きょてん》をつくったというのはよくわかるのだけれども、朝廷を守るためじゃないな。だったら、幕府というのはいったい何なのか。幕府ができるということは、何を意味するのか。そんなことを考え、ずっと疑問に思ってきました。

　僕らが学生のときには、こういうことをちょっと調べようと思っても、本格的な歴史の本を買わないと調べられませんでした。でも今は、インターネットである程度のことがわかって、さらに調べたいとなったら専門書《せんもんしょ》を読もうというように、いろいろな選択肢《せんたくし》があります。その点ではとても便利な時代になったと思います。

　それを生かして、学校で教えてくれることの中には、必ず「なんで？」という問いが隠《かく》れているはずだ、というふうに考えてみる、疑《うたが》ってみる、調べてみる。学校で同じことをならったとしても、単なる知識で終わってしまうのか、人生を変えてくれるような深い学びとなるか、学ぶ側の意識次第《しだい》で、それはまったく違《ちが》ったものになると思うのです。

（汐見稔幸《しおみとしゆき》「人生を豊かにする学び方」一部改変）

＊ディスカッション＝話し合い・討論《とうろん》のこと。
＊切り通し＝山や丘《おか》を掘《ほ》ったり削《けず》ったりして人馬が通行できるようにした道やトンネル。

問　——線部「人生を変えてくれるような深い学び」とあるが、これはどのような「学び」だと筆者は考えているか。本文中から二十一字でぬき出しなさい。

龍谷大学付属平安中―改

る問題が出されることもある。次のようなことに注意する。

・何について述べるのかをはっきりさせる。
・述べることを項目《こうもく》にしてメモしてみる。
・メモを整理して、できるだけ**簡潔《かんけつ》な文章**にする。
・書いたものは必ず**読み返し**、**字数**や言葉の指定を守れているかどうかを確認《かくにん》する。
・ふだんから自分の意見を持ち、書き留める習慣をつけ、**表現する力**を身につけるように努める。

解答　人格形成になんらかの影響を与えるような学び

解説　「端緒知」「実践知」「人格知」という学びの三つの段階の中で、「人生を変えてくれる」「深い学び」になるものを考える。学校で教えてくれるような知識は「端緒知」、それをもとに知識を深める学びは「実践知」、それがきっかけになり、「人格形成になんらかの影響を与えるような学び」は「人格知」だと述べられている。筆者の考える——線部の「学び」は、人生に影響を与えるような学びであるこの「人格知」にあたる。

実力問題

解答編4ページ

（　月　日）

1 次の文章を読んで、あとの問いに答えなさい。

寒さが身にしむ頃《ころ》になると、なまこの味がなつかしくなる。あの愛くるしい姿《すがた》を家人は気味悪がって手をださないから、自分で料理するほか仕方がない。それがまた楽しみだ。伊東《いとう》の海でとれた生きのいいなまこは磯《いそ》の香《か》に満ちて、ぷりぷりとふくれたり、しぼんだりする。それをそっと握《にぎ》りしめて丹念《たんねん》にわたを抜《ぬ》いたのち、好みの厚さ[a]に刻《きざ》んでゆく時の手ごたえが、そのまま味覚を刺激《しげき》する。夕方調理したものを、四、五時間たった夜中[b]に冷蔵庫《れいぞうこ》から取り出して、こりこりと独りでかみしめる。柚《ゆず》の香りと二杯酢《にはいず》の適当[c]になじんだなまこの味ともいえぬ淡泊《たんぱく》な味が執筆《しっぴつ》[d]に疲《つか》れた夜の神経をしずめてくれる。なまこの一切れ一切れは薄紫《うすむらさき》の花びらのようにうるおって生きていた時の滑稽《こっけい》な姿とは、□華麗《かれい》さで、器の中に沈《しず》んでいる。私《わたくし》は、その一切れ一切れをゆっくりとかみしめながら、言葉のことを考えるのである。日本人がなまこを食べはじめたのは、神代《かみよ》の昔のことらしい。天《あま》の岩戸《いわと》の舞《まい》で有名なあめのうずめさん、彼女《かのじょ》は実はむくつけき*猿田彦《さるだひこ》氏の夫人でもあるのだが、ある日海の魚たちをよび集めて、「お前たちは皆《みな》、よろこんで天《あま》つ神の御子《みこ》さまの食料となるか。」と尋《たず》ねた。魚たちは生きのいい返事をしたの[e]に、①なまこだけはおし黙《だま》っていた。うずめさんは「この口や、答えせぬ口」といって、小刀でなまこの口を切り裂《さ》いた。今も、なまこの口は裂けているのだという。私はこの話を思い出すたびに、なまこの心根があわれ[f]になる。心つつましいなまこは、自分の姿が、スマートなまわりの魚たちとくらべて、あまりにも変わっていることに気がひけて、天つ神の御子さまの食膳《しょくぜん》[g]にのぼることを遠慮《えんりょ》していたにちがいない。かなり歯の老いた私の口の中で、なまこはぷりぷりと、②うれしそうにはね返っている。

（岡野弘彦《おかのひろひこ》「華《はな》の記憶《きおく》」）

＊むくつけき＝気味が悪く、むさ苦しい様子。

(1) 本文中の□に入る言葉として最も適切なものを次から選び、記号で答えなさい。（　）

ア 想像できる　**イ** うって変わった

ウ 思われない

(2) 〰〰線部a〜gについて、cと同じ使い方の「に」はどれか、記号で答えなさい。（　）

よく出る

(3) ──線部①で、「なまこ」はどうして「おし黙っていた」と筆者は考えているか。一文でぬき出し、はじめの五字を答えなさい。

難問

(4) ──線部②で、なぜ「なまこ」は「うれしそうにはね返っている」と思ったか。筆者の考えを説明しなさい。

2 次の文章を読んで、あとの問いに答えなさい。

跡見学園中―改

競技が次々と①消化され、自分たちの百メートル競走の番が刻々《こっこく》と近づいてくる。

あと四、五番目というあたりになると、先生が小腰《こごし》をかがめて走ってきて、スタートラインへの移動をうながす。

　このあたりで、すでに心臓《しんぞう》は早鐘《はやがね》のように高鳴り、足は宙《ちゅう》に浮《う》いたようになる。

　スタートラインの後方にしゃがんで待機。この待機が心臓にこたえる。あと三番目、あと二番目になると、心臓が口から飛び出るのではないかと思われるほど激《はげ》しく震動《しんどう》する。

　今になって考えてみれば、何もそんなに緊張《きんちょう》しなくてもよかったのに、それほどの重大事でもなかったのに、と思うが、②子供《こども》にとってはそれこそ天地がひっくり返るような人生の一大事だったのだ。いよいよスタートラインに並《なら》んで「ヨーイ」の声を聞いて「ドン」に至《いた》るまでは、心臓どころか、体中のあらゆる臓器が口から飛び出すような気がしたものだった。

　十一時を過ぎたあたりになると、生徒の目は、しきりに父兄席《ふけいせき》に向けられるようになる。

　行進をしていても、競技を待っている間も、父兄席の両親の姿をさがすようになる。

　朝、家を出るとき、「鉄棒《てつぼう》のそば」と指示されたあたりに、しきりに視線《しせん》を走らせる。

　いなければたちまち不安になり、いればとたんに満面の笑《え》みとなる。友だちに、「きてるぞ、きてるぞ」と突《つ》つかれると、恥《は》ずかしい理由など一つもないのに何だか恥ずかしく、花嫁《はなよめ》のように恥じらってしまう。

　十二時。

　サイレンが鳴って、中央にいた生徒の一団が、周辺の父兄席に一目散に散っていく。

　このときの気持ちは、飼《か》い犬が飼い主を見つけて走っていくときのような、何だか切ないような、せっぱつまったものがあって、いま思い出してもなかなか懐《なつ》かしいものがある。

　両親のところに到着《とうちゃく》すると、とたんに③晴れがましいような気持ちになった。


（東海林《しょうじ》さだお「ショージ君のＡＬＷＡＹＳ―東海林さだおが昭和を懐《なつ》かしむ」）

(1) ――線部①「消化され」とあるが、これと同じ意味で「消化」が用いられているものを、次から選び記号で答えなさい。
ア 消化のよいものを食べなさいと言われた。
イ ここに書かれた内容は十分に消化できていない。
ウ 胃液《いえき》は食物を消化する働きがある。
エ 彼《かれ》はいそがしい日程を消化していった。
（　　）

(2) ――線部②「子供にとって……一大事だったのだ」とあるが、いかに緊張した時間であったかが時間の流れにそって表現されている。その部分（三か所）を本文中から順にぬき出しなさい。
1（　　）
2（　　）
3（　　）

(3) ――線部③「晴れがましい気持ち」の時の筆者の気持ちを考え、両親からかけてもらいたいと思っている言葉を想像して書きなさい。
（　　）

東京学芸大附属竹早中―改

9 物語①

読解ジャンル別トレーニング

入試重要度 ★★★

傾向と対策

◆人物の**言葉**や**行動**に注意して、**気持ち**を読み取る。
◆物語の**展開**《てんかい》に沿《そ》って、人物の気持ちの**変化**をとらえる。
◆作品を通して作者が表現しようとしていること(**主題**)をつかむ。
◆優《すぐ》れた**表現**をとらえ、文章を書くときの参考にする。

(月 日)

読解のポイント

ポイント1 **物語文の読み方**

●**物語のあらすじを読み取る**

①人物の関係…中心人物と登場人物たちの関係
②時…時代背景《はいけい》、季節、時刻《じこく》
③所…場所、場面

などをおさえながら、物語の展開に沿ってあらすじを読み取る。

●**登場人物の心情を読み取る**

登場人物の**言葉**や**行動**などから、その人物の心情を読み取る。特に、**中心人物**の気持ちをくわしく読み取る。

上の文章では主人公である「ぼく」の目線から物語が描《えが》かれているので、「ぼく」の様子や心の中の声に注目するとよい。

●**情景を想像する**

どんな**風景**か、どんな音が聞こえてくるか。どんな人物が、どんな**表情**で、どんなことをしているかなど、情景をいろいろ想像することは、文章

基本問題

1 **次の文章を読んで、あとの問いに答えなさい。**

翌朝《よくあさ》、学校を休んで、飛行機でお父さんのふるさとに向かった。

病室のベッドに横たわったおじいちゃんは、夏休みに会ったときの元気な笑顔《えがお》が嘘《うそ》のように、瘦《や》せて骨《ほね》と皮だけになっていた。顔に酸素マスクをかぶせられて、声をかけても返事をしないし、目も開けない。

おじいちゃんは死んでしまうんだろうか。

知っているひとが亡《な》くなるのは、これが初めてだ。心臓《しんぞう》が動かなくなるのが死ぬことなんだというのはわかっているけど、おじいちゃんを見つめていると、心臓とか、脳波《のうは》とか、血圧とか、そんなことはぜんぶ忘《わす》れてしまった。もう、おじいちゃんと会えなくなる。

おじいちゃんとセミ捕《と》りをしたり、たき火をしたり、トランプをしたり、一緒《いっしょ》におもちをついたり……そんなことがぜんぶ、もうなにもできなくなるんだと思うと、胸《むね》が急に熱いものでいっぱいになった。

おじいちゃんがいなくなる。いままでいたのに、いなくなる。いなくなったあとは、もう二度と、会えない。

おばあちゃんはおじいちゃんの手をさすりながら、涙《なみだ》まじりに昔の思い出を話していた。ぼくの知らない、お父さんがまだ子どもの頃《ころ》の話を、たくさん。

おじいちゃんが泳ぎが得意だったことを初めて知った。お父さんに野球を教えたの

がおじいちゃんだったことも、歌がへただったことも、シジミの味噌汁《みそしる》が大好物だったことも、ナイターで広島カープが負けると機嫌《きげん》が悪くなったということも……初めて聞く話ばかりで、その一つひとつが胸にすうっと染《し》み込《こ》んでいく。

もっと知りたい。もっともっと、おじいちゃんのことを知りたい。友だちに話して自慢《じまん》するためじゃなく、「すごいなあ、よく知ってるなあ」と先生をびっくりさせるためでもなく、おじいちゃんとはもう二度と会えないから、おじいちゃんのことを、もっと知りたい。

「おじいちゃんの思い出、忘れるなよ」

お父さんがぼくの肩《かた》に手を載《の》せて言った。「みんなが覚えてれば、みんなの思い出の中におじいちゃんはずうっといるんだから」と涙ぐんでつづけた。

「……忘れないってば」

ぼくは言った。家に帰ったら、新しい『きおくノート』をつくろう、そこにおじいちゃんの思い出をたくさん書こう、と決めた。

でも――。

ほんとうはそんなことしなくても忘れないよ、絶対に、と心の中でおじいちゃんに声をかけた。

（重松清《しげまつきよし》「知るって、なに？」）

問 ――線部「胸が急に熱いものでいっぱいになった」とあるが、このときの「ぼく」の気持ちの説明として最も適切なものを次から選び、記号で答えなさい。

ア 夏休みに会ったときは元気だったおじいちゃんが突然《とつぜん》死んでしまうということに、大きなショックを受けている。

イ おじいちゃんが骨と皮だけのすがたに変わり果ててしまったということに対して、とても残念に思っている。

ウ たくさんの思い出を作ってくれたおじいちゃんと二度と会えなくなるということに対して、深い悲しみを覚えている。

エ おじいちゃんの心臓や脳波や血圧の値《あたい》が急に悪化したことに対して、あせりやもどかしさを感じている。

（　　）

かえつ有明中―改

を豊かに読み取るうえでとても大切なことである。

●主題を読み取る

物語を読んで**心に残ったこと**、**心をうたれたこと**について、それが物語のどの場面や、表現によるのかを考えてみよう。それが、物語の主題にかかわるところになる。主題の読み取りに関する問題は、物語では必ず出題されるから、ふだんから主題を意識して物語を読むようにしよう。

●表現の優れたところを読み味わう

好きな表現や、**上手な表現**だと思ったところを書きぬいたり、朗読《ろうどく》したりして味わおう。また、自分の文章を書く場合に、そのような表現を生かすようにしよう。

解答 ウ

解説 ――線部の前後の表現に注目する。――線部の前で、おじいちゃんと一緒に過ごしたときの思い出がよみがえり、おじいちゃんが亡くなることでそのときにしたことが二度とできなくなると実感している。――線部のあとは、「いなくなる」という言葉がくり返され、「ぼく」がショックを受けている様子がわかる。したがって、「胸が急に熱いものでいっぱいになった」とき、「ぼく」は、思い出がたくさんあるおじいちゃんが亡くなることにショックを受け、悲しんでいるということがわかるので、答えは**ウ**になる。

実力問題

〔　月　日〕

解答編5ページ

1 **次の文章を読んで、あとの問いに答えなさい。**

百人一首を全部暗記している、と得意そうに宣言《せんげん》した少女に対し、周囲の生徒がすげー、うそーっ、と驚嘆《きょうたん》の声を上げるのを、光紀《みつのり》はきょとんとした顔で不思議そうに見回していた。

彼《かれ》は小学校四年生の後半を迎《むか》えようとしていたが、既《すで》に江戸《えど》時代までのほとんどの日本の古典を暗記していたからである。彼の家ではそれが当たり前だったので、彼は周りのみんなもそうであると信じていたのだ。だが、ここに引っ越《こ》してきた時、なぜか両親に①そのことはくれぐれも周囲には黙《だま》っているように、と固く言い渡《わた》されていたのである。

「ねーっ、どうして黙ってなきゃいけないの」

家に帰って玄関《げんかん》に飛び込《こ》むなり、彼はランドセルを背負《せお》ったまま家の中に向かって不満そうに叫《さけ》んだ。

「何よ、いきなり」

もう先に帰って②「茜《あかね》」に向かっていた姉の記実子《きみこ》が、襖《ふすま》をあけて廊下《ろうか》に上半身を乗り出し、ジロリと光紀を睨《にら》みつける。その恐《おそ》ろしい視線に光紀は一瞬《いっしゅん》たじろいだが、たどたどしく学校での出来事を説明した。

「バカねあんた、殺されるわよ」

記実子は冷たい流し目で光紀を見下ろした。【A】

「え、どうして？　あの子はあんなに褒《ほ》められてたのに」

ちやほやされ、顔を上気させていた少女の顔を思い浮《う》かべながら光紀が反論《はんろん》する。

「だからって、学校で平家物語を全文暗誦《あんしょう》してみせるってのはやめてよね。あのねぇ、ニッポンは③ミンシュシュギの国なの、ミンシュシュギということは、つまりぃ、他の人よりも余計なものは持っちゃいけないってことなの。分かる？」【B】

「お父さんとお母さんは絶対内緒《ないしょ》にしときなさいって言ってたでしょ、もう忘れたの。ここは常野《とこの》じゃないのよ。さ、そっちの部屋《へや》にシュークリーム買ってあるからそれ食べてよ。あたしは今週中にこれ、しまっちゃう予定なんだから」【C】

長い真っ黒な髪《かみ》をくるりと翻《ひるがえ》して身体《からだ》をひっ込めると、記実子は襖をぱたんと閉めてしまった。中学一年の姉は、今シェイクスピアに凝《こ》っている。最初は日本語訳を片《かた》っ端《ぱし》から『しまって』いたが、だんだんそれではあきたらなくなり、最近ではついにオリジナルで『しまい』始めたのだ。【D】

光紀は④まだ納得《なっとく》しない表情であったが、家に上がると帽子《ぼうし》を脱《ぬ》ぎ、手を洗うとシュークリームにかぶりついたまま「ヒロシ」の前にぺたんと座《すわ》った。

「ヒロシ」は桜の木でできた美しい書見台だ。春田家《はるたけ》では、子供《こども》が生まれると真っ先に書見台を拵《こしら》えるのである。それらは子供たちに生涯《しょうがい》連れ添《そ》うものなので、一つ一つ趣向《しゅこう》をこらして、精魂《せいこん》込めて作られる。常野にある春田家の倉庫には、何代にも亘《わた》って先祖たちが作った素晴《すば》らしいデザインの書見台が大事に保管してあるのだ。

光紀はクリームのついた指を舐《な》めながら、書見台の上に広げてある譜面《ふめん》に没頭《ぼっとう》した。

（恩田陸《おんだりく》「大きな引き出し」）

(1) ――線部①「そのこと」のさしている内容として最も適切なものを次から選び、記号で答えなさい。

ア 光紀が日本の古典のほとんどを両親から無理やり暗記させられているということ。

イ 光紀が日本の古典を暗記するのはごく当然のことだと親から教えられているということ。

ウ 光紀くらいの小学生は日本の古典を暗記して当然だと親から教えられているということ。

エ 光紀の家族は全員が当然のように日本の古典のほとんどを暗記しているということ。

（　　）

(2) ――線部②「茜」とは何か。本文中の言葉を用いて七字で答えなさい。

(3) ――線部③「ミンシュシュギ」とカタカナで表されている理由として最も適切なものを次から選び、記号で答えなさい。

ア この作品の読者の多くが小学生であり、漢字だと読めない心配があったから。

イ 漢字にはない新しい感覚や意味を読者に感じ取ってもらいたかったから。

ウ 本来の意味とはちょっとちがう意味で使っていることを表したかったから。

エ 弟の光紀には「民主主義」という言葉の意味はむずかしすぎると思ったから。

（　　）

(4) 本文には、「光紀にはチンプンカンプンである。」という一文がぬけている。この一文が入る場所として最も適切な場所を、本文中の【A】～【D】から選びなさい。

（　　）

(5) ――線部④「まだ納得しない表情」とあるが、光紀はどんな気持ちか。それを端的《たんてき》に表した言葉を、漢字二字で本文中からぬき出しなさい。

(6) 〰〰線部「なり」と、言葉のきまりや意味のうえで同じ「なり」をふくむ文を次から選び、記号で答えなさい。

ア お母さんは顔を見るなり笑い出した。

イ 残るなり帰るなり自分の好きにしろ。

ウ 子どもの熱が上がったなり下がらない。

エ 困《こま》ったときは親なり先生なりに相談しなさい。

（　　）

(7) 本文中に出てくる『しまう』を漢字二字の言葉に言いかえるとどうなるか。最も適切なものを次から選び、記号で答えなさい。

ア 収納《しゅうのう》　イ 読解　ウ 暗記　エ 整理

（　　）

よく出る

(8) 次の説明のうち、本文の内容に合っているものには○を、そうでないものには×を答えなさい。

ア 春田家の人々は『しまう』ことをよいことだとは考えていないので、他人にはかくしている。（　　）

イ 日本の古典を暗記している光紀は、今、楽譜を読むことに夢中になっている。（　　）

ウ 光紀はまだ百人一首を知らないので暗記の大変さもわからない。（　　）

城北埼玉中—改

10 物語②

入試重要度 ★★★

傾向と対策

- ◆物語の**特徴**《とくちょう》をよく理解して文章を読む。
- ◆登場人物の行動や会話に表れた**心情**を深く読み取る。出来事の**展開**《てんかい》をつかみ、組み立てをはっきりさせる。
- ◆言葉の**意味**は、文脈の中でとらえるようにする。

（　月　日）

基本問題

1 次の文章を読んで、あとの問いに答えなさい。

「それより、明日《あした》、本当によろしくね」

「明日？」

「だから、委員のこと」

「あ……うん、うん、もちろん、どーんと任せといて。ウチの推薦《すいせん》で、絶対、久保由佳《くぼゆか》を当選させてみせるって」

　こぶしで胸《むね》を叩《たた》いてみせる日向子《ひなこ》と別れたあとも、久保由佳は不安をぬぐえなかった。日向子の「絶対」は当てにならない。なんでも大きく言うわりに、実行が伴《ともな》わないのが彼女《かのじょ》の難点《なんてん》だ。

　クラスの輪からはみだした者同士でくっついてから半年、久保由佳はすでに半分、日向子に愛想をつかしている。［A］と一緒《いっしょ》にいるのは、ほかに親しい級友がいない、という理由だけだった。ひとりではみだすのと、ふたりではみだすのとではぜんぜんちがうことは、小学校で学んでいる。

「ただいま」

　月のない空のさびしさに［B］しながら帰宅《きたく》した久保由佳は、玄関《げんかん》のあがりかまちに父親の革靴《かわぐつ》を見て、どきっとした。こんな時間に帰っているのはひさしぶりだ。

　にわかに緊張《きんちょう》し、足音をひそめてリビングへ進むと、父親と母親、そして姉の千帆《ちほ》がダイニングテーブルで柿《かき》を食べていた。

「お、由佳。帰ったか」

読解のポイント

ポイント1　物語の特徴

物語（小説）には、次の三つの要素がふくまれている。

場面…いつ、どこで
人物…だれが
出来事…どうした、どうなった

物語は主人公を中心に、これらの要素をからませて出来事を展開させ、読み手に人間としての生き方を考えさせようとする。

ポイント2　物語の組み立て

物語は、長いものも、短いものも、次のような組み立てになっていることが多い。

起…物語のはじまり
承《しょう》…物語の展開
転…物語の山場
結…物語の結び

まっさきにふりむき、野太い声を響《ひび》かせたのは父親だ。

「ま、座《すわ》れ。おまえたちの学校、明日から後期に入るんだってな。クラス委員長、しっかりがんばれよ。千帆に負けるな」

久保由佳はびくっと目を伏《ふ》せた。

やっぱり、お父さんはおぼえていた――。

先月の末、ひとつ年上の千帆が北見《きたみ》二中の生徒会選挙で副会長に当選した。それまでの書記からのワンランクの昇進《しょうしん》。「たいしたもんだ」と気をよくした父親は、その夜、いつもより早く帰宅して祝いのワインを開け、ほろ酔《よ》いかげんで久保由佳に迫《せま》った。つぎはおまえの番だ、おまえは何をめざすのか、と。その迫力《はくりょく》に押《お》された久保由佳は、つい、「後期のクラス委員長」と答えてしまったのだった。

「クラス委員長になれるかどうかは、まだわかりません」

テーブルの柿をながめながら、久保由佳はくぐもった声を返した。どんなに[C]のおいしそうな果実も、今は皿に描《えが》かれた絵のようにしか見えない。

「友達が推薦してくれるって言ってるけど、候補者《こうほしゃ》がほかにもいる場合は、クラスのみんなで投票ってことに……」

「若《わか》いうちから集団の長を経験しておくのはいいことだ。リーダーシップを発揮《はっき》できる人間と、できない人間とでは、社会に出てから如実《にょじつ》に差が出る。候補が何人いようと、しっかり結果を出してきてくれよ」

最後まで聞かずに父親が言い、

「ま、クラスのリーダーくらいはね」

父親のとなりで千帆も笑った。

〈森絵都《もりえと》「クラスメイツ〈後期〉」〉

青山学院横浜英和中―改

問 [A]～[C]に入る言葉の組み合わせとして最も適切なものを次から選び、記号で答えなさい。

ア　Aばらばら　Bしんみり　Cつやつや
イ　Aずるずる　Bしんみり　Cぴかぴか
ウ　Aばらばら　Bぼんやり　Cぴかぴか
エ　Aずるずる　Bしんみり　Cつやつや
オ　Aずるずる　Bぼんやり　Cつやつや

（　　）

ポイント3　物語と、登場人物の行動や会話

登場人物の行動や会話は、人物の気持ちや考えを知るうえで最も重要な手がかりとなるものである。

- **なぜ**そう言ったのか（そうしたのか）
- **どんな気持ち**でそう言ったのか（したのか）と、深く考えることは、物語を豊かに読むうえでとても大事なことである。

ポイント4　文脈に即《そく》した言葉の意味のとらえ方

A　突然《とつぜん》、目の前に山のような男が現れた。
B　山のような宿題にぼくは悲鳴をあげた。

Aの場合は「**大きい**」ことを表し、**B**の場合は、「**多い**」ことを表している。このように同じ言葉であってもその意味が異《こと》なる場合がある。文脈の中での正しい意味をとらえるようにしよう。

解答　エ

解説　[A]の「ずるずる」は、「物事のきまりをつけないさま」という意味。ここでは日向子に愛想をつかしているにもかかわらず、ずっと一緒にいることを指す。[B]の「しんみり」は、「さびしく静かなさま」という意味で、前の「月のない空のさびしさ」がヒントになる。[C]の「つやつや」は、「光沢《こうたく》があって美しいさま」という意味で、ここでは「おいしそう」な「柿」の様子を表している。

実力問題

解答編6ページ

（　月　日）

1 **次の文章を読んで、あとの問いに答えなさい。**

鉄棒《てつぼう》の特訓は、近所の『ちびっこ広場』で放課後にやることにした。私《わたし》が一緒《いっしょ》にやろうと言う前から、うみかは毎日ここで練習していたらしい。

毛利《もうり》さんが宇宙《うちゅう》に行くのは九月。＊スペースシャトルエンデバーの名前をテレビでも少し前から紹介《しょうかい》してる。

「そんなに楽しみなの？」

「楽しみ」

別に意地悪で聞いたわけじゃなかったけど、うみかの返答は短かった。

鉄棒を両手で握《にぎ》り、えいっと空に向けて蹴《け》り上《あ》げたうみかの足が、重力に負けたようにばたん、と下に落ちる。

「足、持ってあげようか」

私が逆上がりできたのは一年生の時だ。そのとき、先生やお父さんが、練習する私の足を捕《つか》まえて回してくれた。

「重いよ」

「大丈夫《だいじょうぶ》だよ」

安請《やすう》け合《あ》いしたけど、うみかがえいっと足を蹴り上げたらかなり迫力《はくりょく》があった。捕まえそこねて、さらにもう一回。思いきって手を伸《の》ばしたらうみかの靴《くつ》の先が額を掠《かす》めた。

「いたっ」

「あ、ごめん」

ぶつかった場所を押《お》さえて蹲《うずくま》った私に、うみかが近寄る。「だから言ったのに」と。

「いいよ。私、自分で回れるようになるから」

「私はいなくてもいいってこと？」

じんじん痛《いた》む額を押さえながら見たうみかの顔が、表情をなくした。おや、と思う間もなく、うみかが首を振《ふ》る。

「ううん。いて欲《ほ》しい」

①今度は私が表情をなくす番だった。そんなふうに素直《すなお》に言われたら、逆らえなかった。

「――見てれば、いいの？」

「うん。お願い」

こくりと頷《うなず》いて、それから何度も何度も、空に向けて足を蹴る。

②「エンデバーってどういう意味か知ってる？」

何度目かの失敗の後で、うみかが■を切らして言った。手のひらが赤茶色になって、見ているだけで鉄の匂《にお》いがかげそうだ。

私は「知らない」と首を振った。

「努力」とうみかが答えた。

空に□藍色《あいいろ》が降《お》りてきて、薄《うす》い色の月が見え始めてしばらくした頃《ころ》、うみかがとうとう練習をやめた。妹が鉄棒を離《はな》れたのと入れ違《ちが》いに、今度は私が逆上がりをする。

足を上げる時、つま先の向こうに白い月が見えた。今日、うみかは何度も何度もこうやって、私と同じように、月を蹴ってたんだなぁと思った。

（辻村深月《つじむらみづき》「1992年の秋空」）

＊スペースシャトルエンデバー＝日本人二人目の宇宙飛行士である毛利衛《もうりまもる》さんが一九九二年九月に搭乗《とうじょう》した宇宙船の名前。

(1) 〰〰線部の語句の意味として最も適切なものを次から選び、記号で答えなさい。

ア 見下されて意地になった　イ 強引に役目を請け負《う》った
ウ 自分に自信を持っていた　エ 何も考えずに引き受けた

（　　）

(2) ------線部「■を切らして」の■に入れるのに適切な漢字一字を答えなさい。

□

(3) □に入る最も適切な言葉を次から選び、記号で答えなさい。

ア はっきりと　イ うっすらと
ウ あっさりと　エ さっと

（　　）

(4) ——線部①「今度は私が表情をなくす番だった」とあるが、このときの「私」の気持ちの説明として最も適切なものを次から選び、記号で答えなさい。

ア からかうつもりで尋《たず》ねた問いに対し、「いて欲しい」とあわてて答えるうみかの不自然さを、おかしく思う気持ち。
イ 普段《ふだん》は何かと私を苛立《いらだ》たせるうみかが、「いて欲しい」と頼《たの》むほど気弱になっている様子を見て、同情する気持ち。
ウ 「私」に対して短い返答をしていたうみかが、はっきり「いて欲しい」と伝えたことに驚《おどろ》き、戸惑《とまど》う気持ち。
エ 「私」の額を蹴っただけでなく、練習の間「いて欲しい」とまで言う勝手なうみかに驚きあきれ、憤《いきどお》る気持ち。

（　　）

難問

(5) ——線部②「エンデバーってどういう意味か知ってる?」とあるが、「うみか」がこのように聞いた理由の説明として最も適切なものを次から選び、記号で答えなさい。

ア 逆上がりで回る感覚が宇宙空間に似ていることから連想した「エンデバー」の意味を「私」に教え、自分の方が博識であると「私」に示したかったから。
イ 逆上がりで空を蹴って宇宙に近づくものと見立てて、そこから連想した「エンデバー」の意味を思い、目の前の課題に全力で立ち向かっていこうと自分を励《はげ》ましたかったから。
ウ 逆上がりで回る感覚が宇宙空間に似ていることから連想した「エンデバー」の意味を話し、宇宙に近づこうと月を蹴り上げる様子をイメージしながら練習しようと思ったから。
エ 逆上がりで空を蹴って宇宙に近づくものと見立てて、そこから連想した「エンデバー」の意味を考え、苦手な逆上がりさえできるようになったら必ず夢はかなうと思ったから。

（　　）

頌栄女子学院中—改

11 随《ずい》筆《ひつ》・紀行文①

入試重要度 ★★★

傾向と対策

◆どんな題材から、どんな**話題**を取り上げているかを読み取る。
◆筆者はどんなことに、どう**感動**したのかをつかむ。
◆筆者の述べている**意見**について**理解**を深める。
◆優《すぐ》れた**表現**について学び取るようにする。

（　月　日）

読解のポイント

ポイント1　随筆・紀行文とはどんな文章か

随筆は、筆者が見たり、聞いたり、体験したりしたことを、文章の形式にとらわれずに、**自由**に書いたものである。そのため、筆者の意見や考え、つまり**筆者の個性**がよく表現される文章ともいえる。

また、紀行文は、旅行中の出来事や感想などを、随筆にまとめたものである。

ポイント2　随筆の内容

取り上げられる題材は、次のような内容のものが多い。

- **人生**や**日常生活**の中の出来事についての**評論**《ひょうろん》ふうのもの
- **科学的記事**ふうのもの
- **回想的**なもの（思い出など）

ポイント3　随筆・紀行文の読み方

- 筆者が**感動した事がら**をつかむ。

基本問題

1　次の文章を読んで、あとの問いに答えなさい。

小学校低学年の頃《ころ》、自宅《じたく》の風呂《ふろ》が故障《こしょう》して、修理のあいだ銭湯《せんとう》に通わなければならなくなった。とはいえ、畑や田んぼや山や川ばかりの周囲に突然《とつぜん》銭湯があるはずもなく、私《わたし》たち家族は、風呂にはいるためだけに三十分もバスに乗って町なかの銭湯を目指さねばならなかった。おりしも季節は冬。

ここで私ははじめて夜を見た。

夕ご飯を食べ終えて、家族で出かける用意をする。おもてに出ると真っ暗。夜である。夜のなか、昼に乗っているのとおんなじバスがやってくる。ベージュに青の車体、ブルーの座席《ざせき》、ビニールとニスが混《ま》じり合ったようなにおい、白い吊革《つりかわ》、帽子《ぼうし》をかぶった運転手。けれど、暗闇《くらやみ》のなか走ってくる、車内を白熱灯《はくねつとう》で光らせたバスは、昼のそれとは大きく異《こと》なる異界《いかい》の乗りものみたいに感じられた。降車《こうしゃ》ボタンのピンク色もやけにどぎつく見えた。

本来ならば家にいてテレビを見ている時間、昼間とは様相の異なるバスに乗り、しかもいえから遠ざかっていくということに私はおそれおののいていた。父も母もいっしょなのに、ひとりぼっちで知らない町に向かわされている気がした。

帰りの夜はもっと濃《こ》かった。体から湯気をあげながらバス停を目指す。銭湯のある町は、私たちの住むところよりは多少にぎやかなので、飲み屋の赤提灯《あかちょうちん》や営業している商店の看板《かんばん》が光っている。しかしそのぶんよけい、夜は濃くなったように感じられ

た。バス停に立っていると、永遠にバスなんてこないような気がした。（中略）

あの幼《おさな》い日の気持ちは、夜というものの持つ本質だったような気がする。夜は否応《いやおう》なく、私たちがひとりであると気づかせる。ひとりであると気づいたときに味わう気分は、そのときどきによって違《ちが》う。あるときは、不安になり心細くなり、未来には悪いことしか待ち受けていないような気分になる。あるときは、たったひとりでどこまでも歩いていけるような、妙《みょう》に力強い気分になる。そうしてあるときは、一瞬《いっしゅん》前までともにいた人が、心から大切だと痛《いた》いほど思ったりする。

とくに都会の夜がどんどん明るくなっていくのは、たぶん、そのことを気づきたくない人が大勢いるからだと思う。ひとりだと気づくことがないよう、町は、二十四時間営業のコンビニエンスストアやネオンサインで夜をどこかへ追いやろうとする。暗い夜空を不自然な紫色《むらさきいろ》に染《そ》め続ける。明るい夜を見て育つ子どもは、たぶんかつてのわたしのように、夜をこわがったりはしないんじゃないか。夜というものが存在《そんざい》すると、ある程度成長してから気づくなんてことはないのではないか。けれど、と私は思うのだ。どんなに明るい夜でも、夜は夜だ。暗いことがイコール夜なのではない。明るい夜のなかでも、いつか人はきっと気づく。自分がひとりであると唐突《とうとつ》に気づく。そう気づかせる夜の奇妙《きみょう》な力を知る。

（角田光代《かくたみつよ》「幾千《いくせん》の夜、昨日の月」）

問　――線部「夜の奇妙な力」の説明として最も適切なものを次から選び、記号で答えなさい。

ア　明るい夜だからこそ、昔の暗い夜と異なり、自分はひとりだと気づかせるのだということ。

イ　夜の明暗の差に関わらず、自分はひとりなのだと気づかせる力が夜にはあるということ。

ウ　都会の夜の力で、どんどん明るく照らすような建物が増えていっているということ。

エ　真っ暗い夜の存在があるからこそ、未来は明るいのだと自分をはげますことができるということ。

（　　　）

千葉日本大第一中―改

筆者は、どんなことについて心が動かされたのか、どう思ったのかを読み取る。

・**事実**を述べているところと、筆者の**心の動き**（感想や感動など）の表現を読み分ける。

そのためには、**文末表現**が大切な手がかりとなる。上の文章からひろってみると、

「……をする。」（事実）

「……に感じられた。」（心の動き）

「……気がした。」（心の動き）などである。

・**文章表現**のうまさ、**特徴**《とくちょう》をとらえる。

筆者の感覚的な表現、比喩《ひゆ》（たとえ）や擬人《ぎじん》法、対比など、文章表現のたくみさをとらえ、味わうようにする。

解答　**イ**

解説　筆者は、自分自身の幼い頃の体験を挙げ、「夜の奇妙な力」という独自の表現を用いて考えを述べている。――線部の直前に、「そう気づかせる」とある。「そう」の指す内容を前の部分からさがすと、「どんなに明るい夜でも、夜は夜だ。暗いことがイコール夜なのではない。明るい夜のなかでも、いつか人はきっと気づく。自分がひとりであると唐突に気づく。」とある。つまり、夜の奇妙な力とは、夜の明暗の差に関わらず、自分はひとりなのだと気づかせる力だとわかる。

実力問題

解答編6ページ

（　月　日）

1 次の文章を読んで、あとの問いに答えなさい。

昭和三十六年（一九六一）のシカゴというところまではっきりしているのだが、そのビルがなんだったのかは記憶《きおく》にない。誰《だれ》もが行き来できる公共のビル——たとえば大きな鉄道の駅のメインホールのようにも思うのだが、その時のシカゴで高架《こうか》を走る電車には乗ったが、大きな鉄道の駅に入った記憶がない。

ともあれ私《わたし》は、ホールのようなところを横切って①トイレに向かっていた。まだアメリカの豊かさと日本の貧しさがくっきりしていた時代で、ほとんど日本人旅行者を見かけないアメリカを、二十代の私はいくらか白人にでもなったような気持ちで、バカにされまいと身構えてもいて、大股《おおまた》にトイレに向かっていった。

トイレは、古色のついた白いタイル貼《ば》りの大きなアーチ型の入り口があり、そこを入ると左右に男女それぞれの入り口があるのだが、そこまでもそれぞれゆったりとアプローチがある贅沢《ぜいたく》な造りで、私はどういうものか迷いもなく左に曲がって、入り口寸前《すんぜん》でそれが女性用だと気づき、すましてくるりと向きを変えた。

するとあとからやって来た二十歳《さい》前後の女性と向き合う形になった。といっても、両方で立ち止まったというようなことはなく、たちまちすれちがったのだが、その女性がくるりと向きを変えた私を見て、五、六歩は離《はな》れていただろうか、とても可笑《おか》しそうに吹《ふ》き出すように笑ったのである。自分はどうしたかは思い出せない。②ともあれ女性は笑いながら私にうなずき、たちまちすれちがって女性用に入ってしまった。

③その笑顔《えがお》がとてもよかった。

邪気《じゃき》のない笑いで、それはたとえば、目の前で小学校三、四年の男の子が同じ間違《まちが》いをしてすまして引き返すのを見た大人の女性がつい笑ってその子にうなずくというような状況《じょうきょう》に近いけれど、そういう上下がなかった。もっと対等で、友人が思わず笑ってうなずいたような親密《しんみつ》さが過《よぎ》り、あっという間にいなくなってしまった。

あけっぴろげなのに、同時に目の中に節度もはじらいもあったように思うのは、あとから加えた空想かもしれないが、私は男性用に入りながら、たぶん笑顔になっていたと思う。小便をしながら、思いがけないほどの幸福感がこみあげて、また少し笑ったと思う。

その女性がとりわけ美人だったというようなことはない。容姿《ようし》より何より、とてもいい人柄《ひとがら》とすれちがったという後味が残った。

そんなことは、どこにでもありそうだが、これがない。以後の欧《おう》米《べい》旅行でも、中国《ちゅうごく》やインドでも。勿論《もちろん》日本でも、あの笑顔には出会わない。とりわけ東京《とうきょう》では、見知らぬ人同士が微笑《びしょう》してうなずくなどということはほとんどないから、④同じようなことがあっても気づかぬふりをするか、「ドジ」というように避《さ》けて通るというような事ばかりである。咄嗟《とっさ》に楽しそうに笑ってうなずいてすれちがうというように、外側に気持ちがひらいていない。

と書きながらも、小さなことを大げさにいっているような気持になるが、数秒の笑顔が私の頭にとりついて四十年余りもたってしまった。その笑顔と、そのあとにこみあげた幸福感が、私をいくらか支配し続けているというように思う。

街を歩くのに、機嫌《きげん》よく歩こうと不機嫌に歩こうと無論《むろん》自由だが、どちらかといえば機嫌よく歩いた方がいいのではないか、と思ってしまうところが、私にはある。その笑顔体験のせいだと思う。

暗い気持ちの人には、他人の機嫌のよさは不快かもしれないのだから、機嫌がよければいいというものではないと思うのだが、暗い顔で歩いている自分に気づくと、反射《はんしゃ》的に機嫌のよさを装《よそお》うとしてしまうところがある。ごく些細《ささい》なことが、思いがけなく他人の気持ちの底に残るということを考えるのも、いくらかその笑顔の記憶のせいだと思う。

ある時――といっても随分《ずいぶん》昔のことになるが、アラン*を読んでいたら、こんな文章に出会った。『人生論集』である。

「なにかのはめで道徳論を書かざるをえないことになれば、わたしは義務の第一位に上きげんをもってくるに違いない」（「上きげん」）

その時も、シカゴの女性の笑顔が甦《よみがえ》った。道徳かあ、道徳とまでは思わなかったけど、と⑤その笑顔で私の中に生まれた幸福感の意味がはっきりしたような気持ちになった。

（山田太一《やまだたいち》「夕暮れの時間に」）

*アラン＝フランスの哲学者《てつがく》。

(1) ――線部①とあるが、「私」はどのような態度でトイレに向かっていたか。本文中の言葉を用いて答えなさい。

（　　　　）

(2) ――線部②とあるが、ここで女性が伝えたかったことの説明としてふさわしくないものを次から選び、記号で答えなさい。

ア「私」の間違いは大きなことではないから心配しなくてもよいということ。

イ「私」の間違いについては自分の胸《むね》にしまっておくから安心してよいということ。

ウ「私」の間違いはたまに起こりうることだから、落ち込《こ》まなくてもよいということ。

エ「私」の間違いはあまりにこっけいで、恥《は》ずかしいことだと思った方がよいということ。

（　）

(3) ――線部③とあるが、「その笑顔」が「私」に何をもたらしたのか。本文中から十字前後でぬき出しなさい。

(4) ――線部④とあるが、これは他人に対するどのような態度か。わかりやすく説明しなさい。

（　　　　）

よく出る

(5) ――線部⑤とあるが、「私」がそのような気持ちになった理由として最も適切なものを次から選び、記号で答えなさい。

ア その笑顔には苦しみが多い世の中を批判《ひはん》し、それを変えようとする意志があったことに気づいたから。

イ その笑顔には他人に対する思いやりが込められており、それによって励《はげ》まされたことに気づいたから。

ウ その笑顔には義務を果たし続けることの大切さが感じられ、それに教えられていることに気づいたから。

エ その笑顔には世の中全体を考える視点《してん》があり、悩《なや》んでいるのは自分だけでないということに気づいたから。

（　）

桐朋中―改

12 随筆《ずいひつ》・紀行文 ②

入試重要度 ★★★

傾向と対策

◆文章中に表されている**背景**《はいけい》などを読み取る。
◆筆者が読者に**伝えたいこと**を読み取る。
◆筆者の**体験**や、**独自な感じ方・考え方**をとらえ、自分自身の考えを深める。

（　月　日）

基本問題

1 次の文章を読んで、あとの問いに答えなさい。

　私《わたし》の父は昔から焼きりんごを作るのが得意で、時折自分でりんごを買ってきては作り、出来立てを自慢《じまん》げに食卓《しょくたく》に並《なら》べ、家族に振《ふ》る舞《ま》っていた。しかし、最近はあまり焼きりんごにお目にかからない。

　聞いてみたら、父は言った。

「近頃《ちかごろ》のりんごは甘《あま》すぎて焼きりんごの旨《うま》みが出ない。」

　確かに最近は、国光《こっこう》、紅玉《こうぎょく》などの酸《す》っぱいりんごはどの店先にもほとんど置かれていない。これは聞いた話だが、日本の高級りんごをヨーロッパで売り出そうとしたが、甘すぎて支持を得られなかったという。

　まあとにかく、みかん、苺《いちご》、りんご、と最近の果物の甘みについての話題に立て続けに接して、今の日本が抱《かか》える問題の某《なにがし》かのキーワードにぶつかったような気がした。確かに最近は、口先がひん曲がるような味覚の果物には滅多《めった》にお目にかかれない。みかんも、苺も、りんごも、私たちは甘いのが美味《おい》しいという感覚に慣れ切ってしまったようだ。

　果物だけではない。私たちの日常生活や身の回りにも「甘い」味覚に通じるようなものが満ちあふれている。ふわふわ、もちもち、ジューシー、とろける……等々。人気を博すのはどれも、「甘く」「やさしい」「柔《やわ》らかい」ものばかりだ。

　明治《めいじ》生まれの祖母に幼《おさな》いころ教えられたことを思い出す。さつまいもは別名「十三

読解のポイント

ポイント1　事実と意見を区別して読み取る

　筆者が見たり、聞いたり、体験したりしたことと、筆者の思いや考えを区別して読み取ろう。

ポイント2　筆者の考えを読み取る

　筆者の考えを読み取るには、次のような部分に気をつけて読むことが大切である。

- 直接、気持ちを書き表しているところ
- 会話や独り言
- 登場人物の様子や行動を表しているところ
- 比喩《ひゆ》表現や、間接的な表現をしているところ

　上の文章では、「……だろうか。」「どうして……のか。」という疑問の形で、筆者の考えが強調して表現されている。

ポイント3　背景（時代や環境《かんきょう》をふくむ）とは何か

　文章の背景として、場面や情景、また、そこに至《いた》った時代経過や環境が描《えが》かれている。背景は、

里」というのだと言われた。それは、「栗《くり》より甘い」からだと。「栗（九里）より（四里）甘い」ということで、九と四を足した「十三里」になったのだ……祖母はそう言った。

栗《くり》の甘さ、あけびやグミの甘さ、ツツジやサルビアの花の芯《しん》を吸《す》って、ささやかな蜜《みつ》を口中で味わったこと。かすかな甘みを目を閉じて味わうような刹那《せつな》を、私たち日本人は忘《わす》れてしまった。酸味のなかのほんのりとした甘味を味わう、あるいは、甘みを際《きわ》だたせるために、西瓜《すいか》に塩を振り、お汁粉《しるこ》に塩を忍《しの》ばせる……というような、甘みを引き立たせるために対極の味覚が不可欠という感覚が、なくなってしまったのかもしれない。

いや、それだけではない。味覚や触覚《しょっかく》だけでなく、私たちは、聞こえの良い、夢のような話に過度に傾《かたむ》いてやしないだろうか。

甘いものだけを受け入れ、それこそが幸せで、万人《ばんにん》の幸福だという幻想《げんそう》の中にいると、酸っぱいもの、ざらついたもの、辛《から》いものは、ことごとく遠ざけたくなる。しかし、当然のことながら、甘いものだけの中にいたら、その甘さも感じられなくなってしまうのだ。対極のものがあってこそ、甘さの価値が際だつ。辛さ、苦さ、酸っぱさ、ごわごわ、冷たさ……。そういうものを遠ざけ、排除《はいじょ》する不幸は、両者によってもたらされる調和とバランスという、程よい味わいを手放すことなのだと思う。

どうして日本は、こんなにも平衡《へいこう》感覚を失ってしまったのか。その平衡感覚こそ、日本の至宝《しほう》だったのに……。

（神津《こうづ》カンナ「冷蔵庫が壊《こわ》れた日」）

問 ——線部「平衡感覚を失ってしまった」とあるが、「味覚」に関して、「平衡感覚を失ってしまった」とはどのようなことを言っているか。答えなさい。

灘中―改

筆者の思いと密接《みっせつ》な関係にあることが多く、筆者の考えや思いと背景は、たがいに関連させて読み取ることが大切である。

ポイント4　読み取るうえで大切にすべきこと

- 文章中の表現に細かく気をつけて読もう。
- 自分の経験と結びつけて、豊かに想像しながら読み進めよう。
- 筆者の思いと背景のつながりを考えて読もう。
- 筆者の思いや考えについて、自分の考えをまとめよう。

解答 例辛さ、苦さ、酸っぱさを遠ざけ、排除しているのに対して、甘さだけを高く評価していること。

解説 「平衡感覚」が〝バランスを取る感覚〟であることをふまえ、直前の「両者によってもたらされる調和とバランス」の「両者」とは何かをまず読み取る。「味覚」について挙げられているのは、「甘さ」と「辛さ、苦さ、酸っぱさ」である。筆者はりんごや栗などの例を挙げて、最近の日本には「甘いものだけを受け入れ、……酸っぱいもの、ざらついたもの、辛いものは、ことごとく遠ざけ」るという傾向《けいこう》があると述べ、このことを「平衡感覚を失ってしまった」と表現しているのである。

実力問題

（　月　日）

解答編6ページ

1 **次の文章を読んで、あとの問いに答えなさい。**

　お笑いタレントというのが苦手である。なにか*だだ漏《も》れという感じがして苦手である。お笑いタレントがぞろぞろ出てくるバラエティ番組というのはとくに苦手である。そんな番組が午前中も深夜もテレビを①席巻《せっけん》し、おかげでテレビをだらだら観《み》るという習慣がなくなった。

　漫才《まんざい》や落語が嫌《きら》いなわけではない。テレビのない時代、わたしもまた漫才や落語を聞いて育った。ラジオから流れてくる話芸というものが、わたしたちの耳をつかんで離《はな》さなかった。

（　ア　）

　漫才師や噺《はなし》家《か》は、たわけた役回りに徹《てっ》することで、客に日常の苦労を忘れてげらげら笑ってもらう。じぶんを低めて客に主人になってもらう。聞いてくれるひと、そのあなたが主人公、というわけである。客を心地《ここち》よくさせる、それへの対価として銭《ぜに》をいただく。笑ってもらってなんぼ、の世界だ。

（　イ　）

　バラエティ番組だと、笑わす者も笑う者も画面のなかにいる。これは番組のつくり方としてとても下手《へた》なやり方だとおもう。笑いの*ベクトルが、*ブラウン管のこっちにいる視聴者《しちょうしゃ》ではなくブラウン管のなかのほかの出演者に向かうのだから。これだとコミュニケーションが画面のなかだけで閉じてしまう。

（　ウ　）

　お笑いタレントだけでなく、ゲストまでお笑いタレントよろしく突《つ》っ込《こ》みを入れる。それをうけてお笑いタレント自身がだらけた笑いをこぼす。お笑いタレントが笑えば番組はもうおしまいだ。②視聴料をいただく理由がなくなる。

（　エ　）

　たわけたよもやま話を横で盗《ぬす》み聞《ぎ》きし、つられて「ぷぷっ」と笑いをこぼすうちはいいが、やがてわいわいがやがやの空気はブラウン管の向こうにあることにいやでも気づかされ、「ああ、この笑いの輪のなかにいないのはわたしだけだ」という感情がしずかにたまってくる。バラエティ番組は観れば観るほど、観るほうの孤立感《こりつかん》をきわだたせてくる。観ているうちに、淋《さび》しさがこみ上げてくるものなのである。スタジオで戯《たわむ》れているというよりじゃれているお笑いタレントは、③こういう消息にまで思いをはせているとはおもわれない。でなければ、あのような芸とも呼べない芸を垂《た》れ流せるはずがない。

（　オ　）

　客である相手を主《あるじ》にするのが、接客のこころ（ホスピタリティ）というものである。愚痴《ぐち》の聞き役になる、*憤懣《ふんまん》の受け手になる、それを心得た接客のプロのみならず、*市井《しせい》のひとだって接客のマナーはわきまえている。客がくれば、ふだんは主人が座《すわ》る床《とこ》の間《ま》の前へと、客に座布団《ざぶとん》をすすめる。客を［A］にし、じぶんはその客の［B］になるのだ。ホスピタリティというのは、その意味で*イニシアティヴを客にわたすところにある。じぶんをだれかの*客体とするところにある。じぶんのものである時間をだれかにあげるという心根、そこにこそホスピタリティはある。

　最近のお笑いタレントは、「主」がだれかを忘れているようにみえる。漫才師や噺家としての芸を失い、ホスピタリティのプロであることをみずから放棄《ほうき》している。④使い捨てになっても、しかた、あるまい。

（鷲田清一《わしだきよかず》「噛《か》みきれない想《おも》い」）

＊ただ漏れ＝ただひたすら芸を垂れ流していること。
＊ベクトル＝方向と大きさによって決まる量。速さや力などを表す。
＊ブラウン管＝液晶《えきしょう》ディスプレイ以前は、テレビに使われていた真空管。
＊憤懣＝腹《はら》が立っていらいらすること。
＊市井＝ひとが集まり住むところ。町や市。
＊イニシアティヴ＝主導権《しゅどうけん》。　＊客体＝主体の意志や行為《こうい》の対象となるもの。

(1) ――線部①「席巻し」の意味として最も適切なものを次から選び、記号で答えなさい。

ア 片端《かたはし》から攻《せ》め取り　**イ** 悪い方向へ導き
ウ 大きくとりまき　**エ** 大いにもりたて　（　）

よく出る
(2) 次の一文が入る場所として最も適切なものを、本文中の（**ア**）～（**オ**）から選び、記号で答えなさい。

お笑いタレントの「罪」はそれだけではない。　（　）

(3) ――線部②「視聴料をいただく理由がなくなる」とあるが、それはなぜか。三十字以上四十字以内で説明しなさい。

30

(4) ――線部③「こういう消息」とあるが、ここでの意味として最も適切なものを次から選び、記号で答えなさい。

ア テレビの向こう側ではバラエティ番組とは関係なく視聴者が静かな気持ちでいるという状況《じょうきょう》。
イ 人を笑わせるためにあるバラエティ番組が不幸な人を淋しくさせてしまっているという真実。
ウ お笑いタレントがバラエティ番組で笑えば笑うほど視聴者がその中に入れないという様子。
エ お笑いタレントが芸と呼べない芸を垂れ流すので視聴者は笑うことができないという現実。
オ お笑いタレントが出ているバラエティ番組の外側には番組とは別の笑いがあるという事実。　（　）

(5) [A]・[B]に入る漢字一字をそれぞれ本文中からぬき出しなさい。

A □　B □

よく出る
(6) ――線部④「使い捨てになっても、しかた、あるまい」とあるが、「お笑いタレント」が「使い捨て」にならないためにはどうすればよいか。本文の内容をふまえて最も適切なものを次から選び、記号で答えなさい。

ア 目の前にお客がいる舞台《ぶたい》などで、人を笑わせて喜ばせる経験を積んでおくべきである。
イ 人々が日ごろ感じている孤独を和《やわ》らげられるよう、テレビにたくさん出るべきである。
ウ テレビ番組ばかりに出るのではなく、ラジオ番組で話す技術をもっと磨《みが》くべきである。
エ 昔の漫才師の芸をよく真似《まね》て、番組出演者全員を笑わせられるようになるべきである。　（　）

サレジオ学院中―改

13 説明文①

（　月　日）

入試重要度 ★★★

傾向と対策

- ◆説明文・解説文の**特徴**《とくちょう》をおさえて文章を読む。
- ◆話題について、どのように説明が**展開**《てんかい》されているかを読み取る。
- ◆文や段落《だんらく》の**要点**を正しくおさえる。
- ◆筆者の**結論**《けつろん》を正しくとらえる。

基本問題

1 次の文章を読んで、あとの問いに答えなさい。

1　個性は、他人とのやりとり（コミュニケーション）の中で磨《みが》かれる。日本の中に、個性を磨くために必要なコミュニケーションが不足しているわけではあるまい。むしろ、濃厚《のうこう》すぎるくらいだろう。問題なのは、コミュニケーションの内実である。コミュニケーションにおける*力学の働き方によっては、個性を大切にするアメリカのような国も、没《ぼっ》個性をよしとする風潮《ふうちょう》が見られぬでもなかった*一時期の日本のような国もできあがる。

2　他者とのコミュニケーションには、お互《たが》いを同質化する*契機《けいき》があることも事実である。とりわけ、ティーンエージャーのときには、「ピア・プレッシャー」と呼《よ》ばれる、人と異《こと》なる見かけや振《ふ》る舞《ま》いを排除《はいじょ》しようとする傾向《けいこう》が顕著《けんちょ》となる。中学生の頃《ころ》、ちょっと変わったことをやってからかわれたり、また、自分もからかう側に立った経験がある人も多いだろう。

3　その一方で、コミュニケーションには、お互いの個性を際立《きわだ》たせる効果もある。同化作用のことを考えると逆説的にも思われるが、他者との濃密《のうみつ》な関係性を持つことが、個性を際立たせるために必要なダイナミクスを提供《ていきょう》するのである。そのことは、作曲家としてのモーツアルトの個性が、当時のウィーンを中心とする濃密な音楽サークルがなければ成り立たなかったことを考えても明らかであろう。

4　コミュニケーションの持つそのような働きを「個性化作用」と呼ぶことにするとすれば、「同化作用」と「個性化作用」の*分水嶺《ぶんすいれい》はどこにあるのだろうか。日本人のコミュニケーションの現状が、不幸にして「個性化作用」よりも「同化作用」が勝《まさ》るものであるとするならば、そのような形勢を逆転するための*「賢者《けんじゃ》の石」はどこにあるのだろうか。

読解のポイント

ポイント1　説明文の特徴

何かについて**説明**している文が説明文である。

●**話題がはっきりしている**

何について説明するかを、文章のはじめに書くことが多い。上の文章の場合は、「個性を磨くコミュニケーションの内実」についての説明であることが1段落からわかる。

●**文章の型がはっきりしている**

説明文では、取り上げた話題に対して、できるだけわかりやすく、**例**を挙げて説明している。そして最後に、説明したことについて自分の**言いたいこと**をまとめている場合が多い。

上の文章では、1段落で「個性を磨くコミュニケーションの内実」について大まかに述べ、残りの段落でその具体的な内容と筆者の見解を説明している。

5 脳《のう》の学習の「教師なし」*学習のうち、重要なのは、ドーパミン*をはじめとする脳内報酬《ほうしゅう》物質のダイナミクスにもとづく「強化学習」である。すなわちある行為《こうい》をしたときに、結果として脳内報酬物質が放出されれば、そのことがトリガー*となり、その前の行為《こうい》が強化される。その結果、脳内報酬物質の放出が、しだいに最大化されていくのである。《中略》

6 すでに多くの研究が示しているように、脳内報酬物質を放出させるきっかけになる外部からの刺激《しげき》のうち、最も強力なものは、他人からの承認《しょうにん》である。何かをやって、それが周囲に認《みと》められたり、ほめられたりしたときに、そのことが脳内のドーパミンをはじめとする報酬物質を放出させるのである。その結果、強化学習が成立することとなる。極言すれば、脳は、「他人にほめられるように」変化していくのである。

7 人格の形成において、他人とのやりとりが重大な意味を持つことは経験に照らしても明らかであろう。コミュニケーションのダイナミクスが「同化作用」をもたらすか、それとも「個性化作用」をもたらすかの分水嶺は、お互いに他人を承認もしくは否認《ひにん》する価値《かち》の構造の中にある。

（茂木健一郎《もぎけんいちろう》「思考の補助線《ほじょせん》」）


*力学＝ここでは力関係のこと。この後の「ダイナミクス」も同じ。

*一時期の日本＝ここでは第二次大戦敗戦前の日本社会を指す。

*契機＝きっかけ。

*分水嶺＝ここでは「分かれ目」「分岐点《ぶんきてん》」という程度の意味の比喩《ひゆ》。

*「賢者の石」＝格言《かくげん》の言葉で、ここでは「妙薬《みょうやく》」「霊薬《れいやく》」程度の意味。

*「教師なし」学習＝筆者は別の個所《かしょ》で、脳の学習にはいわゆる「教師あり」学習と「教師なし」学習があると言っている。

*ドーパミン＝意欲《いよく》や快感などを起こさせる神経伝達物質。

*トリガー＝ひきがね。

問 ——線部「そのような働き」が指し示す具体的な内容の説明を、「〜働き。」という言葉に続く形で、直前の3段落の中から十五字以内でぬき出しなさい。

働き。

青稜中—改

ポイント2 説明文の読み方

ポイント1 に述べた説明文の特徴を頭に入れて文章を読むと、的確な読み取りができる。

● **話題をとらえる**

何について説明した文章かということをまず読み取る。「○○は……でしょうか」とか、「みなさんは……ありますか」というような、**問いかけの形**で示されることが多い。これが**話題**である。なければ、自分で話題の形で補《おぎな》ってみる。文題によって話題が示されている場合もある。

● **どんな例が挙げてあるかを読み取る**

どんなことを説明するための例であるかを読み取る。（文や段落の要点を読み取ることになる。）

● **結論を読み取る**

文章の終わりの方に、筆者としての考えや、話題に対する答えをまとめとして書いてある場合がある。ていねいに読んで結論を読み取る。

解答 お互いの個性を際立たせる（働き。）(12字)

解説 「そのような」という指示語の内容を読み取る問題なので、まず——線部の前に注目する。3段落で説明されているのは、コミュニケーションには「お互いの個性を際立たせる効果」があるということなので、これが指示語の内容と読み取ることができる。

実力問題

解答編7ページ

（ 月 日）

1 次の文章を読んで、あとの問いに答えなさい。

イネ科植物にとって、草原はさらに過酷《かこく》な環境《かんきょう》であった。

その要因が、強大な敵《てき》の出現である。

豊かな森と異《こと》なり、植物の少ない草原では、動物たちもまた生きていくために必死である。動物たちは懸命《けんめい》に食べ物を探《さが》しまわり、競い合って食べあさる。

動物も大変だが、エサとなる植物にとっても、これは大変なことである。

植物が生《お》い茂《しげ》る森の中であれば、動物に食べられる危険《きけん》は少ないが、植物の少ない草原では、植物は隠《かく》れることもできず、食べられ放題となってしまうのである。

そこで、イネ科植物は動物たちから身を守ることを考えた。

食害を防ぐのであれば、トゲを作ったり、毒を生産したりすれば効果的かも知れない。しかし、イネ科植物が進化をした草原は、過酷な環境である。トゲや毒を用意するにも、それなりの①コストを必要とするから、余裕《よゆう》がなければできない方法なのだ。

②そこで、イネ科植物は体を硬《かた》くすることを考えた。

体を硬くしようとすれば、一般《いっぱん》の植物はカルシウムを利用する。しかし、やせ地に育つイネ科植物にとってカルシウムは手軽に手に入る物質ではない。カルシウムで体全体を覆《おお》うなど、イネ科植物にとっては、ぜいたくな話なのだ。

そこで、イネ科植物が利用したのがケイ素である。

ケイ素は地表にある物質としては、酸素に次いで多いありふれた物質である。ただし、一般の植物は、利用することができない物質だ。

ところがイネ科植物は、まず茎《くき》や葉をケイ素で固く守り、動物に食べられにくくした。ケイ素はガラスの原料にもなるほどの硬い物質である。イネ科植物はケイ素を利用することによって、ガラスのような頑丈《がんじょう》な体を手に入れたのである。

しかし、固いだけでは歯を発達させた動物に食べられてしまう。

そこで、イネ科植物の用意した工夫《くふう》が、葉の栄養価を低くして、エサとして魅力《みりょく》のないものにするという方法である。イネ科植物は、栄養価の少ない厳《きび》しい環境を逆手に取って、さらに栄養の少ない葉を作り出すことで身を守ろうとしたのである。

イネ科植物の工夫はこれに留《とど》まらない。

イネ科植物は、さらに革命的《かくめいてき》な進化を遂《と》げた。それが、成長点の位置である。

植物は、成長点で細胞分裂《さいぼうぶんれつ》をしながら大きくなっていく。植物の成長点は、茎の先端《せんたん》にあるのが普通《ふつう》である。こうして古い茎の上に、新しい細胞を積み上げながら、茎や葉を伸《の》ばして上へ上へと伸びていくのである。

ただし、この方法では、茎の先端を食べられると大切な成長点を失ってしまうことになる。

そこでイネ科の植物は、成長点を低い位置に配置する適応を遂げた。イネ科植物の成長点があるのは、地面との際《きわ》である。

しかし、成長点が茎の先端であることには変わりはない。そのため、イネ科植物は、茎を伸ばすことなく、株元《かぶもと》に成長点を保ちながら、そこから上へ上へと葉を押《お》し上げていくのである。これならば、いくら食べられても、葉っぱの先端を食べられるだけで、成長点が傷《きず》つくことはない。

（稲垣栄洋《いながきひでひろ》「イネという不思議な植物」）

(1) ――線部①の本文中の意味を次から選び、記号で答えなさい。

ア 費用　イ 技術　ウ 悪意　エ 発想　オ 工夫　（　　）

(2) ――線部②について、次の問いに答えなさい。

① 何のために体を硬くしたのか。「～ため」という言葉に続く形で、本文中から十字以内でぬき出しなさい。

（　　　　　　　　　　）ため

② ①の目的を達成するために、どのような方法を取ったのか。それをまとめた次の文の、Ⅰ～Ⅲに入る言葉を、それぞれ本文中から字数にしたがってぬき出しなさい。

Ⅰ（三字）を利用してⅡ（三字）のような体を作り、さらにⅢ（五字）を低くする方法。

Ⅰ　　Ⅱ　　Ⅲ

よく出る

(3) 本文の内容に合うものを次から選び、記号で答えなさい。

ア 草原は森と同じように植物が多いので、動物たちが食べ物を探すのには困《こま》らない環境《かんきょう》だった。

イ イネ科の植物は毒を持っているので、動物たちが食べなくなり、生き延《の》びることができた。

ウ 歯を発達させた動物は、イネ科植物を探し回って食べることにより、次の世代へとつなげた。

エ イネ科植物は成長点となる茎の先端を食べられないように、成長点を低い位置に配置した。（　　）

鎌倉女学院中―改

2 次の文章を読んで、あとの問いに答えなさい。

花を摘《つ》むこと、茶の葉を摘むことは「はなつみ」「ちゃつみ」というが、若草《わかくさ》を摘むことだけは、「つみくさ」といって、「つむ」という動詞《どうし》を上にもっていく。なぜ逆に言うのだろう。元来、日本語の順序から言うと「花を摘む」「草を摘む」というように、目的語は動詞よりも先にいうのが鉄則だから「A」となりそうなもので「摘み草」とは法則にあわない。

思うに「摘み草」ということばは、もとは「草を摘む」という動作をいうことばではなくて、「摘んだ草」という名詞的な意味のことばだったのだろう。「花作り」といえば花を作ること、または、花を作る人であるのに対し、「B」といえば作った花のことである。その「摘み草」という、本来名詞のことばを、強引に動詞として「摘み草をする」というように使う人間が出てきて、それから「摘み草」ということばのいまの使い方が生まれたのだろう。「哲学《てつがく》する」「科学する」という類《たぐい》の言い方は昔もあったのだ。

（金田一春彦《きんだいちはるひこ》「ことばの歳時記《さいじき》」）

国府台女子学院中―改

(1) A・Bに入る言葉を、それぞれひらがな五字以内で答えなさい。

A　　B

14 説明文②

入試重要度 ★★★

（　月　日）

傾向と対策

◆**接続語**に注意して読み、文と文、段落相互《だんらくそうご》の**関係**を読み取る。
◆**指示語**の指す**内容**を正しくとらえる。
◆説明の内容を自分の言葉で言い換《か》えられるようにする。
◆難《むずか》しい語句については、こまめに調べる習慣をつけておく。

読解のポイント

ポイント1　接続語に注意して読む

説明文では、文と文、段落と段落の**接続の仕方**を正確に読み取ることが大事である。そのために、接続語のはたらきを的確にとらえる必要がある。接続語には主に次のようなものがある。

- **順接**（だから、それで、すると、そこで）
- **逆接**（しかし、だが、けれども、ところが）
- **説明・補足《ほそく》**（すなわち、なぜなら、ただし）
- **転換《てんかん》**（ところで、さて、ときに）
- **対比・選択《せんたく》**（それとも、または、あるいは）
- **並立《へいりつ》・累加《るいか》（添加《てんか》）**（また、そして、しかも）

ポイント2　指示語に注意して読む

指示語は「**こ・そ・あ・ど言葉**」ともいわれ、文章の中の、ある内容を指し示す言葉である。指示語の問題は多く出題されるので、指し示している内容を常に意識しておく必要がある。

基本問題

1　次の文章を読んで、あとの問いに答えなさい。

「あそこのイチョウの黄葉《こうよう》は美しい」といわれることはあります。［A］、これは、並木《なみき》道《みち》にある個々の木の葉っぱの色づきがよいということではなく、黄葉したイチョウの木が集まっているので、並木道が美しく見えるということです。東京都の明治神宮外苑《めいじじんぐうがいえん》や大阪府の御堂筋《みどうすじ》の並木道のように、多くのイチョウの木が並んで黄葉しているのがきれいであるということです。

また、「今年のイチョウの木は、色づきが美しい」とか「去年に比べて今年のイチョウの木の色づきが、よくない」などといわれることもありません。イチョウの黄葉は、年によっても、違《ちが》わないのです。

「なぜ、イチョウの葉っぱの色づき方は、場所ごとに、年ごとに、そんなに違わないのか」との〝ふしぎ〟が浮上《ふじょう》します。その〝ふしぎ〟の裏《うら》には、イチョウの黄葉の〝ひみつ〟のしくみがあります。

その〝ひみつ〟とは、「イチョウの葉っぱが黄色く色づくのは、秋に黄色い色素がわざわざつくられるのではない」ということです。［B］、「なぜ、緑の葉っぱが黄色になるのか」との疑問《ぎもん》が浮《う》かびます。

秋に葉っぱが黄色くなるのは、黄色い色素が新しくつくられるのではなく、すでにつくられて隠《かく》れていたものが姿《すがた》を見せるためです。それを知ると、「黄色い色素は、どこに隠れていたのか」との疑問がおこります。

それは、葉っぱの緑色の下にまぎれていたのです。夏に葉っぱが緑色のときにすでに黄色い色素がつくられており、この色素の黄色は葉っぱの緑色の色素で隠されているのです。葉っぱの緑色の色素は「クロロフィル*」、黄色の色素は「カロテノイド*」という名前です。緑色のクロロフィルは、光合成に必要な光を吸収《きゅうしゅう》する主な色素です。カロテノイドも光を吸収し、その光も光合成に使われます。

クロロフィルは、春からずっと緑色の葉っぱの中で、主役を務めます。葉っぱの緑色が濃《こ》いときには、黄色い色素は緑色の陰《かげ》に隠されて目立ちません。濃い緑色が黄色の色素の色を隠しているというのが、〝ひみつ〟のしくみの前半部分なのです。

〝ひみつ〟のしくみの後半部分は、隠れていた黄色の色素が秋に目立ってくることです。温度がだんだん低くなると、緑色の色素が分解されて葉っぱから消えていきます。そのため、隠れていた黄色い色素がだんだん目立ってきて、葉っぱは黄色くなります。

年によって、温度が低くなる具合は違います。秋の温度の低下が早かったり遅《おそ》かったりすれば、緑の色素の減り方も早かったり遅かったりします。そのため、イチョウの黄葉は年ごとに早かったり遅かったりするのです。

しかし、冬が近づき温度が下がれば、緑色の色素は完全になくなります。[C]、隠れていた黄色の色素が目立ってきて、必ず同じような黄色になります。ということは、イチョウの黄葉には、年ごとに、場所ごとに、あまり変化がないということです。

このしくみは、イチョウの葉っぱは、自分の生涯《しょうがい》の終わりに際し、春から夏にかけて主役を務めてきた緑の色素に代わり、ずっと陰でその色素の働きを支えてきた黄色の色素に主役を譲《ゆず》るというものです。イチョウの葉っぱが、このように洒落《しゃれ》た気配りの、〝ひみつ〟をもっていることに〝すごい〟と感服せざるを得ません。

（田中修《たなかおさむ》「植物のひみつ―身近なみどりの〝すごい〟能力」）

＊クロロフィル＝緑色の植物などにふくまれている緑色の色素。
＊カロテノイド＝動植物が持つ黄・だいだい・赤色の色素。

問 文中の[A]～[C]に入る言葉として最も適切なものをそれぞれ次から選び、記号で答えなさい（同じ記号は二度使えません）。

ア あるいは　**イ** たとえば　**ウ** では　**エ** なぜなら
オ ですから　**カ** しかし

A（　　）B（　　）C（　　）

湘南学園中―改

●指示語の前の部分に気をつけて読む

指示語の指す内容は、ふつうは**指示語より前**に述べられていることが多いので、その部分をていねいに読む。（例外的に、指示語を先に置いて、あとで説明をする場合もある。）

ポイント3 文章の要点や要旨《ようし》をまとめ、文章化する

最近は、理解力だけでなく、「表現力」をみる問題も多く出されるようになった。

要点を自分でまとめたり、筆者の最も言いたいこと（要旨）を**自分の言葉でまとめたり**して、「表現力」を育てるようにしておこう。

解答 Aカ　Bウ　Cオ

解説 A「イチョウの黄葉は美しい」と言われることから予想されない内容である、「色づきがよい」ということできれいと言われているのではないということがあとに続いている。B〝イチョウは秋に黄色い色素がつくられて色づくのではない〟ということに対して、あとで「なぜ、緑の葉っぱが黄色になるのか」という疑問を挙げ、話題を転換している。C〝緑色の色素がなくなる〟ことが理由で〝隠れていた黄色の色素が目立ち、葉が黄色になること〟を順当な形で説明している。

実力問題

解答編7ページ

（　月　日）

1 次の文章を読んで、あとの問いに答えなさい。

①昆虫《こんちゅう》には不思議な感覚がある。それは、接触化学感覚《せっしょくかがくかんかく》と呼《よ》ばれているものである。

昆虫は歩きながら触角でものに触《ふ》れる。触《さわ》ったとき、昆虫は触った場所の匂《にお》いというか味というか、その場所の科学的な性質を感知するのである。多くの昆虫は触角以外に、たとえば、前肢《まえあし》の先にもそのような接触化学感覚がある。

[A]、ハエは何か食物を探してテーブルの上をちょこちょこと歩き回っている。その時、当然、前肢の先をテーブルにつけている。そうやって歩き回っていると、そのテーブルにしみこんだものの匂いというか、味が前肢でわかる。それがたとえば砂糖《さとう》の味であれば、ハエは[X]に、*口吻《こうふん》が伸《の》びてそれをなめる。

人間にはそういう感覚器はないのでこのようなことはできない。いくら指先で触っても味や匂いはわからない。そして[鼻]でかいでわかることは、それが空気中に漂《ただよ》う匂いになっていなければならない。ところが、ハエやその他の昆虫は、空気中に漂う匂いを遠くから触角全体で感じとるばかりでなく、ものにしみこんだ匂いというか、味というか、科学的な性質そのものを、触角の先端《せんたん》や前肢の先で触れることによって感知できるのである。

人間はそれができないので、必ず鼻を近づけてみなくてはならない。食堂では、醤油《しょうゆ》とソースが容器に入っている。このごろはたいてい醤油、ソースと書いてあるが、昔は書いてなかった。どちらが醤油でどちらがソースかわからない。そのようなときはビンを手にとり、鼻に近づけて、くんくんと匂いをかいでみる。そうするとかすかな匂いがする。これはまさに匂いとしてわかっているのであって、これで醤油とソースの区別がつく。昆虫は触角の先で触るか、前肢で触るかすれば、くんくんと匂いをかがなくてもわかるのである。

問題は触るということである。触角は嗅覚《きゅうかく》器官でもあるから、その場合には触らなくても、空気中の匂いを遠くから匂いとしてキャッチできる。多くの昆虫が飛びながら周りの匂いがわかるのはそのためである。[B]、場合によって、ある特定の部分の匂いを知る時には、触角か前肢でそのものに直接に触れる。その時には嗅覚ではなくて、接触化学感覚で認知《にんち》しているのである。接触化学感覚によって構築される世界は、人間にはまったく想像できない世界ということになる。

②このほかにも、たとえば、超音波《ちょうおんぱ》というものがある。超音波は、超という字がついているように、人間が聞いている音波よりももっと振動数《しんどうすう》が高くて、人間に聞こえない音をいう。

人間の耳に聞こえるものを「音」と定義するとすれば、超音波はもはや音ではなく、まさに超音波である。音よりももっと振動数の高い空気の振動である。人間の耳は[a]それをキャッチできない。いかに超音波が発せられていても人間の耳はそれを感じない。感じる場合には、何か[Y]なものとして感じるだけで、音として感じることはない。

ところが、よく知られているとおり、コウモリは[b]それをちゃんとキャッチすることができるし、それを発することもできる。自分で超音波を発射《はっしゃ》して、[c]それが周りのものに反射して返ってくる時間をはかることによって、相手との距離《きょり》を知り、相手が動いている様子をとらえることができるのである。これがコウモリたちの有名なエコー・ロケーション（反響定位《はんきょうていい》）である。

人間は自分の体ではそれ[d]ができない。人間はその原理をコウモリで発見して、同じ原理を使う機械を発明した。それがレーダーである。レーダーというものを通せば、人間は超音波というものが存在《そんざい》しているということはわかる。しかし、それ[e]を耳でじかに感じることは絶対にできない。［C］、コウモリたちが、夜、暗闇《くらやみ》のなかで、自分たちの周りにどのような世界を構築しているのか、われわれにはまったく実感できない。

（日高敏隆《ひだかとしたか》「動物と人間の世界認識　イリュージョンなしに世界は見えない」）

＊口吻＝くちさき、くちもと。

(1) ［鼻］とあるが、□に「鼻」が入るものを選び、記号で答えなさい。
ア □を棒《ぼう》にする　**イ** 木で□をくくる
ウ 馬の□に念仏　**エ** □を丸くする
（　）

(2) ［A］～［C］に入る言葉として最も適切なものをそれぞれ次から選び、記号で答えなさい（同じ記号は二度使えません）。
ア いわゆる　**イ** それとも　**ウ** たとえば　**エ** しかし
オ あるいは　**カ** だから
A（　）B（　）C（　）

(3) ［X］と［Y］に入る言葉の組み合わせとして最も適切なものを次から選び、記号で答えなさい。
ア X自動的　Y衝撃《しょうげき》的　**イ** X反射的　Y衝撃的
ウ X反射的　Y異質《いしつ》的　**エ** X感覚的　Y異質的
オ X自動的　Y印象的
（　）

(4) ――線部①「昆虫には不思議な感覚がある。それは、接触化学感覚と呼ばれているものである」とあるが、どのようなことが「不思議」なのか。四十字以内で答えなさい。

(5) ――線部②「このほかにも、たとえば、超音波というものがある」について、筆者は超音波の例を用いてどのようなことを説明しようとしているか。最も適切なものを次から選び、記号で答えなさい。
ア 人間は超音波を感知したり発射したりできないため、コウモリが認識している世界そのものを実感できないということ。
イ 超音波を感知したり発射したりできるコウモリは、人間が認識できない世界を作り出せる優《すぐ》れた生物であるということ。
ウ 人間は超音波を感知できないが、代わりにコウモリの習性を利用したレーダーを発明する優れた技術を持つということ。
エ 人間とコウモリでは自身を取り巻《ま》く環境《かんきょう》を感知する方法が違《ちが》い、それぞれ別個の世界を認識する生物であるということ。
（　）

(6) ══線部a～eの「それ」のうち、異なる内容を指すものを選び、記号で答えなさい。
（　）（　）

昭和学院秀英中―改

15 論説《ろんせつ》文

入試重要度 ★★★

傾向と対策

◆論説文の**特徴《とくちょう》**を知り、筆者の**主張**を正しく読み取る。
◆読み取った内容を**要旨《ようし》**にまとめる。
◆説明や論の進め方の工夫について優《すぐ》れている点をとらえる。
◆筆者の**意見**や**考え**について、字数を決めて自分の意見を書く。

（　月　日）

基本問題

1 次の文章を読んで、あとの問いに答えなさい。

若《わか》い頃《ころ》は田んぼのあぜ草の名前なんてあまり知りませんでした。その頃の私《わたし》のあぜ草刈《か》りの気分は、「ああ暑い。早く刈ってしまおう」というようなものでした。やがて、草の名前を覚え始めたら、草がよく見えるようになってきたのです。「まだ秋なのにもう春の草のあざみが咲《さ》いているな」「蔓簿《ツルボ》は一年に三月と九月の二回も葉が出る変な草だ」「田んぼの入り口から、なかなか中の方に入って来られないのが小待宵草《コマツヨイグサ》だ」というようなつきあいができてくるのです。

こうなると、草刈りしていても、草たちと話をするようになるのです。「もう花が咲いたのか。早過ぎはしないか」「今度はあまり伸《の》びていないから、君たちは刈らないよ」「今年もやっぱり会えたね」と、口には出しませんが、心の中で会話しながら、草刈りをするようになります。こうなると草刈りが苦にならなくなったのです。草刈りという仕事に没頭《ぼっとう》できるようになったのです。草刈りが楽しくなったのです。草刈りによって、自然の中に入っていけるようになったのです。

若い頃の私は、何人もの年寄りの百姓《ひゃくしょう》*から「稲《いね》の声が聞こえるようにならないと一人前ではない」と教えられ、まったく理解できませんでした。

百姓になって三年の夏のことです。夜中になって、急に土砂降《どしゃぶ》りの大雨になり、家の横の小川の濁流《だくりゅう》の音で目が覚めました。「そうだ。田んぼの水口《みずくち》を閉《し》めていなかった」と気づき、あわててレインコートを着て、田んぼに出かけようとしました。妻が「足

読解のポイント

ポイント1 論説文とは何か

論説文は、ある問題（政治、経済《けいざい》、教育、社会問題など）について、**意見や考え**を述べた文章である。人々に訴《うった》えるために書いた文章であるから、**正確な事実**にもとづいて、**公正な立場**で書かれていることが大切である。

ポイント2 論説文の特徴はどんなことか

- **調べたこと**や**資料**など、意見をうらづける文と、**筆者の意見**を述べている文とに分けられる。
- **文章の構成**がはっきりしていて、筆者の意見がとらえやすい。

説明文などと似た構成になっているが、論説文は、いっそう、**序論―本論―結論**の段落がはっきりしている。（入試問題では、一部分を引用することがあるため、必ずしもこのようになっていない場合がある。）

- **頭括型《とうかつがた》**…はじめに結論を、あとに事例（個々の

を滑《すべ》らせて、川に流されたらどうするのよ」と止めようとします。しかし、田んぼが、稲が呼《よ》んでいると感じたのです。たしかに非常事態の中では、異常《いじょう》に興奮《こうふん》していますから、そう感じるのであって、平常はそこまで稲の声に耳を傾《かたむ》けることはありません。私にはまだ稲の声が聞こえるわけではありませんが、稲の気持ちがわかるような気がするのです。若い頃こういう心理を「非科学的だ」と思っていたのは、相手の作物から距離《きょり》を置いて、冷静に、客観的に、科学的に観察する方が、稲のことはよくわかるという教育を受けていたからです。いくら「相手の気持ちになれ」と言われても、それは人間の関係の中だけのものと、思っていたからです。これが科学という外からのまなざしの影響《えいきょう》でした。

ところがこれまで話してきたように、生きものにしっかりまなざしを向けるようになると、人間も同じ生きもの同士だという感覚が生まれてくるものです。そうすると、自然にまなざしが引き寄せられるような感覚になり、相手が何を訴《うった》えているのかが、少しずつわかって来るような気がするのです。科学的な分析《ぶんせき》も重要ですが、それよりも相手が何を伝えようとしているのか、相手の身になって感じることはもっと大切ではないでしょうか。これが内からのまなざしのすごさです。

（宇根豊《うねゆたか》「日本人にとって自然とはなにか」）

＊「百姓」という言葉について、筆者は、「決して差別語ではなく、江戸《えど》時代から誇《ほこ》り高い呼称《こしょう》でした」と記している。

問 ——線部「内からのまなざしのすごさ」が具体的に表現されている二十五字以内の一文を、本文中からぬき出し、はじめの五字を答えなさい。ただし、句読点等も字数にふくめる。

（明治大付属中野中―改）

事実）を述べる。

・**尾括《びかつ》型**…はじめに事例を、あとに結論を述べる。この型の論説文が多い。

・**双括《そうかつ》型**…はじめとあとに結論を、間に事例を述べる。

ポイント3 論説文の読み取り方

・**文題**や**序論**（前おき）から**話題**、話題として取り上げた**理由**（目的）などを読み取る。

・**本論**から、述べられている**事実**や**事例**を読み取る。（段落の要点をとらえる）

・**結論**としてまとめられている**筆者の考え**を読み取る。

・読み取った**筆者の考え**（要旨）をまとめてみる。

・**筆者の考え**や、取り上げた問題などについて**自分の考え**をまとめ、**意見文**を書いてみる。

論説文を読み取るときは、理解するだけでなく、**自分の考え**を持つようにすることが大切である。

解答 しかし、田

解説 ——線部の前の部分に、「生きものにしっかりまなざしを向けるようになると、……少しずつわかって来るような気がする」とある。このような感覚を具体的に述べている部分を探《さが》すと、第四段落で、大雨の日に「稲が呼んでいると感じた」という筆者の経験が挙げられている。筆者はこれを「科学という外からのまなざし」ではない、「内からのまなざし」によるものだと述べている。

実力問題

解答編8ページ

（　月　日）

1 **次の文章を読んで、あとの問いに答えなさい。**

さとる君へ

さて、君への手紙を書きたいと思ったのは、最近、おもしろい話を聞いたからだ。aわたしと同じくらいの年齢《ねんれい》の、ということは大変年とった詩人が、おじさんの家に遊びにきた。彼《かれ》はこういう話をしてくれた……。

……アフリカに、今でもかなり［A］な生活をしている小さな部族がある。彼らは、彼らの生活をしている土地、とくに森を神聖《しんせい》な場所と考えている。そこに住みついている動物や人間は、いわばその森のお客さんだという。森がご主人で、人間がお客さんだとすれば、［B］当然礼儀《れいぎ》を守らなければならない。決して必要もなしに森をきずつけたり、樹木《じゅもく》をみな切り倒《たお》したりしない……。

詩人は話し続けた。

……bわたしはこの話を聞いたとき、胸《むね》に響《ひび》くものを感じた。［A］どころか、これは大変高級な信仰《しんこう》ではなかろうか、と。

そして考えてみた。［C］を地球に置きかえることができるのではなかろうか。地球の年齢が何十億年むかし、生命の誕生《たんじょう》も何十億年むかし、人類の発生が百万年代のむかし、と仮定してみると、人類はいわばこの土地を訪《おとず》れた［D］、つまり一番新米の生物だということだ。わたしたち人類の大先輩《せんぱい》として、何千万年の年齢を持つ多くの植物、多くの動物がいるわけだろう。

ところが、この人類は、この一世紀ほどの間に①大変なことをやり始めだした。新米のくせに、②地球上の大先輩の客人をバカにし、ただ自分の欲望《よくぼう》のためだけに先輩を利用し始めたのだ。自然の王者と自任して、他の種《しゅ》を征服《せいふく》し、絶滅《ぜつめつ》させる。ことにこの半世紀の間に、すさまじいまでの力をふるい出したのだ。

何億年、何千万年という時間に比べて、五十年とか、百年とかの時間は、ⓐとほうもないほどの短さではないか。［E］一つするぐらいの時間だ。その中で、今や人類は、年に六千種の植物・動物の種を絶滅させつつあるという。

これは恐《おそ》ろしいことではあるまいか。これは罪深いことではあるまいか。

森を神聖な場所とあがめる賢《かしこ》い知恵《ちえ》は、どこへ行ったのだろう。いちばん新米の客がこれほどごうまんになってよいのだろうか。地球はただ人類にだけ舞台《ぶたい》をⓑ提供《ていきょう》するために作られたものだろうか。生類すべての悲鳴が、夜空に巻《ま》き起こっているような恐怖《きょうふ》を、わたしは感じる。わたしは詩人だからね……。

詩人はさらに話を続けた。

……妄想《もうそう》かもしれないけれども、わたしは③地球も悲鳴をあげているような気がする。

ばちあたり！　と、よく、じいさん、ばあさんが言っていたけれども、わたしの心もふさいでくるね……。

cわたしは、人類は地球にあらわれた［D］だという詩人の言葉が気にいった。

さとる君よ。詩人は科学者ではない。しかし、詩人をけいべつしてはいけないのではなかろうか。詩人は、昔から、まだあらわれない事がらのきざしに敏感《びんかん》であるとされているのだ。

それとも、やはり君は、ⓒ人類が他の種を絶滅する戦争に参加したいかね。

（日高《ひだか》六郎《ろくろう》「ある少年への手紙」）

(1) [A]には同じ言葉が入る。最も適切と思われるものを次から選び、記号で答えなさい。

ア 原始的　**イ** 保守的　**ウ** 進歩的　（　　）

(2) [B]に入れるのはどちらが適切か。記号で答えなさい。

ア 客は主人に　**イ** 主人は客に　（　　）

(3) [C]に入る言葉を本文中から一語でぬき出しなさい。（　　）

(4) [D]に入れるのはどれが適切か。記号で答えなさい。

ア 最初のご主人　**イ** 最後のご主人　**ウ** 最初のお客さん　**エ** 最後のお客さん　（　　）

(5) [E]にはどの言葉が入るか。記号で答えなさい。

ア いねむり　**イ** あくび　**ウ** まばたき　**エ** 深呼吸《こきゅう》　（　　）

(6) ══線部a・b・cの「わたし」とはだれか。それぞれ記号で答えなさい。

ア おじさん　**イ** 詩人　**ウ** さとる君

a（　　）b（　　）c（　　）

よく出る

(7) ——線部①「大変なこと」の内容を最も具体的に述べている部分を、十五字以内で本文中からぬき出しなさい。ただし、句読点等も字数にふくめる。

(8) ——線部②「地球上の大先輩の客人」とはだれのことをさすか。具体的に書かれた部分を本文中からぬき出しなさい。

（　　）

難問

(9) ┆線部ⓐ・ⓑ・ⓒはそれぞれどんな気持ちで言っているか。最も近いものをそれぞれ次から選び、記号で答えなさい。

ア 疑問《ぎもん》に思うが、答えはわからないと思っている。

イ この事実に驚《おどろ》きをこめている。

ウ 相手に考えさせ、答えを求めている。

エ いやそんなことはないと否定《ひてい》している。

ⓐ（　　）ⓑ（　　）ⓒ（　　）

(10) ——線部③「地球も」と「も」という語が使われているが、何につけ加えて「地球も」なのか。本文中の語をぬき出しなさい。

（　　）

難問

(11) 〰〰線部「森を神聖な場所とあがめる賢い知恵」をもった部族と比較《ひかく》すると、私たち現代人のどういう性格が浮《う》かび上がってくるか。本文中から四字でぬき出しなさい。

女子学院中―改

16 詩

入試重要度 ★★★

傾向と対策

◆その詩の**特徴**《とくちょう》を知る（内容、形式、表現など）。
◆詩に書かれている**情景**、**心情**を読み取る。
◆詩や解説文の、一つ一つの**言葉づかい**に注意しながら読む。
◆声に出して読み、その**よさ**や**おもしろさ**を味わう。

（　月　日）

基本問題

1 次の詩を読んで、あとの問いに答えなさい。

落葉　　まど・みちお

人の耳には　ただ
「かさっ…」としかひびきませんが
その一言を　忘《わす》れる落葉はありません
きん色の秋の空から　おりてきて
いま　地面にとどいた
という　その一しゅんに

「ただいま…」
なのでしょうね　それは
長い長い旅のバトンタッチを終えて
ようやっと　ふるさとの
わが家の門に　たどりつき
ようやっと　それだけ言えた

そして　たぶん　それには
大地のお母さんの

読解のポイント

ポイント1　詩とはどんなものか

・**心に感じたこと**（感動）を表現する。
・**短い言葉**で表現する。
・**言葉のひびき**や**リズム**を大切にする。
上の詩は、作者が落葉の地面に落ちる音に注目し、イメージを広げて書かれた詩である。

ポイント2　詩にはどんな種類があるか

●**形式からみた種類**
・**定型詩**…「七五調」「五七調」のように、五音《おん》・七音など一定の**音数のくり返し**でリズムを表す詩。（「蛍《ほたる》の光」、「ふるさと」など）
・**自由詩**…音数やくり返しなどにとらわれず、**自由な形式**で表現した詩。最近の詩はほとんど自由詩である。
・**散文詩**…ふつうの文章と変わらない形式の詩。

●**内容からみた種類**
・**叙情詩**《じょじょう》…作者の心情を表現した詩。

「おかえりなさい…」
も重なっているのでしょう
「おつかれさま
さあ　私《わたし》の胸《むね》でゆっくりお休み…」
という　思いのこもった

そのうえ　ほんとうは　それには
宇宙《うちゅう》のお父さんの
「さあ　元気に行っておいで…」
もまた　重なっているのでしょう
大地に休むということは
明日の生命を　育てるための
「土」への　出発なのでしょうから

人の耳には　ただ
「かさっ…」としかひびきませんが

問　この詩に描《えが》かれている内容や表現として最も適切なものを次から選び、記号で答えなさい。

ア 木々の一生を人間の成長に重ね合わせ、植物が枯《か》れていくせつなさを激《はげ》しく感情的に表現している。

イ 落葉のいきいきとした様子を宇宙にたとえることで植物を大事にしない人間の心を表現している。

ウ 落葉の終わりと生物の始まりの様子を感情豊かな会話文と比喩《ひゆ》によって効果的に表現している。

エ 木々の一生と人間の一生を対比することで、落葉の季節である秋のさみしい様子を表現している。

（　　）

追手門学院大手前中―改

・**叙景詩《じょけい》**…自然・風景の美しさを表現した詩。
・**叙事詩《じょじ》**…歴史的な事件、伝説、英雄《えいゆう》のことなどを物語ふうに表現した詩。

ポイント3　詩の味わい方

●内容を読み取る

どんな心情や情景がうたわれているのかを読み取る（主題をとらえる）。

・**作者は、どんなことに感動したのか**、どんなことをうったえたいのかを、言葉を大切にしながら読み取っていく（細部の読み取り）。
・**表現の工夫《くふう》**や**言葉のリズム**について調べる（行分け、倒置《とうち》、くり返し、対句《ついく》、比喩）。
・**解説文**のある場合は、それを参考にして、くわしく読んでいく。
・**感想**をまとめたり、声に出して読んだりして、その詩のよさを味わう。

解答　ウ

解説　詩全体の内容を読み取る。木から落ちていく葉を人間に見立て、土を「母」「ふるさと」に、宇宙を「お父さん」にたとえて、家族のような会話文を交えながらそのありさまを表現している。土からまた新たに植物が生え、そこから生物が生まれ……といった循環《じゅんかん》から、葉が土にかえることを、生命の終わりと始まりととらえていると考えられる。

実力問題

（　月　日）

解答編8ページ

1 **次の詩と鑑賞《かんしょう》文を読んで、あとの問いに答えなさい。**

山頂《さんちょう》から　　小《お》野《の》十三郎《とおざぶろう》

山にのぼると
海は天まであがってくる。
なだれおちるような若葉《わかば》みどりのなか。
下の方で　しずかに
かっこうがないている。
風に吹《ふ》かれて高いところにたつと
だれでもしぜんに世界のひろさをかんがえる。
ぼくは手を口にあてて
なにか下の方に向かって叫《さけ》びたくなる。
五月の山は
［Ⅰ］明るくまぶしい。
きみは山頂よりも上に
青い大きな*弧《こ》をえがく
水平線を見たことがあるか。

【鑑賞文】　この詩は、若葉の山頂に立って見る大きな［A］の景観を、通常のアングル（角度）とはちがったアングルから眺《なが》めた時の新しい驚《おどろ》きを主題にして、その驚きをダイナミック（動的）に表現したものである。

山頂から見渡《みわた》す海は天につながり、何かしら海の方がせり上がってきて、天にくっついているように見える。その海が突如《とつじょ》なだれおちてくるような、全山の若葉のどよめき。耳をすますと、そのなだれの遥《はる》か下の方で、静かにカッコウの鳴きごえがきこえてくる。こうして下界から遠く離《はな》れて高いところに立つと、誰《だれ》でも世界というものが、今まで考えていたのより、ぐっと広いものだということを考えるだろう。

自分は、手を口にあてて、「Ⅱ」と下界に向かって叫びたくなる*衝動《しょうどう》にかられる。

見たまえ、五月の山は、［Ⅰ］明るくて、まぶしい。驚いたことには、遠い海の水平線が、いま立っている山頂より上方に、青い曲線をえがいて、大きくかかっているではないか。こんな水平線は、今までみたこともないだろう。

こうした若々しい感動を大きな視野《しや》の中に動的にあふれさせている。

少年向きの詩として、いかにも［B］ではあるけれども、その驚きを生かす［C］な構成には、作者の知的な操作《そうさ》が明快に働いているのを感じることができる。

（村野四郎《むらのしろう》の文章による）

*弧＝円周の一部。弓のように曲がった形。
*衝動＝なぜ（なんのために）するのか自分でもわからずに、発作的に行動する心の動き。

よく出る

(1) 詩と鑑賞文の［Ⅰ］には、同じ語句が入る。最も適切なものを次から選び、記号で答えなさい。（　　）

ア そよそよと　**イ** ひらひらと
ウ ざわざわと　**エ** ぎらぎらと

(2) この詩の種類としてあてはまるものを、それぞれ次の①～③から選び、記号で答えなさい。

① 用語上　ア 口語詩　イ 文語詩

② 形式上　ア 自由詩　イ 定型詩　ウ 散文詩

③ 内容上　ア 叙景詩　イ 叙情詩　ウ 叙事詩

①（　　）②（　　）③（　　）

(3) 鑑賞文中の A に入る言葉として最も適切な漢字二字の熟語を考えて答えなさい。

□□

(4) 鑑賞文中の「Ⅱ」の中に入る言葉として最も適切なものを次から選び、記号で答えなさい。

ア なんでそんなにないているんだあ。

イ なんと広々しているんだあ。

ウ なにをクヨクヨしているんだあ。

エ なにをノロノロしているんだあ。

（　　）

難問

(5) 鑑賞文中の B ・ C に入る言葉として最も適切なものをそれぞれ次から選び、記号で答えなさい。

B　ア 単純《たんじゅん》　イ 純真　ウ 真実　エ 実感

C　ア 直感的　イ 感動的　ウ 視覚《しかく》的　エ 聴覚《ちょうかく》的

B（　　）　C（　　）

佼成学園中—改

2 次の詩を読んで、あとの問いに答えなさい。

はじめて小鳥が飛んだとき　原田直友《はらだなおとも》

はじめて小鳥が飛んだとき
森はしいんとしずまった
木々の小えだが手をさしのべた
うれしさと□で小鳥の小さなむねは
どきんどきんと大きく鳴っていた
「心配しないで」と　かあさん鳥が
やさしくかたをだいてやった
「さあ　おとび」と　とうさん鳥が
ぽんと一つかたをたたいた

はじめて小鳥がじょうずに飛んだとき
森は　はく手かっさいした

(1) 詩の□に入る言葉として最も適切なものを次から選び、記号で答えなさい。

ア 感動　イ 希望　ウ 不安　エ 絶望　（　　）

(2) 3行めの「木々の小えだが手をさしのべた」とは、「木々」のどのような気持ちを表しているか。「〜という気持ち。」に続く形で十五字以内で答えなさい。ただし、句読点等も字数にふくめる。

□□□□□□□□□□□□□□□ という気持ち。

難問

(3) 6行めから9行めまでに書かれている「かあさん鳥」と「とうさん鳥」の「小鳥」への接し方は少しちがっているが、気持ちは共通である。それはどんな気持ちか。「〜気持ち。」に続く形で五字以内で答えなさい。

□□□□□ 気持ち。

六甲学院中—改

17 短歌・俳句《はいく》

入試重要度 ★★★

傾向と対策

◆短歌によまれた内容について、**心情**や**情景**を豊かに想像する。
◆表現の**工夫**《くふう》、言葉の**使い方**を調べ、深く読み味わう。
◆俳句の**季語**や**切れ字**を手がかりに、**情景**を豊かに想像する。
◆俳句にこめられた作者の**感動**をとらえる。

（　月　日）

基本問題

1 **次の文章を読んで、あとの問いに答えなさい。**

和歌の世界では「若草《わかくさ》の」という語は、「つま」にかかる枕詞《まくらことば》である。

なめらかな肌《はだ》だったっけ若草の妻ときめてたかもしれぬ掌《て》は　佐《さ》佐《さ》木《き》幸綱《ゆきつな》

愛《いと》しい女性の瑞々《みずみず》しい肌と、若草のイメージがぴったり重なって、枕詞が生き生きと作用している一首だ。「若草の」という言葉の冠《かんむり》をかぶせられて、妻という語が一《いち》段《だん》と輝《かがや》く。そこには自《おの》ずと、花へつながるイメージが、一つの要素としてあっただろう。

（俵万智《たわらまち》「かすみ草のおねえさん」　作問の都合上、一部改変してあります。）

問 ――線部「枕詞」とあるが、枕詞とは、和歌に用いられる技法の一つで、特定の語句の前に置いて、その語句を修飾《しゅうしょく》したり、語調を整えたりする言葉である。修飾する語句は意味関係や音声関係で結びついているものが多い。では、「山」の前に置く枕詞として最も適切なものを次から選び、記号で答えなさい。

ア 垂乳根《たらちね》の　**イ** 足引《あしひ》きの　**ウ** 白妙《しろたえ》の　**エ** 草枕《くさまくら》　**オ** 海神《わたつみ》の

（　　）

滝川第二中

読解のポイント

ポイント1 **短歌の形式と特徴《とくちょう》**

- **五・七・五・七・七の三十一音**である。
- はじめの五・七・五を**上《かみ》の句**、終わりの七・七を**下《しも》の句**という。
- 三十一音より少ないものを**字足らず**、多いものを**字余り**という。
- 意味や調子のうえから言い切るところがあり、これを**句切れ**という。

ポイント2 **俳句の形式と特徴**

- 俳句は、五（上の句）、七（中の句）、五（下の句）の**十七音**のリズムで成り立っている。
- 俳句には**季語**がよみこまれている。季語とは、季節を表す言葉のことで、季語によって、一つのまとまった内容や背景《はいけい》を表すはたらきをする。
- **切れ字**（「や」「かな」「けり」など）によって、作者の感動を強調している。

2 次の各組の俳句を、春から季節の順に並べ、記号で答えなさい。

(1)
ア 風《かざ》さきを花びらはしる田打《たうち》かな　山上樹実雄《やまがみきみお》
イ 街道に大根洗《あら》ふ大盥《おおだらい》　富安風生《とみやすふうせい》
ウ 吹《ふ》き晴れて新藁安曇野《しんわらあづみの》を飛ぶよ　大野林火《おおのりんか》
エ 水飲んでくづるる貌《かほ》や田草取《たぐさとり》　藤田湘子《ふじたしょうし》

(2)
ア 遠方の雲に暑を置き青さんま　飯田龍太《いいだりゅうた》
イ 浮鮎《うきあゆ》をつかみ分けばや水の色　椎本才麿《しいのもとさいまろ》
ウ 鮟鱇《あんこう》の骨まで凍《い》ててぶちきらる　加藤楸邨《かとうしゅうそん》
エ 俎板《まないた》に鱗《うろこ》ちりしく桜鯛《さくらだい》　正岡子規《まさおかしき》

(3)
ア 立去《たちさ》ればまだ日は高し藤《ふじ》の花《はな》　大島蓼太《おおしまりょうた》
イ 水洟《みずばな》やどこも真赤な実南天　波多野爽波《はたのそうは》
ウ 夕空や切先《きっさき》のぞく軒菖蒲《のきしょうぶ》　草間時彦《くさまときひこ》
エ 欄干《らんかん》にのぼるや菊《きく》の影法師《かげぼうし》　森川許六《もりかわきょりく》

(1)（ア）→（　）→（　）→（　）
(2)（エ）→（　）→（　）→（　）
(3)（ア）→（　）→（　）→（　）

灘中―改

季語（春）　　　切れ字
雪とけて／村いっぱいの／子どもかな

ポイント3 短歌・俳句の味わい方

- 難《むず》しい語句や、古い表現の**言葉の意味**を調べる。
- 短歌を読んで**主題**について考える。**感動を表す言葉**に注意して、心情や情景を想像し、**作者の感動**をとらえる。
- 俳句を読んで**情景**を**想像**する。作者は何に感動したのかを考える。
- **表現上の工夫、言葉の使い方**のうまさを味わう。
- **季語**や**切れ字**にこめられた思いを**想像**する。

ポイント4 短歌・俳句の表現上の工夫

- 体言止め・対句《ついく》・くり返し・比喩《ひゆ》・倒置《とうち》などの表現の工夫について調べ、その効果をとらえる。上の❶の短歌では、倒置が用いられている。

解答 ❶イ　❷(1)ア→エ→ウ→イ　(2)エ→イ→ア→ウ　(3)ア→ウ→エ→イ

解説 ❶ア「垂乳根の」は「母」、イ「足引きの」は「山」、ウ「白妙の」は「衣」、エ「草枕」は「旅」、オ「海神の」は「沖」などにかかる枕詞。
❷(1)アは春（季語「田打」）、イは冬（季語「大根洗ふ」）、ウは秋（季語「新藁」）、エは夏（季語「田草取」）。(2)・(3)も季語と季節を確かめて答える。

実力問題

（　月　日）
解答編9ページ

1 次の文章を読んで、あとの問いに答えなさい。

私《わたし》は、旧制の高等学校に入り、比較《ひかく》的にのんきな三年間を過ごした。そして、そのあいだに、近代の有名な歌人たちの作品の多くを読んだ。

そのころ、私が好きになり、①そらんじた作品は、いまふりかえってみると、すべて調べのいい作品である。私は、それらの歌を、しばしば声をはりあげて*朗誦《ろうしょう》し、その調べに自ら耳を傾《かたむ》けて、一首が持っている調べの波にわが心と身とをゆだねることを、たのしみとした。

A　幾山河《いくやまかわ》越《こ》えさりゆかば寂《さび》しさの
　はてなむ国ぞ今日も旅ゆく
若山牧水《わかやまぼくすい》

青春期が持っている感傷《かんしょう》的気分と②漂泊《ひょうはく》の思いとを美しい調べに乗せている、この有名な歌は、若い私の心に水のように沁《し》みとおるものがあった。この歌を朗誦しつつ、私は、じっさいに、山を、ひとりでよく歩いた。

B　春の鳥*な鳴きそ鳴きそあかあかと
　外《と》の面《も》の草に日の入る夕《ゆうべ》
北原白秋《きたはらはくしゅう》

C　あかあかと一本《いっぽん》の道《みち》とほ《(お)》りたり
　*たまきは《(わ)》る我《わ》が命なりけり
斎藤《さいとう》茂《も》吉《きち》

これらの歌人が、その青春の日に詠《よ》んだ歌は、私の青春の心にも深く通い合うものがあった。牧水の[A]、白秋の[B]、茂吉の抒情《じょじょう》、いずれも歌の魅力《みりょく》を青春の私に教えてくれたものであった。
（安《やす》田《だ》章《あや》生《お》「私の短歌入門」）

*朗誦＝大きな声を上げて読みあげること。
*な鳴きそ鳴きそ＝鳴いてくれるな。
*たまきはる＝「命」にかかる枕詞。

(1) ――線部①「そらんじた」の意味として最も適切なものを次から選び、記号で答えなさい。
ア 読みあげた　イ 暗記した
ウ 教えた　エ 書き写した
（　　）

(2) ――線部②「漂泊の思い」は、Aの短歌の第何句に最もよく表現されているか。漢数字で答えなさい。
（第　　句）

(3) [A]・[B]に入る二字熟語《じゅくご》として最も適切なものを次からそれぞれ選び、記号で答えなさい。
ア 信念　イ 知恵《ちえ》　ウ 詠嘆《えいたん》　エ 感覚
A（　　）B（　　）

よく出る
(4) A～Cのうち、三句切れの短歌を選び、記号で答えなさい。
（　　）

(5) A～Cのうち、色彩《しきさい》の対比があざやかな短歌を選び、記号で答えなさい。
（　　）

2 **次の短歌の説明として最も適切なものを、それぞれあとのア〜クから選び、記号で答えなさい（同じ記号は二度使えません）。**

① のこり　なく　てら《（寺）》　ゆき　めぐれ　かぜ　ふきて
ふるきみやこは　さむく　あり　とも　會津八一《あいづやいち》

② 廊下《ろうか》にて生徒と交《か》わすあいさつがちょっと照れてる今日新学期　俵《たわら》　万智《まち》

③ 風吹《ふ》くな今啼《な》きいで《（出）》し蝉《せみ》の羽《は》にさは《（わ）》るもいたき秋の風ぞも　若山喜志子《わかやまきしこ》

④ 闇《やみ》深くざわめく杜《もり》の夜《よ》あらしにひかり間遠《まどお》なる蛍《ほたる》がひとつ　土岐善麿《ときぜんまろ》

⑤ 向日葵《ひまわり》は金の油を身にあびてゆらりと高し日のちひ《（い）》さよ　前田夕暮《まえだゆうぐれ》

⑥ ちかき山に雪は残れどゆく春のあたみ《（熱海）》の里にゆげ立ちわたる　坪内逍遙《つぼうちしょうよう》

⑦ 白鳥《しらとり》はかなしからずや空の青海のあを《（お）》にも染《そ》まず漂《ただよ》ふ《（う）》　若山牧水《わかやまぼくすい》

⑧ その子らに捕《とら》へ《（え）》られんと母が魂《たま》蛍となりて夜《よ》を来たるらし　窪田空穂《くぼたうつぼ》

ア 自然の中の小さな命をよんだ歌。
イ 色彩《しきさい》の対照があざやかな歌。
ウ のどかな自然の風景を写した歌。
エ 親の愛情をうたった歌。
オ 話しことばが効果的な歌。
カ 倒置《とうち》（ことばの順序を逆にする表現方法）が用いられている歌。
キ 初句で句切れ（休止）がある歌。
ク 比喩《ひゆ》（たとえ）が用いられている歌。

①（　　）②（　　）③（　　）④（　　）
⑤（　　）⑥（　　）⑦（　　）⑧（　　）

早稲田中—改

難問

3 **次の俳句の[①]〜[⑦]に入る最も適切な鳥の名を、それぞれ下から選び、記号で答えなさい。**

天に穴《あな》ありて落ちくる[①]かな
[②]の身をさかさまに初音かな
[③]や絵の具を流すおのが影《かげ》
こもり音に[④]叩《たた》くまた叩く
[⑤]食うや湖《うみ》に生身の[⑤]の声
[⑥]がふわりと闇《やみ》を動かしぬ
元日や[⑦]がつらぬく丘《おか》の空

ア かも
イ つばめ
ウ ふくろう
エ たか
オ きつつき
カ ひばり
キ うぐいす
ク かわせみ

①（　　）②（　　）③（　　）④（　　）
⑤（　　）⑥（　　）⑦（　　）

灘中—改

18 言葉のきまり（文の組み立てと敬語《けいご》）

入試重要度 ★★★

（　月　日）

傾向と対策

◆主語と述語の関係（**基本文型**）をおさえる。
◆修飾《しゅうしょく》・被《ひ》修飾の関係（**かかりうけの関係**）をおさえる。
◆敬語（**尊敬語《そんけいご》・謙譲語《けんじょうご》・丁寧語《ていねいご》**）について理解する。
◆日ごろの言葉づかいをふり返り、敬語の正しい使い方を覚える。

基本問題

解答編9ページ

1 次の文の中から主語と述語をそれぞれ選び、記号で答えなさい。

(1) ア遠くの｜イほうに｜ウ青い｜エ海が｜オ見える。　主語（　）　述語（　）
(2) アとなりの｜イおじさんも｜ウ明日｜エヨーロッパへ｜オ旅立つ。　主語（　）　述語（　）
(3) ア白い｜イ雲を｜ウかぶった｜エ山の｜オみねが｜カ美しく｜キかがやく。　主語（　）　述語（　）
(4) アそんな｜イ簡単《かんたん》な｜ウ問題なら｜エぼくでも｜オ楽に｜カ解ける。　主語（　）　述語（　）

〔小野学園女子中―改〕

2 次の文章を読んで、あとの問いに答えなさい。

竹やぶのある所へ来ると、トロッコは静かに走るのをやめた。三人は①また前のように、重いトロッコを押《お》し始めた。竹やぶはいつか雑木林になった。つま先上がりの所々には、赤さびの線路も見えないほど、落ち葉のたまっている場所も②あった。（芥川龍之介《あくたがわりゅうのすけ》「トロッコ」）

(1) ――線部①「また」が修飾している言葉を次の文のア～エから選びなさい。
三人は①また｜ア前のように、｜イ重い｜ウトロッコを｜エ押し始めた。　（　）

(2) ――線部②「あった」の主語を次から選びなさい。
赤さびの｜ア線路も｜イ見えないほど、｜ウ落ち葉の｜エたまっている｜オ場所も｜②あった。　（　）

〔樟蔭中―改〕

文法のポイント

ポイント1　文の構造について理解する

文を文節（文を意味のわかる範囲《はんい》でくぎった場合の最も小さいひとくぎりの言葉）にくぎると、文の構造がはっきりする。

「ネ」を入れて読んでみよう。

例　彼は＜ネ 昨夜＜ネ 友人と＜ネ 外食した。

「ネ」が入る場所までが一つの文節。

(1) **主語と述語の関係**

例　赤い　花が（主語）　きれいに　さいた（述語）。

(ア) 主語…「何（だれ）が（は）」にあたる文節。
(イ) 述語…「どうする」「どんなだ」「なんだ」「ある（いる・ない）」にあたる文節。

(2) **基本文型**

・何（だれ）が（は）どうする。…鳥が　鳴く。
・何（だれ）が（は）どんなだ。…湖は　静かだ。
・何（だれ）が（は）なんだ。…東京が　首都だ。
・何（だれ）が（は）ある。……宿題が　ある（ない）。

3 次の文の――線部と――線部との関係が同じものをそれぞれあとから選び、記号で答えなさい。

(1) きれいな バラがたくさんさいた。（　）
(2) 赤い 大きな花がさいている。（　）
(3) 泣いて いるあの女の子はだれだろう。（　）
(4) もっとゆっくり 話しなさい。（　）
(5) ある寒い夜彼《かれ》は 出発した。（　）

ア 彼の いうことは理解できない。
イ はやく宿題をやって しまおう。
ウ あの山は高くて けわしい。
エ これはとてもむずかしい 問題だ。
オ じっくり 考えて行動しよう。

（帝塚山学院泉ヶ丘中）

4 次の文の――線部の敬語の種類は、ア「尊敬語」、イ「謙譲語」、ウ「丁寧語」のどれか。記号で答えなさい。

(1) 彼とお会いになりますか。（　）
(2) 皆様《みなさま》に、一言申し上げます。（　）
(3) どうぞたくさん召《め》し上がってください。（　）
(4) 良い品があちらにもございます。（　）

（鎌倉学園中―改）

5 次の文から、敬語が正しく使われていないものを二つ選び、記号で答えなさい。

ア 浦和《うらわ》からおこしの宮沢《みやざわ》様、おりましたら、受け付けまでおいでください。
イ 先生、どうぞお食事をお召し上がりください。
ウ わたしがいたしますから、どうぞお休みください。
エ おば様、こちらへは何時の電車で参りましたか。
オ わたしの母が、先生によろしくと申しておりました。

（　・　）

（東京家政大附属女子中―改）

(3) **修飾語と被修飾語の関係**

あとにくる文節にかかり、その内容を**くわしく説明する**文節が修飾語、修飾される文節は被修飾語。(1)の例の「赤い」「きれいに」が修飾語、「花が」「さいた」は被修飾語。

上の問題❷の(1)の場合のように、語をへだてて修飾する場合の出題が多い。修飾語のすぐ下に被修飾語を続けてみて、意味がうまくつながるかどうかを試《ため》すとよい。

ポイント2 敬語について理解する

(1) **尊敬語**

相手の動作や状態を敬《うやま》っていうときに使う言葉。「お……になる」「お……なさる」の形や、特別な動詞を使って表す。

(2) **謙譲語**

自分がへりくだることによって、相手を敬う気持ちを表す言葉。「お……する」の形や、特別な動詞を使って表す。

注 自分の家族や身内のことを他人に話す場合は、尊敬語ではなく謙譲語を使う。「父がそうおっしゃいます。」→「父がそう申します。」

(3) **丁寧語**

相手を敬う気持ちを表したり、言葉をやわらげたりするために使う言葉。

（「です」「ます」「ございます」などを終わりにつけるなど。）

実力問題

（　月　日）

解答編10ページ

1 **次の文の主語（主部）と述語をそれぞれぬき出しなさい。**

(1) 春には、たんぽぽがかわいらしい黄色の花を咲《さ》かせる。
(2) 祖母は、母に行くようにと言った。
(3) わたしも弟もカレーライスをよく食べます。

主語（主部）　　述語
(1)（　　）（　　）
(2)（　　）（　　）
(3)（　　）（　　）

2 **次の文の――線部の主語とその述語の関係が同じ文をあとから選び、記号で答えなさい。**　東京立正中

八十歳《さい》になる祖父は毎朝のジョギングが楽しみだ。
ア 新聞の社説はわたしにとってまだ難解《なんかい》だ。
イ 桜が咲くのは東京では三月の下旬《げじゅん》ごろだ。
ウ 弟はまだ何もわからない赤ちゃんだ。
エ 姉は図書館から借りてきた本をもう読んだ。

（　　）

3 **次の会話文を読んで、あとの問いに答えなさい。**　共立女子第二中

A君「先生、アお母さんがイ参りました。」
先生「遠いところをよく　ウおいでくださいました。さっそくですが、A君の絵をエ拝見《はいけん》してください。」

(1) 母「とても①上手に　②書けていて　③私《わたし》、④おどろきました。」
――線部の言葉づかいの中で適切でないものを二つ選び、記号で答えなさい。　（　・　）
(2) ＝線部の言葉は、～～線部①～④のどの言葉にかかっているか。番号で答えなさい。　（　　）　金城学院中

よく出る

4 **次の――線部の言葉は、どの言葉にかかっているか。それぞれ一文節でぬき出しなさい。**

(1) ふと、今日欠席した田中《たなか》君の様子を思い出し、田中君の家に電話した。
(2) ある野球の選手に言われたのがきっかけで、野球に目覚めた。
(3) 人間は決して一人ぼっちで生活はできないはずだ。
(4) 私《わたし》は彼女《かのじょ》のやわらかな黒い髪《かみ》に、手を触《ふ》れてみた。
(5) 言葉は自分たちに一番ふさわしいものを使いたい。

(1)（　　）(2)（　　）(3)（　　）
(4)（　　）(5)（　　）
大宮開成中—改

5 **次の文の主語と述語をそれぞれ一文節でぬき出しなさい。主語や述語がない場合は×を書きなさい。**

(1) 彼らは、自分たちだけの　穏《おだ》やかな　ひとときを　楽しんだ。
(2) 集中して　原稿《げんこう》を　書く。
(3) 波が　次々と　浜《はま》に　打ち寄せる。
(4) 遠くから　聞こえます、子どもの　声が。
(5) 今年の　冬は　あたたかいです。

(1)（　・　）(2)（　・　）
(3)（　・　）(4)（　・　）
(5)（　・　）
聖和学院中

6
次の――線部がかかっている言葉をぬき出しなさい。

(1) 彼は、自分の収集《しゅうしゅう》を喜んでたびたび仲間に見せた。

(2) 最初にひばりの巣を見つけたのは、弟の次郎《じろう》でした。

(1)（　　）　(2)（　　）

目白学園中

よく出る

7
次の文には、――線部の敬語の使い方が適切でないものが三つある。それらの番号を答え、その部分をひらがなで正しく書き直しなさい。

(1) パーティーには母がうかがいます。

(2) 私は母の心のこもった食事を感謝の気持ちでめしあがりました。

(3) 昨日、先生がわたしの家へいらっしゃいました。

(4) みなさま、ただいま拝見なさいましたのが、ゴッホの「ひまわり」でございます。

(5) 先生の申されましたことを、いつまでも心にとどめてがんばっていくつもりでございます。

番号
（　　）（　　）
（　　）（　　）
（　　）（　　）

智辯学園中

8
――線部をそれぞれ敬語に直し、（　）内に指定された字数のひらがなで答えなさい。

(1) 市長から感謝状をもらった。（五字）

(2) どうぞ、お先に寝《ね》てください。（四字）

(3) 先生にご都合を聞く。（四字）

(4) お客さんが来る。（六字）

(5) ご自由に見てください。（三字）

浦和実業学園中

9
次の文章を読んで、あとの問いに答えなさい。

わたしの大好きなわらびが、今年はこんなに早く口にはいるとは思っていませんでした。新鮮《しんせん》で、やわらかくて、実によい風味です。ありがたくいただきました。あまりおいしいので、欲《よく》ばり気分も手伝って、わたしも山へつれていって①いただきたいと②思います。かねてわらびとりの希望をもっておられた野村《のむら》先生も、木曜日の午後、わたしの家にまいる予定になっておりますので、先生のごつごうをお聞きして、次の日曜日にでも、いっしょに③お宅《たく》におうかがいしたいと思います。わらびの豊富な山へご案内して④ください。先生には、私からよろしくおっしゃっておきます。まずはお礼かたがたよろしく⑤お願い申し上げます。

(1) 文章中の――線部①～⑤の言葉は、次のア～ウの敬語の使い方のどれにあたるか。記号で答えなさい。

ア おじさんがいらっしゃいました。

イ この本をあなたにさし上げます。

ウ 兄がお菓子《かし》を買ってきました。

①（　　）②（　　）③（　　）④（　　）⑤（　　）

(2) 文章中に敬語の使い方を誤《あやま》っているところが二か所あります。その言葉をぬき出して、正しく書きなさい。

誤（　　）→正（　　）

誤（　　）→正（　　）

四天王寺羽曳丘中―改

19 言葉のはたらき（品詞《ひんし》とそのはたらき）

入試重要度 ★★★

傾向と対策

- ◆いろいろな**品詞**のはたらきについて理解する。
- ◆言葉の**使い分け**について理解する。
- ◆解答を**記述**する形式の問題に慣れる。
- ◆自分が書いた文章の言葉の使い方を見直す習慣をつける。

（　月　日）

基本問題

解答編11ページ

1 **次の――線部の品詞名をそれぞれあとから選び、記号で答えなさい。**

今日は、①私《わたし》が首を長くして待った中学校の入学式だ。桜の花が学校全体をおおうように鮮《あざ》やかに咲《さ》いている。②そして、校舎の③三階の窓《まど》には、太陽の光が差し込《こ》み、近くには鳥のさえずりが④聞こえる。私の心は、すべての情景が刻《きざ》まれ、⑤穏《おだ》やかだ。何年過ぎたとしても⑥この日のことは、⑦決して忘《わす》れることは⑧ないだろう。

ア 動詞　**イ** 形容詞　**ウ** 形容動詞　**エ** 名詞　**オ** 副詞　**カ** 連体詞　**キ** 接続詞

①（　）②（　）③（　）④（　）⑤（　）
⑥（　）⑦（　）⑧（　）

明治学院中―改

2 **次の――線部の語と、同じ使い方の語をあとから選び、記号で答えなさい。**

(1) 試合が始まるそうだ。（　）

ア あすは雨になりそうだ。
イ まだ雪が降《ふ》るそうだ。
ウ この問題も解けそうだ。

(2) 本をあまり読もうとしない。（　）

ア あの山はそんなに高くない。
イ あそこに見えるのは島ではない。
ウ このごろはあまり遊ばない。

(3) 花の咲く道を歩く。（　）

ア それは雨の降る夜でした。
イ 動くのがめんどうだった。
ウ それはできないのです。

(4) ここから花火がみられる。（　）

ア 人に助けられる。
イ 将来《しょうらい》のことが案じられる。
ウ わたしでも持ちあげられる。

甲南中―改

文法のポイント

ポイント1 **言葉の使い分けについて（助動詞）**

(1)**「れる」「られる」**

- **受け身**…他から動作を受ける意味を表す。
  例 人から道をたずねられる。（人から「たずねる」という動作を受けている。）
- **可能**…することができるという意味を表す。
  例 ここからなら歩いてでも行かれる。（行くことができると言いかえられる。）
- **自発**…動作が自然に起こる意味を表す。
  例 母のことが案じられる。（自然に案じる気持ちになると言える。）
- **尊敬《そんけい》**…他を敬《うやま》う意味を表す。
  例 先生が話される。（先生がお話をされると言いかえられる。）

(2)**「そうだ」**

- **推定《すいてい》・様態**…そういう様子だという意味を表す。
  例 雨が降りそうだ。
- **伝聞**…人から伝え聞いたことを表す。

3 **次の――線部「れる」「られる」と同じ意味のものをあとから選び、記号で答えなさい（同じ記号は二度使えません）。**

(1) 校長先生がお話をされる。（　　）
(2) どんな問題でもすぐに答えられる。（　　）
(3) 昔のことが思い出される。（　　）
(4) 買い物を頼《たの》まれる。（　　）

ア 学級長に指名される。　**イ** 春の訪《おとず》れが感じられる。
ウ お客様が帰られる。　**エ** 駅へは歩いて行かれる。

神田女学園中―改

4 **次の言葉のうち、他と種類のちがうものはどれか。それぞれ選び、記号で答えなさい。**

(1) **ア** これ　**イ** その　**ウ** あちら　**エ** どこ　（　　）
(2) **ア** 古い　**イ** まぶしい　**ウ** 正しい　**エ** 思い　（　　）
(3) **ア** だから　**イ** それで　**ウ** とても　**エ** けれども　（　　）
(4) **ア** 大きな　**イ** みごとな　**ウ** きれいな　**エ** ゆかいな　（　　）

共立女子第二中

5 **次のそれぞれの文の□に入る言葉をそれぞれあとから選び、記号で答えなさい（同じ記号は二度使えません）。**

(1) 今年は□雪がふりませんねえ。（　　）
(2) 手紙は□明日とどくでしょう。（　　）
(3) 同じまちがいは□するまいと思った。（　　）
(4) 宿題は□終わりました。（　　）
(5) 稲《いね》のほが□おじぎをするかのように頭をさげている。（　　）

ア すっかり　**イ** たぶん　**ウ** ぜんぜん　**エ** けっして　**オ** まるで

聖ドミニコ学園中

例 あすは雨がふるそうだ。

(3) **「らしい」**
- **推定**…推量して断定することを表す。
例 朝から雨になるらしい。（雨になる様子だと言いかえられる。）
※いかにも小学生らしい考え方だ。（小学生にふさわしい考え方だ、の意味。名詞について形容詞をつくる「らしい」で、助動詞ではない。）

(4) **「ない」**
- **打ち消し**…打ち消しの意味を表す。
例 雨が降らない。
※きみは正直でない。（形容詞の「ない」。「ない」と上の語との間に「は」「も」を入れて意味が通るものは形容詞である。）

(5) **「ようだ」**
- **比喩《ひゆ》**…他のものにたとえて表す。
例 白くて、雪のようだ。
- **推定**…はっきりとしないが、言い切ることを表す。
例 彼《かれ》は、ひとりで出かけたようだ。

その他、**助詞**や、**副詞の呼応《こおう》**、**接続詞**のはたらきなどの理解が大切である。

実力問題

解答編11ページ

（　月　日）

よく出る

1 **次の——線部と同じ品詞、または同じ意味のものをそれぞれあとから一つずつ選び、記号で答えなさい。**

(1) だれもいないはずの部屋から物音が聞こえる。

ア 遊んでいるひまがないほどいそがしい。
イ 今年の冬はあまり寒くないようだ。
ウ 運動会の準備はまだ十分でないらしい。
エ 道路が混んでバスが進まないので遅刻《ちこく》した。

（　　）

(2) 友だちの家へ遊びに出かけた。

ア 宇宙《うちゅう》飛行士の声が地上に届《とど》いた。
イ 最近海外旅行に行く人が増えたそうだ。
ウ 将来学校の先生になるのが夢だ。
エ 姉は一年間アメリカの大学に留学している。

（　　）

(3) 私が鳥ならば世界中を飛び回りたい。

ア 一週間あれば、この小説は読み終わるだろう。
イ 人生には苦しいこともあれば楽しいこともある。
ウ 中学生になれば、多くのクラブがある。
エ 子供《こども》ならばだれでも夢を持っている。

（　　）

共立女子第二中

2 **次の文章中の——線部①～④「の」に最もよく似た使い方の「の」を、それぞれあとから一つずつ選び、記号で答えなさい。**

直子《なおこ》は、りんごを写生し、いかにも丸みの①ある、立体感のでた絵をかいた。友達の②知春《ちはる》がそれを見て、「すごい。直子の絵にくらべたら、私の③なんか、とても見られやしない。どうすれば、そんなふうにかけるの④」とたずねた。

ア このノートは、たしかアキちゃんのでしたね。
イ 犬のけたたましい鳴き声で、目がさめました。
ウ 末の弟のケンちゃんは、まだ小学生です。
エ 静かな音楽の聞こえるベンチにすわりました。
オ なぜ先生の言うことが聞けないの、あなたは。
カ 私、こんな話を聞くと、こわくてしかたがないの。

①（　）　②（　）　③（　）　④（　）

南山中女子部

3 **次の語と同じ性質のものをそれぞれあとから二つずつ選び、記号で答えなさい（同じ記号は二度使えません）。**

(1) これ　(2) たいへん　(3) 大きな　(4) しかし　(5) おはよう

ア しかも　**イ** すこし　**ウ** はい　**エ** この
オ 彼《かれ》　**カ** あの　**キ** だから　**ク** はっきり
ケ どこ　**コ** もしもし

(1)（　・　）　(2)（　・　）　(3)（　・　）
(4)（　・　）　(5)（　・　）

四天王寺羽曳丘中—改

4 **次の——線部の表現にはどのようなちがいがあるか。それぞれ説明しなさい。**

(1) **ア** 糸が切れる。
　 イ 糸を切る。

(2) **ア** この草はゆがけば食べられる。
　 イ 病気の母が案じられる。

(3) **ア** 今にも雨が降りそうだ。
　 イ 明日は雪になるそうだ。

(1) ア（　　） イ（　　）
(2) ア（　　） イ（　　）
(3) ア（　　） イ（　　）

5 次の――線部の語の品詞名をA群から選び、記号で答えなさい。また、それぞれと同じ品詞の言葉をB群から選び、記号で答えなさい。 普連土学園中―改

(1) のどかな田園地帯が続く。
(2) すぐ救急車を呼《よ》んだので彼は助かった。
(3) つぎにくる電車は久里浜《くりはま》行きだ。
(4) たくさんご飯を食べる。
(5) おお、君がいてくれると百人力だ。

A群
- ア 名詞　イ 動詞　ウ 形容詞　エ 形容動詞
- オ 副詞　カ 連体詞　キ 感動詞　ク 接続詞
- ケ 助動詞　コ 助詞

B群
- ア 動く　イ もっと　ウ 例の　エ らしい
- オ 赤い　カ が　キ 静かだ　ク 富士山《ふじさん》
- ケ そして　コ もしもし

	A群	B群
(1)	（　　）	（　　）
(2)	（　　）	（　　）
(3)	（　　）	（　　）
(4)	（　　）	（　　）
(5)	（　　）	（　　）

6 次の――線部は「呼応の副詞」である。これに合わせて、（　）に適切な言葉を入れて、文を完成させなさい。 聖和学院中

例 もし、彼女《かのじょ》がこの映画《えいが》を（見たら）、きっと泣いてしまうでしょう。

(1) さようなら。君のことをけっして（　　　　）よ。
(2) 応援《おうえん》していたチームが優勝《ゆうしょう》して、まるで夢を（　　　　）。
(3) たぶん彼は今度の研究の成功によって、ノーベル賞を受賞（　　　　）。

7 次の□にひらがな一字を入れて、条件に合う文を完成させなさい。 お茶の水女子大附中

(1) レストランに招待されておいし□食事をいただいた。
① ――線部が「食事を」にかかる文になるように。
② ――線部が「いただいた」にかかる文になるように。

① □　② □

(2) このドラマはもうすぐおわ□そうだ。
① そのことを「人から伝え聞いた」ことを表すように。
② そのことを「自分で推測した」ことを表すように。

① □　② □

8 次の――線部の「呼応の副詞」に注意して、□の数に合う言葉をひらがなで答えなさい。 湘南白百合学園中

(1) どんなに努力し□□、成功はのぞめない。
(2) 彼のことだから、まさかそんなことはある□□。
(3) そんなことは、とてもでき□□□。
(4) きっと合格するに□□□□。
(5) どうか許して□□□□。

(1)（　　） (2)（　　） (3)（　　）
(4)（　　） (5)（　　）

東京成徳大中―改

20 ことわざ・慣用句・故事成語・四字熟《じゅく》語《ご》

入試重要度 ★★★

（　月　日）

傾向と対策

- ◆ことわざ・慣用句の**表現**や**意味**について理解する。
- ◆故事成語の**由来**について理解する。
- ◆四字熟語の意味や使い方について理解する。
- ◆似た意味のことわざを組み合わせて、いっしょに覚える。

基本問題

解答編12ページ

1 次の□に入る漢字をあとから選び、記号で答えなさい。

(1) 雨降《ふ》って□固まる

(2) □の上にも三年

(3) 後足で□をかける

(4) □心あれば水心

(5) 鰯《いわし》の□も信心から

(6) 火中の□を拾う

(7) 木に□をつぐ

(8) 寝《ね》□に水

(9) □百まで踊《おど》り忘《わす》れず

ア 頭　**イ** 耳　**ウ** 砂《すな》　**エ** 石　**オ** 竹　**カ** 栗《くり》

キ 地　**ク** 雀《すずめ》　**ケ** 魚《うお》

京北中

2 次のことわざの意味に最も近いものをあとから一つずつ選び、記号で答えなさい。

(1) 鬼《おに》に金棒《かなぼう》

(2) 泣く面《つら》を蜂《はち》がさす

(3) 足もとから鳥が立つ

(4) 青菜に塩

(5) 盗人《ぬすっと》の昼寝

(6) 猫《ねこ》に小判

ア 元気だったのが、急にしょげてしまう。

イ 人の長所をひき出すのはむずかしい。

ウ 悪事の用意をする。

エ 思いがけないことが突然《とつぜん》起こる。

オ 油断大敵《たいてき》。

カ どんな人も時にはからだを休める。

キ 天下無敵。

ク 何の役にも立たない。

ケ 運の悪いことがさらに重なる。

富士見中―改

語句のポイント

ポイント1　ことわざについて

社会的に広く言いならわされている言葉で、生活上のちえやいましめをふくんだもの。

●ことわざはおおよそが二つの部分からできている。この二つの部分の関係を考えて、何を言おうとしているのかをとらえる。

「何が（は）どうである」

・まかぬ種は生えぬ　・早起きは三文の得

「何をどうせよ」

・石橋をたたいてわたる

・人を見たらどろぼうと思え

「何がどうする」

・雨だれ石をうがつ　・猿《さる》も木から落ちる

●助詞の使い方に気をつける。

・親しき仲にも礼儀《れいぎ》あり

仲がよいからといって、礼儀を守らなかったり、不作法《ぶさほう》なことをしたりすると、仲が悪くなる。親しい間柄《あいだがら》であっても、礼儀を守ることが必要であ

3 次の□に、体に関係する漢字一字を書き入れ、慣用句を完成させなさい。

(1) □が太い（どきょうがあること）
(2) □を細める（うれしくて喜ぶようす）
(3) □を長くする（心待ちにしているようす）
(4) □をのばす（予定よりも遠くへいくこと）
(5) □が上がる（字がうまくなること）

相愛中―改

4 次の慣用句の意味をあとから選び、記号で答えなさい。

(1) 水に流す（　）
(2) 油を売る（　）
(3) 肩《かた》を並《なら》べる（　）
(4) 舌を巻《ま》く（　）
(5) 鼻にかける（　）

ア 大変好きである。
イ 冷たい態度で接する。
ウ 自慢《じまん》をする。
エ ほっと安心する。
オ むだ話をして時間を費《つい》やす。
カ 同じような力をもつ。
キ ひどくおどろき感心する。
ク 過去のいざこざをなかったことにする。

西南女学院中

5 次の四字熟語の二つの□には、対義語が入る。それぞれどの組み合わせの字が入るか、記号で答えなさい（同じ記号を何回使ってもよい）。

(1) 針□棒□（　）
(2) □往□往（　）
(3) □同□異（　）
(4) 空□絶□（　）

ア 前後　**イ** 左右　**ウ** 上下　**エ** 大小　**オ** 強弱

共栄学園中

ることを教えている。

ポイント2 **慣用句について**

いつも**ひとつづきの決まった形**で使われ、あるまとまった意味を表す言葉。昔から使いならされ、言いならわされてきたもの。

●**言葉の表しているもとの意味とはちがった意味で使う言葉。その言葉の表す「しぐさ」や「様子」などを考えてとらえなければならない。**

ポイント3 **故事成語について**

昔、何かの**いわれ**（故事）があって、そのことがもとになって広く使われるようになった言葉。

●**漢字の意味だけでは正しい意味がわからない。もとになった故事から意味をとらえなければならない。**

・**五十歩百歩**
五十歩逃《に》げた者が百歩逃げた者を臆病《おくびょう》だとあざわらった（故事）→小さい差はあるが、たいして変わりはないこと。似たりよったり。

ポイント4 **四字熟語**

漢字四字からなる熟語である。入試では、四字のうち空欄《くうらん》になっている一字か二字を埋《う》める問いや、意味を選択《せんたく》する問いなどがよく出る。説明文・論説《ろんせつ》文や物語の文脈の中で問われることも多い。

実力問題

解答編12ページ

（　月　日）

1

次の□に人間の体の部分を表した漢字一字を入れ、下の意味をもつ慣用句を完成させなさい（同じ漢字は二度使えません）。

(1) □を切る→関係を絶つ。

(2) □をそろえる→必要な金額や数量を全部用意する。

(3) □をわる→本心を打ち明ける。

(4) □を長くする→待ちこがれる。

(5) □をぬぐう→知らないふりをする。

(6) □を立てる→体面を保つ。めいよを守る。

(7) □が出る→予算や収入をこえる金額を使う。

関東学院六浦中

よく出る

2

次の□に入る漢字を、下の意味を参考に、それぞれ答えなさい。

(1) 腰《こし》が□い　〔人に対していばらないでていねいな様子。〕

(2) 顔が□い　〔たくさんの人たちとつきあいがある様子。〕

(3) 口が□い　〔人前であまりものを言おうとしない様子。〕

(4) 耳が□い　〔自分にいやなことを聞くのがつらい様子。〕

(5) 鼻が□い　〔じまんできることがあって得意げな様子。〕

(1)（　　）　(2)（　　）　(3)（　　）　(4)（　　）　(5)（　　）

明治大付属中野中

3

次の□に入る言葉がそれぞれ対《つい》になるように、漢字一字を入れてことわざを完成させ、意味をあとから選び、（　）に記号で答えなさい。

(1) □さ□さも彼岸《ひがん》まで　（　　）

(2) 帯に□し、たすきに□し　（　　）

(3) 九□に一□を得る　（　　）

(4) □に□はかえられぬ　（　　）

(5) □あれば□あり　（　　）

ア　世の中は良いことばかりではない。

イ　中途《ちゅうと》半ぱで何の役にも立たない。

ウ　あぶないところを、やっとのことで助かる。

エ　大切なことのためには、ほかのことはかまっていられない。

オ　ある時期を過ぎると、気候もおだやかになり、過ごしやすくなる。

甲南女子中

4

次のことわざの組み合わせで、それぞれの（　）に共通して入る言葉を漢字で答えなさい。

(1)
- 猿《さる》も（　）から落ちる
- （　）で鼻をくくる

(2)
- 昨日の（　）は今日の友
- （　）に塩を送る

(3)
- （　）作って魂《たましい》入れず
- （　）の顔も三度

(4)
- （　）の手から水がもる
- 好きこそものの（　）なれ

(1)（　　）　(2)（　　）　(3)（　　）　(4)（　　）

多摩大目黒中―改

5 次の□に漢字一字を入れて慣用句・ことわざを完成させ、意味をあとから選び、（　）に記号で答えなさい。

(1) □に小判（　）（　）

(2) 焼け石に□（　）（　）

(3) 雀の□（　）（　）

(4) 転ばぬ□のつえ（　）（　）

ア 強い上にさらに強くなること。

イ まったく効果がないこと。

ウ ほんのわずかであること。

エ 失敗しないように、前もって用意しておくこと。

オ 価値《かち》を知らないと意味がないこと。

松蔭中―改

6 次のことわざ・慣用句の□に入る漢字を組み合わせると四字熟語になる。その四字熟語を漢字で答えなさい。

・□を聞いて十を知る

・□兎《と》を追う者は一兎をも得ず

・□の上にも三年

・立つ□あとをにごさず

［　　　　］

國学院大久我山中

難問

7 ――線部のことわざや故事成語・慣用句の使い方が正しい文を次から五つ選び、記号で答えなさい。

ア 彼は気が強いので、石橋をたたいてわたるように事にあたる。

イ 物事は一朝一夕《いっせき》にはできあがらないものだ。

ウ 我《われ》を忘《わす》れていたので、あの時のことはよく覚えている。

エ 自分のことをたなにあげて、人のことばかり非難《ひなん》する。

オ いやなことを言われても、馬耳東風と聞き流している。

カ さじを投げて、犬に傷《きず》をおわせる。

キ めったにかぜをひかない弟がかぜをひいて、まさに鬼の目に涙《なみだ》だ。

ク 先生は顔が広いので、紹介《しょうかい》してもらった。

ケ 君の弟は、目から鼻へぬけるようなかしこさを備えているね。

（　・　・　・　・　）

玉川学園中―改

8 次のことわざ・慣用句・四字熟語の□に入る言葉を漢字で書きなさい。

(1) 名人もかっぱの□流れで、時には失敗をする。

(2) 父のゴルフは□□の横好きでちっともうまくならない。

(3) 何を言ってもカエルの□に水で効《き》き目がない。

(4) 正直に□を割《わ》って話す。

(5) 難《むずか》しすぎてこの問題は私の手に□る。

(6) 国じゅうの老若□□がこぞってこのドラマを見ている。

(7) 彼は大器□成で、大人になったら立派な人になりそうだ。

(8) これは□□東西、例のない不思議な話だ。

(1)（　）(2)（　）(3)（　）(4)（　）

(5)（　）(6)（　）(7)（　）(8)（　）

栄東中―改

9 次の言葉の意味として最も適切なものをそれぞれあとから選び、記号で答えなさい。

(1) 虎《とら》の子　(2) 十八番　(3) 手前味噌《みそ》　(4) 試金石

ア ひじょうに大切にしているもののこと。

イ 自慢《じまん》すること。　**ウ** なかなか順番が回ってこないこと。

エ 本当の価値を判断する材料。　**オ** 得意なものごと。

カ 他とくらべて特に優《すぐ》れていること。

(1)（　）(2)（　）(3)（　）(4)（　）

関東学院六浦中

21

同訓異字《いじ》・同音異義語・類義語・対義語

入試重要度 ★★★

（　月　日）

傾向と対策

- ◆同音異字と同音異義語は、漢字や熟語《じゅくご》の**意味**にもとづいて使い分け、正しく書けるようにする。
- ◆類義語と対義語は、**言葉の意味**を考え、正しく理解するようにする。
- ◆漢字は、**一点一画**に気をつけて正しく書く。

基本問題

解答編13ページ

1 次の——線部のカタカナを、それぞれ漢字に直しなさい（同じ漢字は二度使えません）。

(1) 下町は人情にアツい。
アツい気持ちを持ち続ける。

(2) 高層《こうそう》ビルがタつ。
弁がタつ。

(3) 新しい靴《くつ》に足をナらす。
名選手としてナらす。

(4) 障子《しょうじ》がヤブれる。
試合にヤブれる。

(5) 手紙をカく。
画竜点睛《がりょうてんせい》をカく。

聖光学院中

2 次の——線部のカタカナにふさわしい漢字と、同じ漢字が使われている文をそれぞれあとから選び、記号で答えなさい。

(1) 明日の予定を手チョウを見て確かめる。
(2) 新薬の開発を中止するよう主チョウする。
(3) 一万円札を一チョウ円分積み上げるとどうなるか。
(4) 気象チョウの予報では明日は大雪らしい。

ア 群馬県の県チョウ所在地は前橋《まえばし》だ。
イ あの事件のチョウ本人がそこにいる。

漢字のポイント

ポイント1　同訓異字について

訓読みは同じだが、**用いられている漢字が異《こと》なるもの**。同訓異字の問題では、その言葉が用いられている**文の内容**に注目し、意味をとりちがえないようにすることが重要である。また、訓読みという、聞いただけで意味がわかるものが多いという性質上、漢字そのものの意味を理解しておくことで、解きやすくなる。漢字の練習をする際に、字形や読み、使い方などと共に覚えておくようにしよう。

ポイント2　同音異義語について

発音は同じだが、**意味が異なる語**のこと。日本語は、中国からやってきた漢字を用いて言葉を表現しているため、発音の区別がなく、意味が異なる語が多く生まれたという背景《はいけい》がある。同訓異字と同様に、同音異義語が用いられている文の内容を読み取ることが大切である。また、重要なもの

ウ 夏バテのせいか胃《い》チョウが弱っている。
エ その力は一チョウ一夕《いちせき》にはつけられない。
オ 預金《よきん》通チョウをなくしてしまったらしい。
カ 大雨の前チョウなのか急に空が暗くなった。

女子聖学院中

3 **意味が似ている言葉を次の中から二つ選び、記号で答えなさい。**

ア 親切　**イ** 大切　**ウ** 同意　**エ** 厚意　**オ** 同情

（　　・　　）

桜美林中

4 **次の各組の熟語《じゅくご》が似た意味の言葉になるように、□に入る漢字をあとから選び、記号で答えなさい。**

(1) 手腕《しゅわん》―□量（　　）　(2) 即刻《そっこく》―□速（　　）

ア 容　**イ** 早　**ウ** 高　**エ** 低　**オ** 技
カ 大　**キ** 裁《さい》　**ク** 超《ちょう》　**ケ** 熟《じゅく》

広尾学園中

5 **「流動」の対義語として、最も適切なものを選びなさい。**

ア 強固　**イ** 固定　**ウ** 停止　**エ** 休止

（　　）

日本大豊山女子中

6 **次の漢字の対義語をあとから選び、それぞれ正しい漢字で書きなさい。**

(1) 内容（　　）　(2) 理性（　　）
(3) 革新《かくしん》（　　）　(4) 自然（　　）

ジンコウ	ホシュ	カンジョウ	フクザツ	ケイシキ	キョカ

清教学園中

に関しては意味と共に覚えておきたい。

例 カンシン（関心・感心・寒心・歓心）　など

ポイント3 類義語について

形はちがっていても、意味が似ている二つ以上の語のこと。同義語や類語と言われることもある。
二字熟語《じゅくご》どうしの類義語が問われることが多いため、同じ漢字が用いられているかどうか、といったことに注目すると見つけやすい。また日頃《ひごろ》の学習から、二字熟語の意味を理解し、重要なものは覚えておくことが大切である。

例 永遠＝永久・機転＝機知・手段《しゅだん》＝方法　など

ポイント4 対義語について

類義語とは対照的に、**意味が正反対となっている二つ以上の語**のこと。反対語と言われることもある。対義語も二字熟語が問われることが多い。二字熟語の対義語はたとえば次のように分類できるので、参考にするとよい。

一字が共通し、一字が対義
例 高価―安価　必然―偶然《ぐうぜん》　など

二字とも対義
例 温暖《おんだん》―寒冷　生存《せいぞん》―死亡《しぼう》　など

全体として対義
例 過去―未来　原因―結果　など

打ち消しを表す漢字がついたもの
例 安心―不安　有利―不利　など

実力問題

（　月　日）

解答編13ページ

1 次の□に入る言葉として最も適切なものをあとから選び、記号で答えなさい。

(1) 税金を国に□。

ア 納める　**イ** 収める　**ウ** 修める　**エ** 治める

(2) 子どもを□にしたイベントが始まる。

ア 対照　**イ** 大賞　**ウ** 対象　**エ** 大将

(3) 逃《に》げ道を□。

ア 立つ　**イ** 断つ　**ウ** 絶つ　**エ** 建つ

(1)（　　）(2)（　　）(3)（　　）

大谷中

2 次の同訓異字について、それぞれ正しい漢字を書きなさい。

(1) あつい
- 今年の夏はあつい。（　　）
- あついお茶を飲む。（　　）

(2) あける
- 夜があける。（　　）
- 席をあける。（　　）

(3) うつす
- かがみにうつす。（　　）
- 実行にうつす。（　　）

(4) つとめる
- 委員をつとめる。（　　）
- 会社につとめる。（　　）

啓明中―改

3 次の――線部のカタカナを漢字に直しなさい。

(1)
- シキ折々の草花をめでる。（　　）
- 現場でシキをとる。（　　）

(2)
- シュウカン誌《し》を買う。（　　）
- 早起きをシュウカンにする。（　　）

4 次の――線部のカタカナを漢字に直したとき、その漢字と同じになるものをあとから選び、記号で答えなさい。

獨協中

(1) 太平洋に浮《う》かぶその島はコユウシュの宝庫《ほうこ》だ。

ア カッコたる自分の意見を持つ。
イ コジンの意見を尊重《そんちょう》する。
ウ 息ぬきにコガイを散歩する。
エ リコテキな行動はきらわれる。
オ コイに相手をつまずかせる。

（　　）

(2) 昆虫《こんちゅう》のセイタイ調査を行う。

ア 動物のセイタイ解剖《かいぼう》をして内部を調べる。
イ いいプレーをしてほしいとキタイされる。
ウ 非常ジタイの時は落ち着いて行動する。
エ ガンタイをつけているので見づらい。
オ けがをした選手をコウタイさせる。

（　　）

(3) 治療《ちりょう》のために薬をキュウニュウする。

ア 柔道《じゅうどう》で三つのカイキュウを制覇《せいは》した。
イ 寸断《すんだん》された国道をフッキュウさせる。
ウ 食事の席でキュウジをつとめる。
エ 事件の真相をキュウメイする。
オ あらゆることをキュウシュウする。

（　　）

(4) 気力をフルい立たせる。

ア 国民のためフンコツをつくす。
イ もののフンベツがつくようになる。
ウ 世界に目を向けてケンブンを広める。
エ 人に負けていられないとハップンした。
オ 他国とのブンカのちがいを理解する。

(5) 食べスぎは体によくない。

ア モンカセイとなって教えを受ける。
イ 彼《かれ》らは私《わたし》のカシツを大目に見てくれた。
ウ 世間の人々にカヒを問うことにする。
エ 夕方の散歩をニッカとしている。
オ 手が足りないのでカセイを求める。

栄東中

よく出る

5

次の――線部の熟語の意味とよく似ている言葉をあとから選び、それぞれ漢字に直して答えなさい。

(1) 上流階級の人々の暮《く》らしを知る。
(2) 手軽にできる料理を作る。
(3) 明白な証拠《しょうこ》がある。
(4) 調和のとれた街並《な》みを行く。
(5) 美術館で名画を保存する。
(6) 教育制度の過程を調べる。
(7) 真面目な態度で試験に臨《のぞ》む。
(8) 障害を乗り越《こ》える。

シュウゾウ	ジョレツ	レキゼン	エンカク
キンセイ	ギャクフウ	シグサ	カンベン

昭和女子大附属昭和中

6

次の熟語の類義語の組み合わせとして成立しないものを一つ選びなさい。

ア 宣伝《せんでん》―広告　イ 音信―返信
ウ 注視《ちゅうし》―注目　エ 不服―異議

日本大豊山女子中

7

次の熟語が対義語の関係になるように、□に適当な漢字一字を、あとから選んで入れなさい。

(1) 敏感《びんかん》 ↔ □感　(2) 上昇《じょうしょう》 ↔ 下□
(3) 及第《きゅうだい》 ↔ □第　(4) 必然 ↔ □然

次	偶	流	向	降	鋭	鈍	落

滝川第二中

8

次の――線部の漢字を入れかえて反対の意味の熟語を作るとき、最も適切なものをそれぞれあとから選び、記号で答えなさい。

(1) 会社の経営が赤字になる。
(2) 教室の机《つくえ》が整然と並《なら》ぶ。
(3) マラソンの復路にさしかかる。
(4) 試合の結果を重視する。

ア 未　イ 行　ウ 黒　エ 宝　オ 無
カ 豊　キ 雑　ク 青　ケ 軽　コ 往

和洋九段女子中

① 場面・情景をつかむ①

読解 文学的文章

解答編14ページ

時間	40分
合格点	70点
得点	点

（　月　日）

1 **次の文章を読んで、あとの問いに答えなさい。**

〔次の場面は、パリで行われている若手《わかて》ピアニストのオーディション会場の一場面で、三枝子《みえこ》はシモン、スミノフとともに三人の審査員《しんさいん》の一人である。〕

書類があと五枚《まい》になった。

残り五人。

三枝子は、これまでの候補者《こうほしゃ》から誰《だれ》を合格にするか考え始めていた。これまで耳にしたレベルだと、合格させてもいいとはっきり言えるのは一人だけだった。もう一人、他の二人も推薦《すいせん》するようであれば合格になるかもしれない。しかし、それ以外は合格レベルに達していない。

こんな時、いつも迷うのは順番の問題だ。最初のほうで「いけるかも」と思った候補者たちは本当によかったのだろうか？　今からもう一度同じ演奏《えんそう》を聴《き》いたら、そうは思わないのではないか？　順番が影響《えいきょう》するのはオーディションやコンクールの宿命で、順番も実力のうち、と割《わ》り切ることにしているが、やはり気になる。

これまで、日本人は二人いた。技術は申し分なかった。そのうちの一人が、留学している二人で、どちらもここパリの高等音楽院に他の二人も推薦するのであれば合格にしてもいいと思っている子で、もう一人は残念ながら引っ掛《か》かるところがなかった。

これだけ技術が＊拮抗《きっこう》していると、あとは何かが「引っ掛かる」というところでしか比べることはできない。突出《とっしゅつ》した才能、明らかな個性がある子はともかく、合格ラインを隔《へだ》てるのは、ほんのわずかな差での争いになるからだ。「気になる」子、「ざわざわする」子、「目が吸《す》い寄せられる」子。迷った時、最後はそういう言語化できないもやもやした感覚に頼《たよ》っているのが実情だ。コンクールの場合、三枝子は自分が素直《すなお》に「もっと聴いてみたい」と思うかどうかを基準にしている。

次の書類をめくった時、その名前が目に入った。

①ジン　カザマ

三枝子は、審査前には候補者の情報をなるべく入れないようにしている。本人と演奏の印象のみから判断したい、と考えているからである。

しかし、つい、その書類にはしげしげと見入ってしまった。

書類がフランス語で書かれているのでどんな漢字を当てるのか分からないが、日本人らしい。写真には、品のいい、しかし同時に野性味を感じさせる少年の顔があった。

十六歳《さい》。

目を奪《うば》われたのは、履歴《りれき》書があまりにも A からだ。なにしろ、ほとんど読むところがない。

学歴、コンクール歴、何もなし。日本の小学校を出て＊渡仏《とふつ》。書類から分かるのはそれだけだ。

音楽大学に行っていないことはそんなに珍《めずら》しいことではない。神童がごろごろしているこの業界では、幼《おさな》い頃《ころ》にデビューしている者は音大に行っていなかったりする。むしろ、大きくなってから演奏の理論《りろん》の裏付《うらづ》けとして改めて音大に入り直すケースが多い。三枝子もどちらかといえばこのパターンで、十代のはじめに二つの国際コンクールで二位と一位を獲《と》り、天才少女として評判になり、すぐに演奏活動を始めたので、音大に入ったのは、なんとなく②アリバイ作りめいたところがあった。

しかし、この書類で見た限りでは、カザマ・ジンなる少年に、演奏活動をしていた形跡《けいせき》はない。

ただ、ぽつんと、現在パリ国立高等音楽院特別聴講《ちょうこう》生、なる記述があった。

特別聴講生？　そんな制度あったっけ？

三枝子は首をひねった。しかし、実際にこの書類が通り、今こうしてパリ国立高等音楽院でオーディションが行われているのだから、嘘《うそ》だとは思えない。

が、隅《すみ》にある、「*師事した人」の項目《こうもく》に目をやった時、この冗談《じょうだん》としか思えないふざけた書類が通った理由が分かった。

カッと全身が熱くなる。

③いや、ちがう。

三枝子は内心、首を振《ふ》っていた。

あたしは、この部分が最初から目に入っていたのに、あえて気付かないふりをしていたのだ。

そこにはこう書かれていた。

ユウジ・フォン＝ホフマンに五歳より師事

心臓《しんぞう》が、どくん、どくん、と全身に血を送りだすのが分かるようだった。

何をこんなに動揺《どうよう》しているのか自分でも理解できず、そのことが更《さら》に三枝子を動揺させていた。

それはあまりにも重要な一文であったが、これだけで書類選考に残すことができなかったのはよく分かる。演奏活動歴もなく、音楽学校にいたわけでもない。まさに、海のものとも山のものともつかぬ存在《そんざい》なのだ。

三枝子は隣《となり》の二人にこのことについて話しかけたくなるのを必死に我慢《がまん》した。三枝子は候補者の事前情報を完全にシャットアウトしているが、シモンは「ざっと見る」タイプだし、スミノフは「きちんと把握《はあく》しておく」タイプなので、二人ともこの情報に気付いていないはずはない。しかも、驚《おどろ》くべきことに、「推薦状あり」のマークがある。

あのユウジ・フォン＝ホフマンの推薦状！　このことに、二人がぶっ飛んでいないはずがない。

そういえば、ゆうべ三人で食事をした時、シモンが何か言いたげにもぞもぞしていたっけ。三人は、オーディションの前は一切《いっさい》候補者について話題にしないことを自分たちに課していたのである。

今更《いまさら》ながらに彼《かれ》のモノ言いたげな表情がはっきりと脳裡《のうり》に蘇《よみがえ》る。

あの時、彼は、今年二月にひっそり亡《な》くなったユウジ・フォン＝ホフマンについて話していた。その名は伝説的であり、世界中の音楽家や音楽愛好者たちに尊敬《そんけい》されていたが、本人は*密葬《みっそう》を望み、とっくに近親者だけで葬儀《そうぎ》を済《す》ませていたのだ。

しかし、それでは収《おさ》まらず、結局、ふた月後の月命日に、音楽家たちのあいだで、盛大《せいだい》にお別れの会が行われた。三枝子はリサイタルがあって参加できなかったが、その模様《もよう》を撮《と》ったDVDを分けてもらっていた。

ホフマンは、遺言《ゆいごん》を残していなかった。何事にも執着《しゅうちゃく》しない彼らしかったが、そのお別れの会で、亡くなる前にホフマンが知り合いに残した言葉が話題になっていたという。
④僕《ぼく》は爆弾《ばくだん》をセットしておいたよ。
「爆弾？」

三枝子は聞き返した。謎《なぞ》めいていて伝説的で、巨大《きょだい》な存在ではあったが、実際のホフマンは茶目っ気もあり、飾《かざ》り気のない人物だったのはよく知っている。それでも言葉の意味がよく分からなかったのだ。

僕がいなくなったら、ちゃんと爆発するはずさ。世にも美しい爆弾がね。

三枝子と同じく、ホフマンの近親者も聞き返したらしいが、ホフマンはそう言ってニコニコ笑うだけだったという。

三枝子は白っぽい書類を見ながらじりじりしていた。

シモンとスミノフは、きっとホフマンの推薦状も目にしているはずだ。いったいどんな内容だったのだろう。

興奮《こうふん》のあまり、周囲がざわめいているのに気付くのが遅《おく》れた。

顔を上げると、ステージは空っぽだ。スタッフがステージを右往左往している。

カザマ・ジン。現れない？

三枝子はホッとしている自分を自覚した。

そうよ、やっぱり、こんな書類、何かの間違《まちが》い。こけおどし。推薦状も何かの間違い。ホフマンだって、亡くなる前には弱っていたはず。ふと気弱になって推薦状を書いてみる気になっただけなんだわ。

が、*舞台袖《ぶたいそで》にいたスタッフが無表情に声を張り上げた。

「次の候補者から、移動に時間が掛《か》かっていて遅《おく》れているという連《れん》絡《らく》がありました。彼はいちばん最後に回しますので、あとの候補者を繰《く》り上げて演奏します」

客席が静かになり、出番が早くなって明らかに動揺している赤いドレスの少女がおろおろした目で舞台に現れた。

なんだ。
⑤三枝子はがっかりした。同時に、*安堵《あんど》していることにも気付く。
カザマ・ジン。いったいどんな演奏をするのだろうか。

（恩田陸《おんだりく》「蜜蜂《みつばち》と遠雷《えんらい》」）

＊拮抗＝力に差がなく互《たが》いに張り合うこと。　＊渡仏＝フランスに行くこと。
＊師事＝師としてつかえ、教えを受けること。
＊密葬＝家族などだけで内々で行う葬式。
＊舞台袖＝舞台の左右の端《はし》。　＊安堵＝安心すること。

(1) ——線部①「ジン　カザマ」の表記の説明として、最も適切なものを次から選び、記号で答えなさい。(10点)

ア 特別な人物であることを読者に強調するため、カタカナで表記している。
イ 正体不明のあやしい人物であることを暗示するため、カタカナで表記している。
ウ 発音しかわからない三枝子の印象を表現するため、カタカナで表記している。
エ 姓《せい》を後に、名を先に書くことで、フランス在住であることを表現している。
オ 姓を後に、名を先に書くことで、「ジン」という響《ひび》きの強さを強調している。

（　　）

(2) [A]に入る言葉として、最も適切なものを次から選び、記号で答えなさい。(10点)

ア 魅力《みりょく》がなかった　**イ** 真っ白だった　**ウ** おもしろかった

エ やる気がなかった　**オ** きれいだった

(3) ――線部②「アリバイ作り」の説明として、最も適切なものを次から選び、記号で答えなさい。(10点)

ア 経歴をでっち上げること。

イ 授業には出席しないで卒業の資格だけもらうこと。

ウ 有名な先生の弟子《でし》であるかのように見せかけること。

エ 演奏家としての技術力の保証とすること。

オ 演奏の理論を知っている証明とすること。

(4) ――線部③「いや、ちがう」とあるが、何が「ちがう」のか。説明しなさい。(15点)

(5) ――線部④「僕は爆弾をセットしておいたよ」について、次の問いに答えなさい。

よく出る

① これは何を予告しているのか。この場面から推測《すいそく》できる出来事を答えなさい。(15点)

② なぜ爆弾にたとえたのか。その理由を説明しなさい。(20点)

(6) ――線部⑤「三枝子はがっかりした。同時に、安堵している」の説明として、最も適切なものを次から選び、記号で答えなさい。(20点)

ア 次の候補者の演奏に期待できないことにがっかりし、同時に、明らかに不合格なので審査がもめないことにほっとしている。

イ 次がカザマ・ジンの演奏だと待ち構えていたのに最後まで待たされることにがっかりし、同時に、楽しみが最後に残ったことにほっとしている。

ウ カザマ・ジンの演奏を審査する緊張《きんちょう》から逃《のが》れられないことにがっかりし、同時に、ホフマンが推薦する人物の演奏を聴けることにほっとしている。

エ ホフマンの推薦した人物が遅刻《ちこく》するようないい加減な人物だったことにがっかりし、同時に、そのような人物であれば審査が難《むずか》しくなるようなたいそうな演奏もしないだろうとほっとしている。

オ オーディションが予定通り進行できないことにがっかりし、同時に、最終的には全員の演奏を聴いて審査できることにほっとしている。

茗溪学園中

② 場面・情景をつかむ②

解答編15ページ

時間	50分
合格点	70点
得点	点

（　月　日）

1 次の文章を読んで、あとの問いに答えなさい。【50点】

北海道の石狩《いしかり》川のほとりに暮《く》らす農家に、十四になる八太郎《はちたろう》という少年がいました。ある日のこと、八太郎は石狩川にそって山へかりに出かけました。

鳥を追いながら高いがけの下へさしかかったとき、八太郎は、ふと一羽《いちわ》の若《わか》いわしが、つばさに傷《きず》を受け、飛べないでいるのを見つけたのです。八太郎は、その傷ついたわしをやっと自分の両うででかかえながら、家へ帰ってきました。そして、湯をわかして、わしの傷を洗《あら》い、それから、物置《ものおき》小屋の中に、わらと草とで巣を作ってやりました。

わしのつばさがなおって、飛べるようになるまでに、ひと月たちました。しかし、元気になったわしをそのままにしておくわけにはいきません。八太郎は、わしがまた人につかまることのないように、自分の家からずうっと遠い山へ連れていって放しました。若いわしは、別れをおしむかのように、大きい輪をえがきながら遠い山の方へ悲しそうに飛んでいきました。

そのうちに、夏が去り秋がき、冬が去り春がきて、やがてまた初夏の楽しい季節がきました。雪にうずもれていたいろいろな草木の花が一時にさき、そして石狩川には、その背《せ》で波が立つほどいっぱいのさけがいるのです。

八太郎の家のすぐそばには、大きな滝《たき》がありました。その滝の上流の浅瀬《あさせ》ほどさけのよくとれる所はほかにありません。しかし滝の上流は流れが急ですから、少し油断をすると急流におし流されて、滝の方へ持っていかれるのです。滝へ持っていかれれば、どうしたって助かりっこありません。

ある晴れた五月の朝早く、八太郎は滝の半里*ぐらい上流に丸木ぶねで乗り出し、やりを持ちながら、さけのいっぱいいる浅瀬を下っていきました。

あんまりさけがとれるので、注意深い八太郎でも、これまでになくむちゅうになっていたのでしょう。ふと八太郎が顔を上げたとき、丸木ぶねは急流に流れこんでいました。八太郎はかいを取り出し一生けんめいにこぎました。しかし、激《はげ》しい流れは、八太郎をどんどんおし流します。①人間にうえている滝は、勝ちほこっているようにほえ続けました。

もう運命の決まったふねは、一秒一秒速力を増しながら、弾《たま》のように滝の方へ走りました。両岸の黒い岩が、まぼろしのようにすべりすぎていきます。おそろしい滝の音は、かみなりのように八太郎の耳にひびきました。

その時、丸木ぶねの上をさっと一つのかげが通りすぎました。八太郎は空を見上げました。そして、大きなわしが頭の上を飛んでいるのを見たのです。両方の足をたれながら、太陽がかくれるほど大きくつばさを広げているのです。

「わっ！」

と、喜びの声をあげながら、八太郎は丸木ぶねの上に立ち上がり、あっという間に、両手をのばしてわしの両足をとらえました。

丸木ぶねはかれの足もとからひっさらわれて、②滝の真っ黒なかべのようになった水の中へ落ちてしまいました。が、八太郎と、八太郎をささえているわしとは、滝の水けむりの中をはなれながら、下流の方へだんだんと飛んでいくのでした。
滝は、せっかくのえものをうばいとられたけもののように、くやしそうになっていました。
滝つぼの下の砂地《すなち》へ八太郎をおろしたわしは、つかれたそのつばさで、ふたたび風を切りながら、大空高くまい上がりました。
③八太郎は砂の上にうずくまりながらも、目をかがやかせて、わしの姿《すがた》が、はるか高い山のいただきにかくれるまでずっと見送っていました。

（菊池寛《きくちかん》「三人兄弟」）

＊半里＝一里（約四キロメートル）の半分、約二キロメートル。

(1) この文章を時間の経過から考えて、大きく三つの場面に分けたい。三つ目の場面はどの段落《だんらく》からか。はじめの五字をぬき出しなさい。ただし、句読点等も字数にふくめる。（10点）

□□□□□

よく出る

(2) ――線部①「人間にうえている滝は……続けました」の「人間」と「滝」を別のものにたとえた表現を、それぞれぬき出しなさい。（10点）

人間（　　　）　滝（　　　）

(3) ――線部②「滝の……しまいました」について、こうなることを暗示している部分を、本文中から十字以内でぬき出しなさい。（10点）

□□□□□□□□□□

(4) ――線部③「八太郎は……いました」の表現からうかがえる八太郎の気持ちとして、最も適切なものを次から選び、記号で答えなさい。（5点）

ア　おそろしい体験に身も心もつかれながら、わしと心が通い合った喜びを感じている。
イ　自分の行動のおろかさを反省しながら、わしと自分との昔の出来事を思い出している。
ウ　命が助かった喜びをかみしめながら、助けてくれたわしがいなくなることをさびしがっている。
エ　急流の中で何もできない自分に自信を失いながら、りっぱに成長したわしをうらやましく思っている。

（　　）

よく出る

(5) この文章全体から読み取れる八太郎の人がらとして、最も適切なものを次から選び、記号で答えなさい。（5点）

ア　他者の意見を受け入れる、おおらかな少年
イ　厳《きび》しい自然に立ち向かう、たくましい少年
ウ　注意深く行動する、ぬけ目のない少年
エ　相手のことを思いやる、やさしい少年

（　　）

よく出る

(6) この文章を読んだあとの感想として、最も適切なものを次から選び、記号で答えなさい。（10点）

ア　短い文を多く用いたはぎれのよさに、過ぎ去る時間の速さを感じる。
イ　読者に問いかけてくるような語り口に、身近な親しみやすさを感じる。
ウ　情景の変化をたくみに用いた場面展開《てんかい》に、張りつめるふんい気を感じる。
エ　自然の美しさを生き生きとえがき続ける中に、あざやかな色合いを感じる。

（　　）

長崎大附中―改

2 次の文章を読んで、あとの問いに答えなさい。【50点】

僕《ぼく》は、森を散策《さんさく》するのを趣味《しゅみ》としている。山野草を愛《め》でながら小動物を眺《なが》め、自然観察を楽しみとしている。ときには、季節ごとの①森の恵《めぐ》みをいただく*余禄《よろく》もある。山菜やキノコの収穫《しゅうかく》は、森歩きの唯一《ゆいいつ》の楽しみでもある。

夏の到来《とうらい》とともに待ち焦《こ》がれるキノコに②チチタケがある。僕のふるさと栃木《とちぎ》県では、素麺《そうめん》やうどんの出し汁《じる》として珍重《ちんちょう》し、チタケと呼《よ》び、夏には欠かせないキノコである。このキノコを醤油《しょうゆ》で煮込《にこ》むだけで、風味ある麺類の付け汁となる。油で炒《いた》め醤油で甘辛《あまから》く佃煮《つくだに》のように煮込むと日持ちもよく、*晩酌《ばんしゃく》の*突《つ》き出しになる。栃木県の人々は、［A］の色を変えて林に分け入り、*挙句《あげく》には隣《となり》の③福島《ふくしま》県の森まで出かける始末だ。④この季節、栃木県のそば屋に行くと「チタケそば」のメニューが並ぶ。

チチタケは、山梨《やまなし》県の方々にはぼさぼさして旨《うま》くないと、あまり好まれないようだ。キノコは、その特徴《とくちょう》に合った調理法で旨くもまずくもなる。だが、この地域《ちいき》には他にもおいしいキノコが採れるからだろうと思うのだが、処《ところ》変わればである。*八ヶ岳南麓《やつがたけなんろく》に住むようになって以来、⑤僕の独り占《じ》めといった収穫になってしまい、⑥ふるさとの友人たちからうらやましがられているほどだ。

七月中旬《じゅん》から八月一杯《いっぱい》に発生し、全体に橙色《だいだいいろ》から茶褐色《ちゃかっしょく》の色調で、煉瓦色《れんがいろ》といったほうがわかりやすいだろうか。よくキノコを縦《たて》に裂《さ》くという表現を使うが、このキノコは引き締《し》まった硬《かた》い質感で折れやすくもろく縦には裂けない。折れたり傷ついたりした個所から白い乳液《にゅうえき》を分泌《ぶんぴつ》するところから、乳《ちち》を連想した命名だ。この乳液はゴム質で、乾《かわ》くと黒っぽく変色する。こうした特徴から子供にも見分けやすく、町外れの平地林で遊びのように採ったものだ。採ったキノコは手を汚《よご》すので、細い笹《ささ》を折り、キノコの茎《くき》に何個も刺《さ》して帰ると母に喜ばれた。

こうした里山のような平地林もずいぶんと少なくなっているが、まだまだたくさんある。⑦自分が住む近くの森に定期的に通うことを薦《すす》める。繁茂《はんも》する植物の種類や棲息《せいそく》する小動物の種類を知り、森の地形を理解すると安心して歩けるようになる。何気なく捨《す》てられたゴミも気になり、愛着がわいてくる。ときには森の恵みもいただけるようになるだろう。そうした森は、もはや自分の*テリトリーになり、「自分の森」と呼んでいいのである。

ところで、森には必ず所有者がいるものだ。国有林や県有林など官有林の森を思い定めることを薦める。季節ごとに収穫できる森の恵みも、ささやかな税の還付金《かんぷきん》をいただくような気分になるからだ。このような国有林も、長野《ながの》県の森ではキノコの採取が禁じられた立て札を目にする。だが、山梨県の森にはそのような立て札はない。僕はそれだけでも⑧気に入っている。

思い定め知り尽《つ》くした「自分の森」は、恵みだけでなく癒《いや》しと元気の素《もと》をくれるのである。

（荒川《あらかわ》じんぺい「森に棲《す》むヒント」）

*余禄＝予定外の収入。
*晩酌＝晩の食事の時に、酒を飲むこと。
*突き出し＝本料理の前に出す軽い料理。
*挙句＝いろいろやってみた結果。
*八ヶ岳南麓＝八ヶ岳は山梨県にある山で、南麓は、南側の山のふもと。
*テリトリー＝なわばり。

よく出る

(1) ――線部①「森の恵みをいただく」とは、具体的にはどういうことか。「～をすること。」という言葉に続く形で十字以内で本文中からぬき出しなさい。（5点）

□□□□□□□□□□をすること。

(2) ――線部②「チチタケ」という名前はどうしてついたのか。その理由を本文中の言葉を用いて答えなさい。（5点）

（　　　　）

(3) [A]には体のある部分が入る。入る語を漢字一字で答えなさい。（5点）

□

(4) ――線部③「福島県の森まで出かける始末だ」とあるが、何のためにこのような行動をとるのか。その理由として最も適切なものを次から選び、記号で答えなさい。（5点）

ア 福島県ではチチタケは好まれず、ほとんど収穫されないから。
イ 栃木県では福島県に近いにもかかわらずチチタケはまったくとれないから。
ウ 栃木県でもチチタケはとれるが、もっと採りたいと思うから。
エ 栃木県のそば屋で「チチタケそば」をメニューとして出すから。

（　　）

(5) ――線部④「この季節」とはいつのことか。漢字一字で答えなさい。（5点）

□

(6) ――線部⑤「僕の独り占め」とあるが、どうして「独り占め」できるのか。それを説明した次の文の、□に入る言葉を本文中から五字でぬき出しなさい。（3点）

「僕」の住んでいる山梨県の人々には、チチタケは□ようだから。

□□□□□

(7) ――線部⑥「ふるさとの友人たち」とあるが、この「ふるさと」とは何県のことか。漢字で答えなさい。（5点）

（　　）

(8) 「チチタケ」の特徴としてまちがっているものを次から一つ選び、記号で答えなさい。（3点）

ア 煉瓦色をしている。
イ 縦に裂くことができない。
ウ 白い色をしている。
エ 乳液は乾くと色が変わる。

（　　）

(9) ――線部⑦「自分が住む近くの森に定期的に通うことを薦める」のはどうしてか。その理由としてふさわしいものには○を、そうでないものには×を書きなさい。（9点）

ア 森のことを色々知ることで、安心して歩けるから。（　）
イ 森の恵みをいただくことができるようになるから。（　）
ウ 自分だけの森にしていつでも収穫できるから。（　）

(10) ――線部⑧「気に入っている」とあるが、どのような点を気に入っているのか。本文中の言葉を用いて説明しなさい。（5点）

（　　　　）

東海大付属相模中－改

③ 心情を読み取る①

解答編16ページ

時間 50分　合格点 70点　得点　　点　（　月　日）

1 次の文章を読んで、あとの問いに答えなさい。【50点】

＊イタンポは、大人の背丈《せたけ》より少し低い①枯木《かれき》のような親木の根元に生える。親木は、太くて背が高いほど良い。太くて背が高い親木の根元には、太いイタンポが生えている。

いつも通ってつけた細道から、＊茅《かや》を体で押《お》し退《の》けるようにして、枯れた茂《しげ》みに分け入る。兄ちゃんとは、途中《とちゅう》から別々に動く。ときどき兄ちゃんに声をかけて返事をきく。返事がなければ、もう一度呼《よ》ぶ。声が、思っていたより遠かったりすると、②めざしたところには何もなかったことにして、兄ちゃんのところにあわてて戻《もど》る。そしてまた別々に動く。ときどき、兄ちゃんの方から声がかかる。

採ったイタンポは、父ちゃんと母ちゃんに見せるまで別々にしていたい。自分が採った分を、はっきりさせておきたい。兄ちゃんの近くを離《はな》れられないから、一本も採れないことが多いけれど、それでも別々がいい。

一度だけ、兄ちゃんより大きなイタンポを採った。そのときの眺《なが》めを頭に描《えが》いて、同じような場所を探《さが》して歩く。親木があった。□気分を抱《かか》えて急ぐ。イタンポを採った跡《あと》が残っている。赤い芽が親木の根元から顔を出しているが、まだ親指ほどだ。

「採ったか……？」

「採らん」

「オラの後を歩いても採れんぞ」

「……」

★ちょっとムッとして、親木を引っ張った。ポキンッと簡単《かんたん》に折れた。そんな気持ちで茅の茂みに分け入る。金色の茅に囲まれて、山からも谷からも兄ちゃんからも、何もかもから取り残されたような気分になった。兄ちゃんを呼びたくなって、少し迷った。そのとき、山で呼び合う父ちゃんと母ちゃんの声が聞こえた。兄ちゃんが茅を分けて歩く音も聞こえた。そのまま前に進んでいるうちに、谷のせせらぎが聞こえた。後ろを振《ふ》り返った。通ってきた跡が残っている。それに励《はげ》まされて前に進む。茅の茂みがどんどん薄《うす》くなって、目の前が開けた。★

「あるか、そこ……」

声の方を見ると、オラの少し先にあるイタンポの親木を見上げながら、兄ちゃんが谷を歩いていた。

「ある……」

オラは、兄ちゃんの目線をたどって見つけた親木を、自分が先に見つけたようなそぶりで見た。言いながら見つめた親木の根元に、大きくはないけれど、三本のイタンポが伸《の》び上がっていた。

「その向《む》う側にもありそうなぞ。行ってみい」

兄ちゃんは、そう言うと、谷を上っていった。その腕《うで》に、一抱えのイタンポがあった。

《中略》

夕食を食べているとき、イタンポ採りの話が出た。イタンポ水車の話をしたら、父ちゃんが山の遊びのことをいっぱい話してくれた。鳥をつかまえる罠《わな》のことや、ウサギをつかまえる罠のこと。兄ちゃんは、すぐにでもやりだしそうな顔で聴《き》き入っていた。

採ったイタンポは、みんなで皮をむいて、母ちゃんが湯がいてから、谷の水にさらした。その夜食べたイタンポの煮付《につ》けは、しばらく前に採ったものだ。春になると、谷には、いつも山菜がさらされていた。自分の採ったものが食事に出るのはうれしかったが、③その夜は、自分が採ったイタンポの自慢《じまん》をする気にはなれなかった。

（笹山久三《ささやまきゅうぞう》「幼年記　かがやく大気のなかで」）

＊イタンポ＝イタドリのこと。植物。若《わか》い根は食用にする。　＊茅＝雑草。

(1) ——線部①「枯木」は、それぞれの漢字に共通の部首「きへん（き）」をもつ。次の①・②についても、それぞれの漢字に共通する部首名をひらがなで答えなさい。（15点）

① 開閉《かいへい》（　　）　② 客室（　　）

③ 胃腸《いちょう》（　　）

(2) ——線部②「めざしたところには……戻る」について、次の問いに答えなさい。

よく出る ① この時の「オラ」の気持ちとして最も適切なものを次から選び、記号で答えなさい。（5点）

ア いとしさ　**イ** うれしさ　**ウ** こころぼそさ

エ くやしさ　**オ** むなしさ　（　　）

② この時と同じように「オラ」が兄に対してごまかしている行動を本文中から探し、その部分がふくまれる一文のはじめの五字をぬき出しなさい。ただし、句読点等も字数にふくめる。（5点）

(3) □に入る言葉として最も適切なものを次から選び、記号で答えなさい。（5点）

ア 声をあげたいような　**イ** 声をかけたいような

ウ 声をおとしたいような　**エ** 声をとがらせたいような

オ 声をあらげたいような　（　　）

難問

(4) 本文中の★印～★印の部分で「オラ」の気持ちはどのように変化したか。変化にしたがって、最も適切なものを次から選び、それぞれ記号で答えなさい。（完答10点）

ア 安心　**イ** 不安　**ウ** 満足

エ 不快　**オ** 疑《うたが》い　**カ** ためらい

（　　）→（　　）→（　　）→（　　）

よく出る

(5) ——線部③のように「オラ」が感じたのはなぜか。最も適切なものを次から選び、記号で答えなさい。（5点）

ア 兄と自分の採ったイタンポの数では、兄の方が多かったから。

イ 兄と自分の採ったイタンポでは、大きさが兄の方が大きかったから。

ウ 採ったイタンポを自慢しすぎると、兄に対して悪いと思ったから。

エ 採ったイタンポは自分だけの力で手に入れたものではなかったから。　（　　）

(6) 「兄ちゃん」の人物像の説明として最も適切なものを次から選び、記号で答えなさい。（5点）

ア 行動的な上、たよりがいがあり、兄らしく弟を助けている人。

イ 弟のことを親身に考え、ずっと目をはなさず面倒《めんどう》をみる人。

ウ 弟に対して無関心だが、自分のことはてきぱきとこなす人。

エ おとなしいがしっかりしており、弟を自分と対等にみている人。

（　　）〔聖母女学院中―改〕

2 次の文章を読んで、あとの問いに答えなさい。【50点】

例年のように一月半ば、亀岡《かめおか》の梅林からトラック一杯《いっぱい》の*剪定《せんてい》した梅をアいただいた。すがすがしい青い新枝と、古木とを分けて束にしたが、いずれにも真珠粒《しんじゅつぶ》のような蕾《つぼみ》がびっしりついている。なかには①ほころびかけているのもある。古木のなかばをaモやして灰《はい》をつくり、新枝を炊《た》いて糸を染《そ》める。

淡《あわ》い黄みのある紅色《べにいろ》が、みずからの灰汁《あく》の中でぽおっと赤みを帯び、初々《ういうい》しい紅色に生まれかわる。蕾をイいただいたままの梅が、絹《きぬ》糸《いと》の中でかがやき、ほころんだかと思われて、毎年のことながら、もったいないほどのよろこびである。

昨年の晩秋《ばんしゅう》、山梨《やまなし》県の桃源郷《とうげんきょう》美術館にでかけた時、山々の斜面《しゃめん》をおおう葡萄棚《ぶどうだな》の、見事な紅葉と散りしきつめられた臙脂《えんじ》色の落葉の美しさにおどろいた。まさに葡萄酒《ワイン》色の山々である。b沿道はみわたすかぎりの桃畑《ももばたけ》、花のころはどんなにきれいだろうと、いつものくせで、この葡萄や桃で染めたら、どんな色が出るだろう、と思わず②つぶやいてしまったのを③心にとめて、同行の館の方が、つい先ごろ、*ドンゴロスの袋《ふくろ》につめて、葡萄と桃の枝をたくさん送って下さった。

植物が花を咲《さ》かせるために、樹幹《じゅかん》にしっかり養分をたくわえて、開花の時期を待つ時、残酷《ざんこく》のようだけれど、その蕾も共に、炊き出して染めると、えも言われない初々しい、その植物の精かと思われるような色が染まる。私《わたくし》は浅春《せんしゅん》の、それらの枝を染める度《たび》に、得がたい貴重《きちょう》な経験をかさねている。そのことを多分館の方にも話したのだろう。忘《わす》れずに④この時期に送って下さったことを、1かけがえのないご好意と思い、早速《さっそく》心をこめて染めてみた。桃はふっくらと蕾をつけたまま、翌朝《よくあさ》、何とも清雅《せいが》な淡い桃色に染まった。やはり桃の精としか2いいようのない色だ。

葡萄は炊いて二日ほど漬《つ》けこんでおいたら、液がすっかりワイン色になって、甘《あま》い香《かお》りがする。葡萄染《えびぞめ》とはこんな3色ではないだろうかと、ひとり胸《むね》がときめくようである。しっとりとした葡萄いろ、はじめての色を手にして、どんな着物をcオろうかと卓上《たくじょう》に眺《なが》めている日々である。

まぎれもなく、⑤梅からは梅の、桃からは桃の、そして葡萄からは葡萄の色が生《うま》れる。私共はその天の滴《したた》りをウいただく、お手伝いをしているようなものではあるが、⑥その天然のエキスを、絹の糸は何という静かさでおのがすべてに吸《す》いよせてしまうことだろう。干《ほ》し上がった絹糸の群を仕事場中に並《なら》べて、飽《あ》かず眺めていると、この季節にしかきこえてこない植物の囁《ささや》きや、低い輪唱がきこえてくるようである。次元をちがえて、姿《すがた》を全く変えて、しかもすこしも4変《かわ》らない植物の命の連鎖《れんさ》が仕事場の天井《てんじょう》から、そこここの隅《すみ》からやさしく低く、くりかえし、くりかえしきこえてくる。

嵯峨野《さがの》の朝は凍《い》てて、時折、dコナユキが舞《ま》う。その中で両掌《りょうて》をまっ青にした若い人が、青々と凄《すご》みさえ伴《ともな》う藍《あい》染の色を持って、藍小舎《ごや》から出てきた。

「いいね、こんな冷たい朝の藍は」

「何て元気なんだろ、今朝の甕《かめ》」

など、互《たが》いにはなしかけながら、気持ちよく、ばっさ、ばっさと糸を空気にさらして、さばいている。みるみる空気にふれた部分から紺青《こんじょう》に変っていった。

（志村《しむら》ふくみ「語りかける花」）

*剪定＝花や実がよくつくようにしたり形を整えたりするために、果樹や植木の枝の一部を切り取ること。

*ドンゴロスの袋＝麻《あさ》の袋。

(1) ～～～線部a～dの漢字はひらがなに、カタカナは漢字に直しなさい。（12点）

a（　　） b（　　）

c（　　） d（　　）

(2) ……線部ア・イ「いただいた」、ウ「いただく」の中で、意味の異なるものが一つある。その記号を答えなさい。（5点）

（　　）

(3) ——線部①「ほころびかけている」とあるが、何がどのような状態だというのか。わかりやすく説明しなさい。（5点）

（　　）

よく出る

(4) ＝＝線部1「かけがえのない」、2「いいようのない」、3「色ではない」、4「変らない」の中で、「ない」のはたらきが異なるものが一つある。その番号を答えなさい。（5点）

（　　）

(5) ——線部②「つぶやいてしまった」、③「心にとめて」はだれの動作か。本文中からぬき出して答えなさい。（8点）

②（　　） ③（　　）

(6) ——線部④「この時期」とは、いつをさすか。最も適切なものを次から選び、記号で答えなさい。（5点）

ア 古木の半分から灰をつくり新枝を炊いて糸を染めるとき。

イ 淡い黄みのある紅色が灰汁の中で初々しい紅色に生まれかわるとき。

ウ 葡萄棚の紅葉と散りしきつめられた臙脂色の落葉が美しいとき。

エ 植物が幹にじゅうぶん養分をたくわえ開花の時期を待つとき。

（　　）

(7) ——線部⑤「梅からは梅の……色が生れる」とあるが、このような色のことを本文中ではどのようにたとえて言っているか。これより前の部分から五字以内でぬき出しなさい。（5点）

よく出る

(8) ——線部⑥「その天然の……吸いよせてしまうことだろう」とあるが、筆者はどのようなことに感動しているか。最も適切なものを次から選び、記号で答えなさい。（5点）

ア 人間が心をこめて絹糸を藍色に染めること。

イ すべての天然のエキスを絹糸が吸いとること。

ウ 植物の甘い香りまで絹糸が吸いよせること。

エ それぞれの樹木の色に絹糸が染まること。

（　　）

大妻中野中―改

4 心情を読み取る②

解答編17ページ

時間 50分
合格点 70点
得点 点
（ 月 日）

1 **次の文章を読んで、あとの問いに答えなさい。（字数制限のある問題は、句読点等も字数にふくめる。）**【50点】

小さい頃《ころ》からバイオリンを習っている「僕《ぼく》」は、専門《せんもん》の先生に習うため、中学校に上がるタイミングで、長崎から東京へ行くことになった。仲の良い保《たもつ》（照れ屋で人当たりが悪く、機嫌《きげん》が悪くなると爬虫類《はちゅうるい》のような＊三白眼《さんぱくがん》で人を睨《にら》む癖《くせ》がある）にそのことを告げても、保は他人事《ひとごと》のように「あっ、そう」としか言わなかった。

僕の旅立ちの日はまだ学校の春休みの最中、というよりも中学校の入学式の前だったので、保をはじめ、小学校の時に仲良しになった友だちが男子女子合わせて七人も長崎駅まで見送りに来てくれていた。

《中略》

「握手《あくしゅ》しよう」と平山の裕《ゆう》ちゃんが言った。窓越《まどご》しにみんなと握手をした。男の子も女の子も、泣き出す子がいたけど、僕は泣かなかった。

僕は酷《ひど》い泣き虫なんだけど、ここで泣いてはいけないような気がしたのだ。だってこれから東京に出たら、僕には色んなことが待ち受けているはずで、出発の時に泣いてしまったら、これから先、一生泣いていかなきゃならないことになる、と思ったのだ。

ふと気づくと、さっきまで口をとがらせ、機嫌の悪いワニが拗《す》ねたような三白眼でこちらを見ていた保の姿《すがた》が見えなくなっていた。

ごしゃーん、と汽車が動いた。

弟と妹と窓越しに握手した時には少し泣きそうになったが、父の嬉《うれ》しそうな笑顔《えがお》を見た時、力が抜《ぬ》けた。もしかしたら本当になんとかなるかもしれない、と思ったのだ。父の笑顔にはそういう奇妙《きみょう》な力があった。不安な人を安心させる魔法《まほう》のような不思議な力があったのである。

「ホームでは走らないでください！」というアナウンスが流れる中、友だちも兄弟もゆっくり動き始めた汽車の脇《わき》で段々《だんだん》小走りになった。長崎駅の一番ホームは薄暗《うすぐら》くて長い。「雲仙号《うんぜん》」は名残《なごり》を惜《お》しむようにゆっくりとゆっくりと加速してゆく。

ホームの先の方で保が待っていた。保の姿が見えなかったのは、一足先にホームの先まで行って僕を見送るつもりだったからだ。

「あ、保」

既《すで》に汽車はかなりの速度になっていたが、保の顔がゆっくりとこちらを見るのが解《わか》った。保の①こんな顔を見るのは初めてだった。

保は爬虫類ではなくて人間らしい顔を涙《なみだ》で濡《ぬ》らし、歯を食いしばるように手を振《ふ》っていた。ちぎれるほど手を振り、泣きじゃくりながらホームの一番端《はし》っこの柵《さく》の所まで追いかけてくると、そこでうずくまるようにしゃがみ込《こ》んだ。

「あんた、危《あぶ》なかよ」

僕は窓から身体を大きく乗り出して手を振り続けていたが、母にたしなめられて座席《ざせき》に座《すわ》り直した。泣きじゃくりながらその場にうずくまる保の姿がいつまでも目の底に残った。

涙がこぼれそうになったが、泣いてはいけない、と深呼吸《しんこきゅう》をした。

《中略》

汽車の窓を開け放ち、ぼうっと実家の青い瓦屋根《かわらやね》を見ていた時だった。ちょうど上り坂の、六地蔵《じぞう》と呼ばれる付近に母校、西北小学校の正門に通ずる細い道があった。

　そこで十五人ほどの小学生の集団が汽車に向かって手を振っていた。

　子どもの頃はみんなそうだった。汽車がくると手を振った。あてのある誰《だれ》かに手を振るのではなく、普段《ふだん》通りの、いつもの挨拶《あいさつ》だった。そういう時代だった。

　その時、その子ども達が急に大きな紙を拡《ひろ》げた。

　その紙には黒く太い文字で『佐田君がんばれ』と書いてあった。息が止まった。

　西北小学校の松延修三校長先生と担任《たんにん》だった松下康子先生が子ども達の後ろに立って、一緒《いっしょ》に手を振っていることに気づいた。

「先生、先生、ありがとう！　ありがとう！」

　窓から身を乗り出して手を振ったら、涙がこぼれた。ぽろぽろ、ぽろぽろ溢《あふ》れた。

「②泣いてはいけない」

　遠ざかってゆく先生と子ども達と『佐田君がんばれ』の文字が見えなくなった後、僕は一目散にトイレに走り込んで声を出して泣いた。

　涙が後から後からこぼれた。自分の嗚咽《おえつ》が外に聞こえないかと困《こま》ったほどだったが、僕はこの時に、もう二度と故郷《こきょう》が恋《こい》しいという理由では泣かない、と決めた。保の泣き顔と『佐田君がんばれ』は③僕の背筋《せすじ》を伸《の》ばした。

（さだまさし「ちゃんぽん食べたかっ！」）

＊三白眼＝黒目が上に寄り、左右と下部の三方に白目のある目のこと。

---

(1)　――線部①「こんな顔」について、次の問いに答えなさい。

よく出る

①　これはどのような顔か。本文中から十五字以内でぬき出しなさい。（10点）

②　これはどのような気持ちの表れか。十五字以内で説明しなさい。（15点）

(2)　――線部②「泣いてはいけない」とあるが、その理由が説明されている一文を、ここよりも前の本文中からぬき出し、はじめの五字を答えなさい。（10点）

よく出る

(3)　――線部③「僕の背筋を伸ばした」とは、この時の「僕」のどのような心情を表しているか。四十字以内で説明しなさい。（15点）

獨協埼玉中―改

2　次の文章を読んで、あとの問いに答えなさい。【50点】

「わたし」は、両親の離婚《りこん》によって父親と二人で暮《く》らしており、母親と弟の圭《けい》とは離《はな》ればなれになっていた。離婚から四年がたったある日、母親がとつぜん亡《な》くなり、残された圭は「わたし」と父親と一緒《いっしょ》に暮らすこととなった。

四時を過ぎたのに、圭は帰ってこない。道に迷ったのかな、と思って、まさかねと打ち消して、でも、すぐまた道に迷っている姿《すがた》を想像した。

自転車でさがしに行ってみよう、と思った。壁《かべ》の時計の秒針《びょうしん》は、いつからそうなっていたのか、ずっと6と7のあいだを行ったり来たりしているだけだ。それでも時間はちゃんときざんでいる。

自分の部屋でパンツとTシャツに着替《きが》えていると、玄関《げんかん》の鍵《かぎ》があく音がした。

部屋から出ると、圭が玄関で靴《くつ》をぬいでいた。

おかえり。

声をかけたのに、圭はだまって下をむいてわたしの横をすり抜《ぬ》けていった。ニューヨークヤンキースの帽子《ぼうし》の下の顔は何かをがまんしているみたいに見えた。

圭のあとからリビングに行くと、圭は畳《たたみ》の間に入って、リビングとの境のふすまを二枚《まい》ともしめようとしていた。その横顔は涙《なみだ》を流したあとのように見えた。

ふすまのむこうで、どさっと音がきこえた。ランドセルを床《ゆか》に落としたのだ。

「何かあった?」

返事はなかった。

ふすまのむこうはしんとして、圭が部屋の中で立っているのか、すわっているのかさえもわからない。

[A]

わたしは足音を消してソファに近づき、音をたてないように気をつけて腰《こし》をおろした。どう話しかければいいのかわからなかった。わたしはまだ「圭のお姉さん」のようじゃなかったし、①わたしと圭のあいだには、いろんなものがはさまっている気がした。

わたしはソファがきしまないように気をつけながら背《せ》もたれに体をあずけた。

ふすまのむこうで、小さく鼻をすすりあげる音がした。わたしにきかれまいとしているような遠慮《えんりょ》した音だ。

[B]だった。体をちぢめかけてから、そうだ、こんなふうにじっと圭をうかがっていると、かえって圭に気づまりな思いをさせてしまう、とやっと気づいた。

わたしは勢いよく立ちあがって、②「圭。おいでよ。アイス、食べようよ。ポテトチップもあるよ」と言いながらキッチンに行った。キャビネットからポテトチップの袋《ふくろ》を取りだしながら、「ピザ味と、塩味と、たこ焼き味があるけど、圭はどれがいいの」と大きい声できいた。

返事はなかった。わたしはピザ味を持ってテーブルに行き、袋をあけた。

「小学生のときにねえ、わたし毎晩《まいばん》、寝《ね》るまえにベッドの中でアイスクリームを一個食べてたんだよお」とふすまにむかってしゃべった。「食べなきゃ眠《ねむ》れなかったの。こんなことしていたらぜったい太る、と思ってもやめられなくてさあ、きょうだけは食べないで寝ようと思っても、目をつむるとどうしてもアイスクリームのことを考えて、ぜんぜん眠くならないの。それでこっそり冷蔵庫《れいぞうこ》にアイスクリームを取りに行って、ベッドの中で食べてたんだ」

そんなことをわたしは五年生ぐらいまでやっていた。

ふすまがあいた。圭が出てきた。

「ポテトチップ食べようよ。まだあと二袋あるよ」

わたしは圭の顔は見ないで言った。

「トイレ」

圭はトイレに行った。

わたしは冷蔵庫から麦茶のペットボトルを出し、二つのグラスに注いだ。

圭はトイレからもどってくるとテーブルの椅子《いす》を引き、「食べていいんですか？」ときいた。

「いいに決まってるよ。この家ん中では、圭のしたいことをしていいんだって」

圭は、うん、と小さくうなずき、それからぎこちなくポテトチップに手をのばした。


（岩瀬成子《いわせじょうこ》「地図を広げて」）

(1) [A]に入る文として、最も適切なものを次から選び、記号で答えなさい。(10点)

ア 圭の体調が心配だ。
イ 返事をしないなんて、薄情《はくじょう》だ。
ウ きっと何かあったのだ。
エ 圭をびっくりさせてはいけない。

（　　）

よく出る

(2) ――線部①「わたしと圭のあいだには、いろんなものがはさまっている気がした」とあるが、ここでの「わたし」の気持ちを説明したものとして、最も適切なものを次から選び、記号で答えなさい。(15点)

ア ふすまの向こうに閉《と》じこもっている圭の態度を腹立《はらだ》たしく思っている。
イ なぜ圭が道に迷っただけで泣いているのか、不思議に思っている。
ウ 母と長年暮らした圭とは生活習慣が異《こと》なることにとまどっている。
エ 圭の様子が気になるのに、どのように声をかけるべきか悩《なや》んでいる。

（　　）

(3) [B]に入る表現として、最も適切なものを次から選び、記号で答えなさい。(10点)

ア 胸《むね》のつかえが下りそう　**イ** 胸がおどりそう
ウ 胸が痛《いた》くなりそう　**エ** 胸を打たれそう

（　　）

(4) ――線部②「『圭。おいでよ。アイス、食べようよ。ポテトチップもあるよ』と言いながらキッチンに行った」とあるが、このように「わたし」が圭に声をかけた理由を、「〜から。」という言葉に続く形で三十字以内で説明しなさい。(15点)

から。

跡見学園中

5 文脈に即《そく》して読む ①

解答編17ページ

時間	30分
合格点	70点
得点	点

（　月　日）

1 次の文章を読んで、あとの問いに答えなさい。

〔「私《わたし》」は、父親に、出汁《だし》巻《ま》きを作ってみろと言われた。〕

思うに、その時旅館を継《つ》がせるための仕込《しこ》みとしてのよい機会だといったような魂胆《こんたん》が父親にあったとは思えない。明治《めいじ》生まれの①一本気な彼《かれ》の行動にはいつもうらがなかった。彼は子供《こども》が②自分の真似《まね》をしていることを知ってただ嬉《うれ》しかっただけなのではないかと思う。本当に立派《りっぱ》な出汁巻きの作り方をこいつに教えてやろう。ただそれだけのことであったと思う。敏感《びんかん》な子供はそんな父の気持ちを感じ取り、一人の人間同士として父と向かい合っている気分になった。そして③自分のために貴重《きちょう》な卵《たまご》を大量に取り寄せていたことに驚《おどろ》くとともに、そのとんでもない気前の良さのせいでいつも母親に小言を言われていた父の姿《すがた》をあらためてそこに見ていた。［A］父は、久《く》留米《るめ》の方の骨董屋《こっとうや》で交渉《こうしょう》してやっと手に入れた雄《おす》と雌《めす》の一対《いっつい》の孔雀《くじゃく》の掛《か》け軸《じく》を、たまたま立ち寄った友人の娘《むすめ》の結婚式《けっこんしき》にお祝いものがないからとそのまま置いてくるような人だった。

その日、私は夕食の一時間の休みを省いて午後の四時から夜の十時までたっぷり五時間も出汁巻きを作り続けた。一箱分の卵は見る見る底をついた。

ふぐ刺《さ》し用の大皿には大量の出汁巻きの失敗作がうずたかく積み上げられ、流しには大量の卵の殻《から》が散乱《さんらん》した。そして台所中に出汁巻きの甘《あま》い香りと焦《こ》げ臭《くさ》い匂《にお》いが入り混じって充満《じゅうまん》した。その間女中たちが冷やかし半分に台所をのぞき、将来《しょうらい》は日本一の板前になる、などと冗談《じょうだん》を言ったりした。［B］その間肝心《かんじん》の父は私のそばについて手取り足取り教えてくれたわけではない。

彼はやってみい、と言ったまま、④あっけなくその場から立ち去って行ったのである。《中略》はじめ私は肩《かた》すかしを食ったような気分になったが、しばらくして子供心に父が私に望んでいることが次《し》第《だい》にわかりはじめた。彼は自分の足で歩け、と言っていただけのことだ。誰《だれ》もそばにいなければひとつひとつ失敗するごとに自分一人でその失敗を引き受け、その原因を必死で考えなくてはならない。

レールだけはひく、あとは勝手にやれ、というそのような父の態度に、子供の私は自分の人格を認《みと》められたような気分にもなった。そしてメラメラと〝やる意欲《いよく》〟が起こってきた。普段《ふだん》は飽《あ》きっぽく何事も続かない子供が五時間もぶっ続けで出汁巻きを巻くというのは考えられないことだった。その姿を見て母は子供の私に［X］を示したくらいだ。途中《とちゅう》で台所に入って来た母は「卵の殻、かたづけましょうかいの」と、父に言うような敬語《けいご》を使った。私は「うるさいから向こう行っちょって」とひとこと言い、母は「はいはい」と言って引き下がった。

結局、その日は失敗の連続でこれといった満足な出汁巻きは出来なかった。作り続けるうちに少しずつ進歩はするものの、またその分だけ自分自身の目と舌《した》が肥《こ》え、どこまで行っても満足の域《いき》に至《いた》らなかったということもある。

父が家に帰ってきたのは夜の十時半をまわった頃《ころ》だった。後かたづけを終えてのち、出汁巻きの失敗の山を前に呆然《ぼうぜん》としている時のことだった。父は私がその時間まで出汁巻きを作っていたことに驚いたらしい。通りすがりに台所に電灯が灯《とも》っているのを見て入口から顔をのぞかせた。そして状況《じょうきょう》を一目するなり「ほーっ、まだやっちょったんか」と言う。

〔 a 〕

そして出汁巻きの残骸《ざんがい》を見るなり「ようけ（沢山《たくさん》）作ったのぉ。はっはっはっ」と大笑いした。私はそこでなんらかのアドバイスがあるかと思っていたが、父はそのまま自分の部屋の方に向かった。そして離《はな》れぎわに何食わぬ顔で次のように言う。

「シンヤ、ひとつだけでええ、学校から帰ってきたら毎日ひとつだけ作るだけでええ」

〔 b 〕

私はあっけにとられるとともに言葉の意味するところのものを汲《く》み取りかねた。しかし翌日《よくじつ》から、言われたとおりに⑤たったひとつだけの出汁巻きを作りはじめる。そしてやがて父の言葉の真意に気づく時が訪《おとず》れることになる。

それまでの私には大量に用意された卵を前に、失敗すれば次を作ればよいという安直な気持ちがどこかにあった。それが一日ひとつと限定されたことによって一回きりの真剣《しんけん》勝負とならざるをえなかった。日々、卵を前に身の引き締《し》まるのを覚えた。

〔 c 〕

（藤原新也《ふじわらしんや》「名前のない花」）

(1) ――線部①「一本気な」の意味として、最も適切なものを次から一つ選び、記号で答えなさい。（10点）

ア 純粋《じゅんすい》でまっすぐな性格の
イ 正義感が強く勇敢《ゆうかん》な性格の
ウ 頑固《がんこ》でゆうずうがきかない性格の
エ マイペースで周囲を気にしない性格の

（　　）

(2) ――線部②・③の「自分」は、それぞれ「私」と「父」のどちらを指しているか。それぞれ合うほうを答えなさい。（20点）

②（　　）　③（　　）

(3) [A]・[B]に入る言葉として最も適切なものをそれぞれ次から選び、記号で答えなさい。（20点）

ア だから　**イ** しかし　**ウ** それとも　**エ** たとえば

A（　　）　B（　　）

難問

(4) ――線部④「あっけなくその場から立ち去って行った」とあるが、父はどのような思いで「立ち去って行った」と「私」は考えているか。四十字以内で答えなさい。（15点）

(5) [X]に入る言葉として最も適切なものを次から選び、記号で答えなさい。（10点）

ア 驚きの表情　**イ** あきらめの念
ウ あきれた表情　**エ** 尊敬《そんけい》の念

（　　）

よく出る

(6) 次の一文は、本文中の〔a〕～〔c〕のどこに入るか。最も適切な部分を選び、記号で答えなさい。（15点）

……たったひとつ？

（　　）

(7) ――線部⑤「たったひとつだけの出汁巻きを作りはじめる」とあるが、このあと「私」にとって出汁巻きを作る作業はどのようなものになったか。本文中から九字でぬき出しなさい。（10点）

白百合学園中―改

文脈に即《そく》して読む②

解答編18ページ

時間 30分　合格点 70点　得点　　点　（　月　日）

1　次の文章を読んで、あとの問いに答えなさい。

私《わたくし》は、翌《よく》々日、大きいトチの木のホラのなかで倒《たお》れているところを、村のaショウボウ団の人たちに救い出されたのです。

家に帰ってからも発熱はおさまらず、村の隣《となり》の町からきてくれたお医者さんが――私は夢の出来事のようにそれを聞いていたのですが――、もう手当ての方法もお薬もない、といって引き上げてしまうことになりました。母だけが、希望を失わず、bカンビョウしてくれていたのです。そして、ある夜ふけに、私は、熱もあり、衰弱《すいじゃく》してもいたのですが、それまでの、熱風につつまれた夢の世界にいるようだった状態から、すっかり目がさめて、頭がはっきりしているのに気がつきました。

いまは田舎《いなか》でもそうでない場合がありますが、日本の家の古いやり方で、畳《たたみ》の床《ゆか》に直接しいた蒲団《ふとん》の上に私は寝《ね》ていました。枕《まくら》もとに、もう幾日《いくにち》も眠《ねむ》っていないはずの母が坐《すわ》り、私を見おろしていました。これからの会話は方言で行われたのですが、若《わか》い人に読んでもらいたいので、cヒョウジュン語にします。

①私は自分にもおかしく感じるほど、ゆっくりした小さな声を出してたずねました。

――お母さん、僕《ぼく》は死ぬのだろうか？

――私は、あなたは死なないと思います。死なないようにねがっています。

――お医者さんが、この子は死ぬだろう、もうどうすることもできない、といわれた。それが聞こえていた。僕は死ぬのだろうと思う。

母はしばらく黙《だま》っていました。それからこういったのです。

――もしあなたが死んでも、私がもう一度、産んであげるから、大丈夫《だいじょうぶ》。

――……けれども、その子供《こども》は、いま死んでゆく僕とは違《ちが》う子供でしょう？

――いいえ、同じですよ、と母はいいました。私から生まれて、あなたがいままで見たり聞いたりしたこと、読んだこと、自分でしてきたこと、それを全部新しいあなたに話してあげます。それから、いまのあなたが知っている言葉を、新しいあなたも話すことになるのだから、ふたりの子供はすっかり同じですよ。

私はなんだかよくわからないと思っていました。②それでも本当に静かな心になって眠ることができました。そして翌朝《よくあさ》から回復していったのです。とてもゆっくりとでしたが。冬の初めには、自分から進んで学校に行くことにもなりました。

教室で勉強しながら、また運動場で野球をしながら――それが戦争が終わってから盛《さか》んになったスポーツでした――、私はいつのまにかボンヤリして、ひとり考えていることがありました。いまここにいる自分は、あの熱を出して苦しんでいた子供が死んだ後、お母さんにもう一度産んでもらった、新しい子供じゃないだろうか？　あの死んだ子供が見たり聞いたりしたこと、読んだこと、自分でしたこと、それを全部話してもらって、以前からの記憶《きおく》のように感じているのじゃないだろうか？　そして僕は、その死んだ子供が使っていた言葉を受けついで、このように考えたり、話したりしているのじゃないだろうか？

この教室や運動場にいる子供たちは、みんな、大人になることができないで死んだ子供たちの、見たり聞いたりしたこと、読んだこと、自分でしたこと、それを全部話してもらって、その子供たちのかわりに生きているのじゃないだろうか？　その証拠《しょうこ》に、僕たちは、みんな同じ言葉を受けついで話している。

そして僕らはみんな、③その言葉をしっかり自分のものにするために、学校へ来ているのじゃないか？　国語だけじゃなく、理科も算数も、ｄタイソウですらも、死んだ子供らの言葉を受けつぐために必要なのだと思う！　ひとりで森のなかに入り、植物図鑑《ずかん》と目の前の樹木《じゅもく》を照らしあわせているだけでは、死んだ子供のかわりに、その子供と同じ、新しい子供になることはできない。だから、僕らは、このように学校に来て、みんなで一緒《いっしょ》に勉強したり遊んだりしているのだ……

（大江健三郎《おおえけんざぶろう》「なぜ子供は学校に行かねばならないのか」）

(1) ——線部ａ～ｄのカタカナを漢字に直しなさい。(20点)

ａ（　　）　ｂ（　　）　ｃ（　　）　ｄ（　　）

(2) 〰〰線部のような状況《じょうきょう》を慣用句で表した場合、最も適切なものを次から選び、記号で答えなさい。(10点)

ア 薬より養生　**イ** 青菜に塩
ウ さじを投げる　**エ** 二階から目薬

（　　）

(3) ——線部①「私には自分にも……たずねました」の場面での「私」の気持ちとして最も適切なものを次から選び、記号で答えなさい。(10点)

ア もしかしたら死ぬかもしれないと、不安に思っている。
イ 母に心配をかけないように、死への恐怖《きょうふ》をおさえている。
ウ 熱が高く、周りの状況もわからなくていらいらしている。
エ 心配してくれる母に、申し訳《わけ》なく思っている。

（　　）

よく出る

(4) ——線部②「それでも本当に……なりました」とあるが、ここでの「私」について説明した次の文章にあてはまる言葉を本文中からぬき出して完成させなさい。ただし、句読点等も字数にふくめる。(完答30点)

熱を出した「私」は、母の言葉を聞き、自分がもし死んだとしても、A（5字）になれると思い安心したのだった。そして、学校に行くようになった「私」は、B（13字）死んだ子供のかわりに生きているのだと感じた。

A

B

(5) ——線部③について、

① 「その言葉」を説明するとどうなるか。次の□にあてはまる言葉を本文中からぬき出しなさい。(10点)

□や前に生きていた人たちの使っていた言葉。

（　　）

難問

② 「私」は病気後、学校へ行く理由をどのように考えたか。本文中の言葉を用いて具体的に説明しなさい。(20点)

（　　）

光塩女子学院中―改

解答編18ページ

時間 30分

合格点 70点

得点　　　点

（　月　日）

1 次の文章を読んで、あとの問いに答えなさい。

兄の宗一《そういち》といっしょに、浩《ひろし》は駅の貨車積みのホームへ行き、鉄の＊スクラップの山をあさって、一本ずつ古い小刀を拾った。二本ともさびきっていたので、家へ戻《もど》って、二人は砥石《といし》を並《なら》べてわれを忘《わす》れて研《と》いだ。時々刃《は》に水をかけて指でぬぐい、研げた具合を見るのが楽しみだった。浩の小刀はよく光り、刃先へ向かって傾斜《けいしゃ》している面には、唇《くちびる》が映《うつ》った。宗一の小刀は、その面の縁《ふち》だけが環状《かんじょう》に光っていて、中央にさびたままの、くぼんだ部分を残していた。

浩は、自分は丸刃にしてしまったが、兄さんは平らに研いだ、と思った。浩は自分が時間を＊浪費《ろうひ》して、しかも、取り返しがつかないことをしてしまったように思い、①周到《しゅうとう》だった兄を□。浩は②心の動揺《どうよう》を隠《かく》そうとして、黙《だま》ってまた砥石に向かった。横にいる宗一が意識されてならなかった。彼《かれ》が横にいるだけで浩は＊牽制《けんせい》されてしまい、自然と負けていくように思えた。しかし、浩は並んで研いだ。宗一がどんなふうに研ぐか気になったからだ。宗一は③やっていることにふけっていた。浩は自分もふけっているように見せかけた。④浩には時間が長く感じられた。自分が人をこんな思いにさせることがあるのだろうか、と彼は思った。

⑤浩は自分の小刀で手のひらを切って、宗一に見せるようにした。宗一はそれに気付き、目を上げて浩を見た。浩は自分から宗一の視《し》線《せん》の前へ出て行った気がした。宗一をだました自信はなかった。宗一は研いでいた小刀を浩に差し出して、「　A　」と言った。そして今まで浩が研いでいた小刀を、研ぎ始めた。「　B　」と浩は聞いた。彼はもうその後始末の仕方を、宗一に求めている気持ちになっていた。「　C　」と宗一は言った。「　D　」「　E　」

浩はポンプを片手で押《お》して、傷《きず》に水をかけた。血は次から次へと出てきて、水に混じってコンクリートの枠《わく》の中へ落ち、彼に魚屋の流し場を思わせた。彼はその流れ具合を見て、これがぼくの気持ちだ、どうしたら兄さんのように締《し》まった気持ちになれるのだろう、と思った。宗一は巧《たく》みに力を込《こ》めて研いでいた。浩はその砥石が、規則正しく前後に揺《ゆ》れているのを見守っていた。すべてが宗一に調子を合わせて進んでいた。

（小川国夫《おがわくにお》「物と心」）

＊スクラップ＝切りくず。　＊浪費＝むだ使い。

＊牽制＝相手の注意を引き付けて、他の行動をしにくくさせること。

(1) ――線部①「周到」とは「よく行き届いて手落ちのないこと」を意味するが、だれの、どのような点が「周到」であったのか。本文中の言葉を用いて二十字前後で答えなさい。（10点）

(2) □に入る言葉として最も適切なものを次から選び、記号で答えなさい。（10点）

ア おしんだ　**イ** うらやんだ

ウ うらんだ　**エ** 尊敬《そんけい》した

（　　）

(3) ――線部②「心の動揺」とあるが、その動揺の様子がわかる部分を、一文で本文中からぬき出し、はじめの五字を答えなさい。(10点)

(4) ――線部③「やっていることにふけっていた」とあるが、これと同じ状態を別の言い方で述べているところがある。それを本文中から九字でぬき出しなさい。(10点)

(5) ――線部④「浩には時間が長く感じられた」とあるが、その理由として最も適切なものを、次から選び、記号で答えなさい。(10点)

ア いつまでも見せかけの努力を続けなければならないことに、たえられなかったから。

イ 兄がいつまでも研ぎ続けているので、兄に相手をしてほしい浩は待ちどおしかったから。

ウ まだ幼い浩は、小刀を研ぐというたんじゅんな作業にあきてしまったから。

エ 見た目は良いが、実際には切れ味の悪い小刀を作ってしまったことで、時間のむだを感じたから。

（　　）

(6) ――線部⑤「浩は自分の小刀で手のひらを切って」とあるが、このような行動を浩がとったのはなぜか。最も適切なものを、次から選び、記号で答えなさい。(10点)

ア 自分に腹が立ち、やけをおこして思わず切ってしまった。

イ 自分の小刀はよく切れるんだ、ということを証明しようとした。

ウ 気持ちが混乱《こんらん》していて、うっかりと切ってしまった。

エ 兄の関心をひき、自分に同情してもらおうと思った。

（　　）

難問

(7) 「A」～「E」には次の**ア**～**オ**の会話文がそれぞれ入る。AとCにあてはまる文はどれか。それぞれ次から選び、記号で答えなさい。(20点)

ア けがはどうしっか（どうするか）。

イ ……。

ウ けがか、ポンプで洗って、手ぬぐいでおさえていよ。

エ これをやらあ。

オ おまえのも切れるようにしてやるから、痛《いた》くてもがまんして待っていよ。

A（　　）　C（　　）

よく出る

(8) 次の文は、本文の主題を表している。Ⓐには二字、Ⓑには一字の適切な漢字を本文中からぬき出して、主題文を完成させなさい。(20点)

この文章は、Ⓐという物と一体になった宗一のきんちょうしたⒷと、物と一体になれなかった浩のⒷの対照を主題にして描《えが》かれている。

Ⓐ　Ⓑ

履正社学園豊中中―改

8 主題をつかむ②

解答編19ページ

時間 30分
合格点 70点
得点　　点
（　月　日）

1 次の文章を読んで、あとの問いに答えなさい。

八重桜《やえざくら》の濃《こ》いピンク色に、真昼の光線が反射《はんしゃ》する。眩《まぶ》しいほどの色調が辺りに漂《ただよ》い、胸《むね》が騒《さわ》ぐ。いい歳《とし》をして……と、自分を叱咤《しった》しながらも、そよ風でゆり籠《かご》のように揺《ゆ》れる花にじっと見入っていた。明るい声が響《ひび》いて我《われ》に返り、振《ふ》り向いた。二十歳《はたち》そこそこの若《わか》い男女が夢中で話しながら、太い幹の向こうから近づいてきた。手にした本の中身を論《ろん》じ合っているようだ。ぼんやりとたたずんでいた私《わたし》をかれらはちらりと見て通り過ぎていった。

それでも私は何だかうれしくなった。最近の若い人には夢がない、と耳にすることがある。けれど、すれ違《ちが》ったかれらには、あふれんばかりの希望や夢があるように感じられたからだ。

希望というのは、人間が生きるための大きなエネルギー源《げん》といえるだろう。だからこそ絶望は、死につながることが多い。

「私が生き延《の》びられたのは、希望を失わなかったからです」

希望についてしみじみと、そう語ったポーランド人の①スタシャックさんを思い出す。彼《かれ》は、第二次世界大戦中の「夜と霧《きり》作戦」で逮《たい》捕《ほ》されたユダヤ人だ。

霧の深い闇夜《やみよ》に忍《しの》び寄って逮捕する、というヒトラーの作戦は*未《み》曾《ぞ》有《う》の大量ぎゃく殺《さつ》へと突《つ》き進んだ。「最終的解決」の命令によって、ユダヤ人の六百万人ともいわれる凄《すさ》まじい数の命が抹消《まっしょう》されたのだった。

わずかだが生還《せいかん》できた人たちがいる。誰《だれ》かに会いたいと思い、一九八六年の夏に、初めてポーランドを訪《おとず》れた。今と違って*冷戦時代の真っ只中《ただなか》にあり、ソ連当局の険しい視線がポーランド国民に、（そして私の言動にも）注がれていた。そうした中にも、諦《あきら》めることなく自由を求めて努力する人びとの張りつめた生き方に、身を引き締《し》められる思いがした（その後、何度か訪れているうちに東西の対立が崩《くず》れ、人びとは束縛《そくばく》から解かれた）。

スタシャックさんは半世紀前、ナチスの狂気《きょうき》と残《ざん》ぎゃく性を象徴《しょうちょう》するあの*アウシュビッツ絶滅《ぜつめつ》強制収容所《しゅうようじょ》を脱出《だっしゅつ》し、数人の仲間と一《いっ》緒《しょ》に村人に匿《かく》われて、やっと自由を得た。

彼の妻エルナさんは、その村の娘《むすめ》だった。彼女《かのじょ》はユダヤ人ではなかったが、ナチスの余りにもむごい残ぎゃくな行為《こうい》を黙《だま》って見過ごせなかった。

「私が助けたのは、塩のためでも、土地のためでもなかった。［A］ためではなかったということです。何よりも、②心の痛《いた》みに耐《た》え切れなかったからです」

そういうエルナさんにスタシャックさんの第一印象を尋《たず》ねると、衝撃《しょうげき》を思い出すようにこう言った。

「彼は目もよく見えないようだったし、歩き方もよたよたしていて、五十歳《さい》くらいかと思いました。ところが何と、まだ二十代だったんですよ」

殺害、餓死《がし》、病死などの恐怖《きょうふ》と直面させられていたスタシャックさんは、一体どのようにして生き延びたのだろうか。

「多くの人たちが連合軍が助けてくれるとか、神が救ってくれるとか、他の力に期待していました。でも私には、希望だけが大切でした。人間は鋼鉄《こうてつ》のように強い神経をもっている。その神経にたえず希望という小川が流れているかぎり、人間は耐《た》えられるのです」

むろん運もある。が、それだけではない。強い意志と人間への信《しん》頼《らい》感、それに友だちの助け、生き残れるという自信も必要だった。また、労働の現場が屋根の下だったか外だったかも生死を左右したと、生還した人たちは口々に語ってくれた。

戦後、腕《うで》に刻《きざ》まれた青黒い囚人《しゅうじん》番号を抱《かか》えながら、スタシャックさんは新たな希望と使命感に燃えて政治家になった。が、間もなく様々な圧力を受けて、学者の道を選んだ。

「私にとってかけがえのないものは、孫娘のカロリーナです。私が生還できたことの証明と、未来の希望が彼女にはあるからです」

八重桜のたもとを通った若者たちの後ろで、花弁が舞《ま》った。花に向けたレンズの焦点《しょうてん》を合わせていると、③ファインダーの中にほほえむカロリーナが見えたような気がした。

（大石芳野《おおいしよしの》「希望」『小さな草に』所収）

＊未曾有＝いままで一度もなかったこと。
＊冷戦＝武力を用いず、国と国とが争うこと。
＊アウシュビッツ絶滅強制収容所＝ポーランド南部にあり、多数のユダヤ人を捕虜《ほりょ》として収容した。

(1) ――線部①「スタシャックさん」の、収容所に入れられてから戦争が終わるまでの人生について、事実だけを簡単《かんたん》に答えなさい。ただし、書き出しは「スタシャックさんは」とすること。（20点）

(2) ――線部②「心の痛み」とは何に対するものだったのか。本文中から十二字でぬき出しなさい。（20点）

難問

(3) ――線部③「ファインダーの中に……見えたような気がした」とあるが、それは筆者がどのようなことを感じていたからか。三十字程度で説明しなさい。（20点）

(4) Ａに入る言葉として最も適切なものを次から選び、記号で答えなさい。（10点）

ア 金銭《きんせん》をもらう　　イ ナチスを倒《たお》す
ウ 幸せにしてもらう　　エ 村を救ってもらう

(5) 次のうち本文の内容に合っているものには○を、異《こと》なっているものには×を書きなさい。（30点）

ア スタシャックさんに落ち合うためポーランドに入国した筆者は、ソ連当局の険しい視線を浴びた。（　）
イ スタシャックさんに初めて会ったとき、年齢《ねんれい》よりも三十歳近く老けていると筆者は感じた。（　）
ウ 強い意志と人間への信頼が悪運を変えることができると、収容所から生還した人々に筆者は聞かされた。（　）

湘南白百合学園中―改

9 事実と意見を読み分ける①

読解 説明的文章

解答編19ページ

時間 50分　合格点 70点　得点　点　（　月　日）

1 次の文章を読んで、あとの問いに答えなさい。

　魚は*ダフニアにとって恐《おそ》ろしい*捕食者《ほしょくしゃ》です。そのため、ダフニアは魚に見つからないように体を透明《とうめい》にしています。しかし、それだけでは十分ではありません。魚もおいしい餌《えさ》を見つけるのに必死なのです。

　ダフニアの生態を研究していると、①ダフニアが、あの手この手で魚から逃《のが》れる方法を駆使《くし》していることがわかります。そして、魚とのたたかいのようすが見えてきます。

　捕食者に食べられないようにするには、あなたならどうしますか。おそらく、捕食者のいる場所に近づかない、またはその場所から逃《に》げるでしょう。ダフニアも同じことをしています。「なあんだ、つまらない」などとは言わないでください。湖にすむダフニアの場合には、それでもなかなか難《むずか》しい問題があるのです。

　ダフニアが魚から逃げる場所というと、それは湖の深層《しんそう》です。そこは光の届《とど》かない暗黒の世界なので、魚は獲物《えもの》を見つけることができません。

　私《わたくし》たちが長野県の木崎湖《きざきこ》で調査したダフニアの仲間、カブトミジンコの分布を見てみましょう（**図**）。この調査は、湖の中央の水深二八メートルの地点で七月下旬《げじゅん》に行われました。

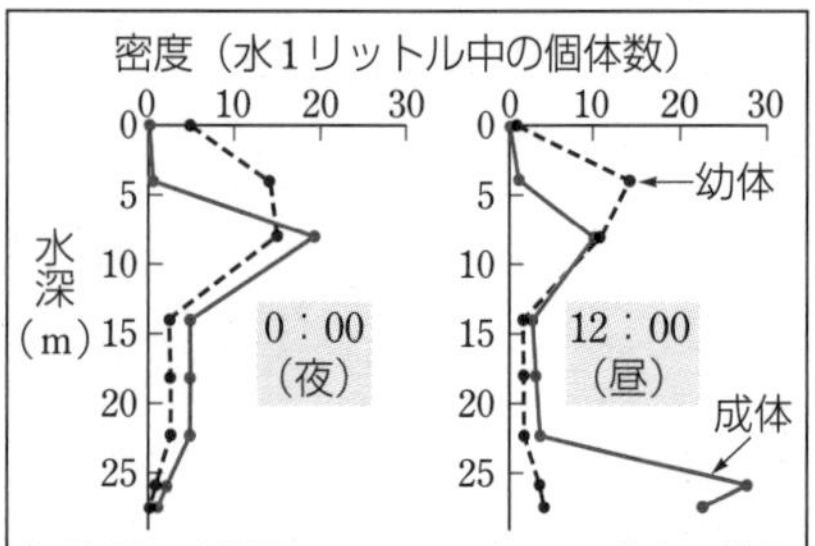

（図）夏の木崎湖におけるミジンコの分布の様子

　船上から採水器を使って水深〇、四、八、一四、一八、二二、二六、二七・五メートルの湖水をそれぞれ一二リットル採り、それを船上でプランクトンネットにあけてミジンコを濾《こ》し集めました。こうすると、かなり正確に湖水中のプランクトンの密度《みつど》を求めることができます。集めたミジンコは数十ミリリットルの水とともにポリびんに入れ、腐《くさ》らないようにそこにホルマリンを加えました。サンプルは実験室に持ち帰り、顕微鏡《けんびきょう》を使ってミジンコの個体数を数え、各個体の体長を測りました。そして、体長に応じて幼体《ようたい》と成体に分け、湖水一リットルあたりの個体数を計算しました。

　調査の結果、湖底の近くの水深［A］メートルに成体のミジンコが多く集まっていることがわかりました。ちなみに、ここの水温は五・七℃でした。カブトミジンコはこんなに冷たいところにいたのですね。ところで、この調査は昼間の一二時に行ったのですが、同じ調査を夜中の〇時にもやってみました。すると、そのときには深層からはミジンコがあまり採集されず、成体の多くが水深［B］メートルに集まっていたことがわかりました。この結果は、ミジンコの成体が水深［B］メートルと［A］メートルの間を昼夜で移動していたことを示しています。

　魚から逃げるなら深層にじっとしていればよいのに、なぜ浅い層にまで上がってくるのでしょうか。これは②深層に長い時間滞在《たいざい》していると不都合なことがあるからだと考えられます。不都合なこととは何かわかりますか。

　答えを言いましょう。深層はミジンコにとってあまりよい環境《かんきょう》ではないのです。まず、餌となる植物プランクトンが少ないのです。光が届かないので植物プランクトンは光合成をすることができず、増殖《ぞうしょく》できません。次に、酸素が十分にありません。植物プランクトンの光合成が行われないということは、そこでは酸素がつくられないということになります。その一方で、表層からいろいろな生物の死骸《しがい》が沈降《ちんこう》してきます。それが湖底にたまってバクテリアによって分解されます。すると、それによって酸素が消費され、水中の酸素濃度《のうど》が低下します。実際、このときの木崎湖の水深二六メートルの酸素濃度は、一リットル当たり〇・九二ミリグラムとたいへん低くなっていました。ちなみに、この濃度はそこでの飽和《ほうわ》酸素濃度（一定の温度と気圧において、蒸留水《じょうりゅうすい》中に溶《と》ける最大の酸素濃度）のわずか八パーセントにしかなりません。そこで、カブトミジンコは、夜になって魚の活動がおさまると植物プランクトンが多く酸素も豊富な表層にのぼるのです。

（花里孝幸《はなさとたかゆき》「ミジンコはすごい！」）

＊ダフニア＝オオミジンコ、カブトミジンコなどの、ダフニア属の大型ミジンコたちのこと。

＊捕食者＝他の生き物を食べる生物。ここではミジンコを餌にする者という意味。

(1) ――線部①「ダフニアが……駆使している」とあるが、この文章には、ミジンコたちが「魚に見つからない」ようにするための方法が書かれている。「体を透明にすること」のほかに、どうすることがあるか。本文中の言葉を用いて答えなさい。(20点)

（　　　　）

(2) 本文と図を照らし合わせて、A・Bに入る数をそれぞれ本文中からぬき出しなさい。(40点)

A（　　）　B（　　）

(3) ――線部②「深層に……あるから」とあるが、ミジンコにとって「不都合なこと」とは何か。次から二つ選び、記号で答えなさい。(20点)

ア 餌が少ないこと。
イ 仲間が少ないこと。
ウ 捕食者の魚が少ないこと。
エ 酸素が少ないこと。
オ バクテリアが少ないこと。

（　　・　　）

よく出る

(4) この文章の特徴《とくちょう》として最も適切なものを次から選び、記号で答えなさい。(20点)

ア 読者に問いを投げかけ、実際に調査した結果を示した上で、問いに対する答えを教えるという形で、ミジンコの不思議な生態について説明している。
イ 問いかけや呼《よ》びかけによって読者を引きつけながら、実際に調査した結果を示してその理由を考察するという手順で、ミジンコの興味深い生態を明らかにしている。
ウ いくつかの実験結果を比べることによって違《ちが》いを見つけ出し、その違いが生まれた理由について説明するという手順で、ミジンコの生態を明らかにしている。

お茶の水女子大附中

（　　）

10 事実と意見を読み分ける②

解答編20ページ

時間 30分
合格点 70点
得点 点
（ 月 日）

1 次の文章を読んで、あとの問いに答えなさい。

読者のみなさんの中にも、血液型による性格判断はあたっていると思っている人がいるかもしれないね。本当はそんなことはないんだけど、それでもなぜ血液型性格判断はあたっていると思うんだろう？《中略》

原因はいろいろあるんだけど、「A型の人はこういった性格の持ち主だ」という情報を読んだり聞いたりするときに、私《わたし》たちはそうした情報をそのまま鵜呑《うの》みにするからだ、というわけではありません。そんなことをしてたら、世の中には矛盾《むじゅん》した情報がいっぱいあるから、頭の中がすぐにパンクしてしまう。

だから、そうした情報に接すると、まず、「ほんとうかな？」と考えてみるよね。そして、ほんとうにそういった性格をもったA型の人を思い出すと、「あ、やっぱりそうなんだ」と思って、その情報を正しいものとして受け入れるんだよ。

だけど、その時に、その逆のことはしないんだ。たとえばA型なのに、そういった性格ではない人を思い出そうとしたり、そういう性格なのにA型以外の血液型の人を思い出そうとしない。つまり、□。

そうすると、血液型性格判断に書いてあるような性格特性は、誰《だれ》でも多かれ少なかれ持っているような性格特性なので、「あたってる」と思ってしまう。たとえば「O型の人は自分の目標を追求する」と書かれていれば、自分はO型で、自分は目標を何とか手に入れたいなーと思っているから、やっぱりあたっていると思うんだよね。世の中に、手に入れたいものや達成したい目標を持っていない人なんていないんだから。

その結果、自分自身や自分の知っている人にあてはまるということで血液型性格判断が正しいと思ってしまう。そうすると、日常生活の中でも、血液型性格判断と一致《いっち》する例を見つけるたびに、「あ、やっぱり、○○ちゃんはA型だからそんなことをするんだー」ということで、ますますあたっていると思い込《こ》むようになるんだよね。

その逆に、血液型性格判断にあてはまらない行動をしたりする人に出会っても、そうした人の行動をわざわざ血液型に結びつけて考えることはしない。だから、客観的にはあたらない場合の方が多くても、主観的には「いつも」あたっていると思ってしまうんだよ。

こうした「思い込み」は血液型についてだけじゃなくて、差別や偏見《へんけん》のもとになっているステレオタイプ*についても言えることで、日本人は何とかだとか、アメリカ人にはこういう傾向《けいこう》があるとか、黒人はなんとかだというたぐいのステレオタイプも、そう思っている本人にとっては、①自分の個人的な経験からあたっていると思い込んでるんだよ。そういう人たちに、科学的な手続きを使って調べた結果を見せても、「だって自分の知ってる人は、みんなそうなんだから」といって、考えを変えようとしないんだ。

さて、ここで言いたかったことは、血液型性格判断に根拠《こんきょ》がないのに、たくさんの人たちが信じてしまうってことじゃなくて、血液型性格判断を信じている人の性格が、ほんとうに血液型性格判断の通りになる場合もあるってことなんだ。このことについては、山崎賢治《けんじ》さんと坂元章さんという社会心理学者が研究してるんだよ（日本社会心理学会大会論文《ろんぶん》集、一九九一年、一九九二年）。

山崎さんと坂元さんは、一九七八年から八八年までの間に、②血液型と性格特性との関係が強くなってきているという調査データの分《ぶん》析《せき》をしています。たとえばA型の人がA型の人に当てはまるとされている性格特性を持っていると自分で思っている程度、つまり血液型性格判断が「あたっている」程度が、一九七八年よりも一九八八年のほうが強くなっているということ。同じことは、別の血液型についても言えるんだよ。

　ということは、みんなが血液型判断をあたっていると思い込むことで、ほんとうにそうした性格特性を知らず知らずのうちに身につけるようになってきたということなんだと考えられます。自分は何とか型だからこういうときにはこういった行動を取るんだよねと思い込んで、ほんとうにそうした行動を取るようになってしまう。また、○○ちゃんは何型だから、やっぱりこういう性格なんだねって言われ続けてると、そういう性格を身につけてしまう、ってこと。

　こうしたことは血液型性格判断だけだとあんまり害はないけど、まわりからの偏見《へんけん》にさらされていると、ほんとうにそうした偏見に応じた考え方をしたり、行動をするようになってしまう可能性があるってことだから、③偏見やステレオタイプが予言の自己《じこ》実現を生み出してしまうってことには十分に気をつけておかないといけないんだよ。（山岸俊男《やまぎしとしお》「『しがらみ』を科学する─高校生からの社会心理学入門」）

＊ステレオタイプ＝単純化《たんじゅんか》され、型にはまった考え。

(1) □に入る言葉として最も適切なものを次から選び、記号で答えなさい。(20点)

ア あたっている人だけを思い出そうとする
イ あたっていない人を思い出そうとする
ウ A型の特性に合わない行動をする人を思い出そうとする
エ A型らしくない性格の人を思い出そうとする

（　　）

(2) ──線部①「自分の個人的な経験から」物事を考えようとする様子と同じ意味の言葉を、本文中から三字でぬき出しなさい。(20点)

よく出る

(3) ──線部②「血液型と……強くなってきている」とはどういうことか。書き出しを「より多くの人が」として、六十字以内で説明しなさい。ただし、句読点等も字数にふくめる。(30点)

より多くの人が

(4) ──線部③「偏見やステレオタイプ」についての筆者の考えとして最も適切なものを次から選び、記号で答えなさい。(30点)

ア 偏見やステレオタイプの考えを持つ人に何か言われ続けたとしても、気にしすぎずに聞き流さないといけない。
イ 偏見やステレオタイプの考えを持っていると、その考えに支配されてしまう危険《きけん》性があるので注意しないといけない。
ウ 偏見やステレオタイプの考えは誰もが持つ可能性があることを自覚し、周囲にもその事実を伝えていかないといけない。
エ 偏見やステレオタイプの考えを持つ人に対しては、科学的データを示すことでその考えの誤《あやま》りを指摘《してき》しないといけない。

（　　）

自修館中─改

11 指示語・接続語をおさえる①

解答編20ページ

時間 30分　合格点 70点　得点　　点　（　月　日）

1 次の文章を読んで、あとの問いに答えなさい。

　最初に、人間の体の話から入りましょう。私たちの、体の部分部分には、どうしてこのような名前が付いているのでしょうか。

　顔には、目があって鼻がありますが、なぜ、目を「め」、鼻を「はな」、耳を「みみ」というのか。さらに歯を「は」、頬《ほほ》を「ほほ」、額を「ひたい」とよぶのはどうしてでしょうか。

　「め」「はな」「みみ」と、ひらがなでよくよく見てみると、身近にある、何かと似ていることがわかります。植物です。芽、花、実、すべてがある。目は「芽が出る」の「芽」、鼻は「花が咲《さ》く」の「花」と同じ音。では耳はどうかというと、「実がなる」の「実」が二つくっついている。そういえば、耳は二つありますね。それから「歯」は「葉」と同じ音でしょう。

　つまり、顔の中になぜか、植物の生長過程あるいは部分の名前が入っている。これはおもしろい偶然《ぐうぜん》の一致《いっち》だと思ってきたのですが、どうも偶然ではなく、①根拠《こんきょ》のあることだと思うようになりました。

　まず、（　1　）はものを認識《にんしき》する器官ですね。そして（　2　）は情報を受容する器官です。［A］、蛇《へび》が人間に毒を吹《ふ》きかける時、狙《ねら》うのは耳ではなく目です。目をつぶせば、勝負に勝てるからです。

　②視覚《しかく》・聴覚《ちょうかく》・触覚《しょっかく》など、生き物の感覚機能はたくさんありますが、その第一は視覚です。視覚から得る情報は、感覚器官全体の過半数に達するといいます。私たちは、まず目で見ることからものを認識します。［B］、目で見ることは最も基本の動作であり、最後に耳で受容することによって、認識のプロセス*が完結するのです。

［　　　I　　　］

　また、「きく」が「聞く」と同時に「利《き》く」であることからも、耳の重要性が知られるでしょう。腕《うで》が「きく」ことと、耳で「きく」こととは、そうした同じような能力を表しています。③それは、「お聞きになる」ということばの古語「きこしめす」が、「支配する。受容する」という意味をもっていることからも、類推《るいすい》*できます。

　このように考えていくと、植物のいちばん最初の生長段階《だんかい》である芽の発音が、目にネーミング*されていてもおかしくはない。まず芽（目）があって、花（鼻）が咲く。そして、末端《まったん》の「は」、つまり「端《は》」に葉（歯）が出て、成熟《せいじゅく》した存在《そんざい》である実（耳）で完結するというプロセスを考えると、どうして目を「め」というのか、耳を「みみ」というのか、よくわかると思います。

　［C］鼻というのは、顔の真ん中に突《つ》き出ていて、呼吸《こきゅう》をつかさどる重要な器官です。人間は呼吸することで生きているわけですから、鼻は、生命活動のなかでは最も優先《ゆうせん》的な、命の根源《こんげん》、いわば「トップ」の存在です。

　そういうものが「はな」。植物の枝先に咲くのも「はな（花）」。そして岬《みさき》の突端《とったん》のことを「はな」ともいいますね。すべて同じです。いろいろと探《さが》してみましょう。たとえば「はなからバカにしている」と怒《おこ》ったり、「しょっぱな」「上がりばな」「（下駄《げた》の）はなお」といったり……。

　漢字では「鼻」「花」「端」と、さまざまに書き分けますが、まずどう発音するのかを考えることが大切です。私たちはつい、どういう漢字を書くのかを気にしがちです。民俗《みんぞく》学者の柳田国男《やなぎたくにお》（一八七五―一九六二）は、「どんな字を書くの」と尋《たず》ねることを、④「どんな字病」と名づけ、警告《けいこく》しました。

（中西進《なかにしすすむ》「ひらがなでよめばわかる日本語」）

＊プロセス＝経過したみちすじ。過程。
＊類推＝似たところをもとに、おしはかること。
＊ネーミング＝名前をつけること。

難問

(1) ――線部①「根拠のあること」とあるが、顔の中に植物と共通の名前が入っていることを「根拠のあること」と思うようになったのはなぜか。本文中の言葉を用いて、三十字以内で説明しなさい。ただし、句読点等も字数にふくめる。(20点)

(2) （１）・（２）に入る言葉を、それぞれ本文中から漢字一字でぬき出しなさい。(10点)

1 □　2 □

(3) A～C に入る言葉をそれぞれ次から選び、記号で答えなさい。(30点)

ア つまり　イ まず　ウ たとえば
エ また　オ ところで

A（　）B（　）C（　）

(4) ――線部②「視覚・聴覚・触覚」に味覚・嗅覚《きゅうかく》を加えて「五□」と言う。□に入る漢字一字を答えなさい。(10点)

□

(5) Ⅰ に入る一文を次から選び、記号で答えなさい。(10点)

ア 目が認識の基本であり、耳が認識の完了《かんりょう》であることは、賢《かしこ》いという意味の「聡明《そうめい》」ということばがあることからもわかります。
イ 鼻が生命活動の中で重要な器官であることが、得意になることを「鼻が高い」という表現をするところからもわかります。
ウ 耳が情報を受容する大切な器官であることは、よく聞くことを「聴《き》く」と書き分けるところからもわかります。

（　）

(6) ――線部③「それ」が指す言葉を本文中から五字以内でぬき出しなさい。(10点)

(7) ――線部④「どんな字病」とあるが、それに対してなぜ警告をしたのか。理由を説明した部分を二十字以内でぬき出し、「だから」という言葉に続く形で答えなさい。(10点)

だから。

和洋国府台女子中―改

12 指示語・接続語をおさえる②

解答編20ページ

時間 30分　合格点 70点　得点　　点　（　月　日）

1 **次の文章を読んで、あとの問いに答えなさい。（字数制限のある問題は、句読点等も字数にふくめる。）**

人間がキツネにだまされなくなった理由として、「科学の時代」における①人間の変化をあげる人々もいる。

敗戦のときに日本の人々がいだいた気持《きもち》のひとつは、アメリカの生産力、科学、技術の力の前に、「日本的精神」とか「大和魂《やまとだましい》」とかいうものが太刀《たち》打ちできなかったという思いだった。たとえば日米戦争がはじまる頃《ころ》の日本とアメリカの鉄を生産する能力は、ほぼ一対十の割合《わりあい》である。すなわち、日本はアメリカの十分の一しか鉄を生産できない状況《じょうきょう》で、日米戦争を開始した。当時の言葉を使えば日米の「物量」の差は明確なものがあった。戦争をすることがよいか悪いかの問題を棚《たな》上げしたとしても、この状況下で日米戦争を開始することは無理があったという他《ほか》ない。

ところが日本では、この「物量」の差を埋《う》めるものとして、日本、ならびに日本人の「すぐれたもの」が*喧伝《けんでん》されたのである。日本は神国日本であるという語り、つまり日本は神が護《まも》る国だとされた。蒙古襲来《もうこしゅうらい》のときも「神風」が吹《ふ》いて日本は守られたという語りである。

もうひとつ言われていたのは、日本人の優秀《ゆうしゅう》さという語りであった。それは「大和魂」などに象徴《しょうちょう》される、天照大神《あまてらすおおみかみ》の子供《こども》としての日本人の精神力の高さという喧伝であり、もうひとつは日本人の器用さという喧伝であった。そういうものがあることによって、「物量」だけでは測れない力が日本にはある、とされたのである。確かに一面では零戦《ゼロせん》（零式艦上戦闘機《ゼロしきかんじょうせんとうき》）のような「すぐれた」戦闘機がつくりだされており、さらには敵の艦船に体当たりしていく「すぐれた」精神力をもった兵士の戦い方はアメリカを驚《おどろ》かせてもいたが、そういったものが「物量」面での日本の不利を補《おぎな》い、逆転させる力として語られていた。

だが②その結果は、虚《むな》しく惨《みじ》めな敗戦であった。「神国日本」や「日本人の優秀さ」では「物量」の壁《かべ》を越《こ》えられなかったのである。経済成長や科学、技術の振興《しんこう》に対する戦後の人々の強い希求は、この教訓の上に成立したといってもよい。そしてそのことが、科学的に説明のつかないことを「迷信」「まやかし」として否定《ひてい》する戦後の精神風土をつくりだした。

私《わたし》が小、中学生時代を過ごした一九五〇年代後半から六〇年代前半の頃は、「すぐれた子ども」は理工系に進むのが当然だ、というような社会的風潮《ふうちょう》があった。科学的な思考、分析《ぶんせき》方法を身につけ、そのことによって新しい技術を開発し、生産力の発展《はってん》に寄与《きよ》していく。そういう人間に向かって進んでいく子どもが「すぐれた子ども」の像だったのである。

本当は、科学とは科学的方法によってものごとを考察していく学問にすぎない。そこからは科学的方法によってとらえられた真理がみえてくる。それを私たちは科学的真理と呼《よ》んでいる。だがそのことは、科学とは別の方法をとおしてみえてくる真理もまた存在するということを示しているはずである。たとえば人間はなぜ生きているのか、というような問いに対して科学は無力である。科学ができるとすれば、人間が生きているということを身体的構造のなかで明らかにすることだけであり、それを科学的真理として承認《しょうにん》することに異議《いぎ》はないが、この方法では人間の生きる意味はとらえられない。それは科学とは別の方法でつかみとられていくものである。

　ところが戦後の日本にはそんな議論は通用しない雰囲気《ふんいき》があった。科学的に説明できないものはすべて誤《あやま》りという風潮が広がっていったのである。それが非科学的な「神国日本」とか「大和魂」「日本人の器用さ」などを信じた末に訪《おとず》れた惨めな敗戦を経験した、戦後の日本の人々の信条であった。

　③このような信条からの自分の世界のとらえ直しが、すみずみにまで及《およ》んでいったのが一九六〇年代前半である。そしてキツネにだまされることが当たり前の話から迷信へと変わっていくのも、この時代のなかにおいてであった。もちろんそれ以前から、それを迷信だと思っていた人々もいるだろう。キツネに遭遇《そうぐう》することのない都市の人々にとっては、それは遅《おく》れた田舎《いなか》の人々の迷信だとしか思えなかったに違《ちが》いない。また農山村の人々のなかにも、科学的真理を唯《ゆい》一《いつ》の真理だと考える合理主義者はいたはずだ。だがこの頃から、キツネの暮《く》らす自然との間に科学的な認識を超越《ちょうえつ》した関係を築いていた「［A］の人々」の間にも、科学的にとらえることを進歩的態度とみなす精神が広がっていったのも事実だった。

　そのことが、科学ではとらえられない世界をつかむことのできない人間たちをつくっていったと多くの人々が語る。そこにこそ、一九六五年頃から人間がキツネにだまされなくなった大きな理由があるのだ、と。

（内山節《うちやまたかし》「日本人はなぜキツネにだまされなくなったのか」）

＊喧伝＝盛《さか》んに言いふらすこと。

---

(1) ――線部①「人間の変化」とあるが、どのような人間に変わったのか。本文中から二十字以上二十五字以内でぬき出しなさい。(30点)

難問

(2) ――線部②「その結果」とは、どのようにした結果か。本文の内容をふまえて、「結果。」という言葉に続く形で五十字以内で答えなさい。(30点)

結果。

(3) ――線部③「このような信条」とあるが、どのような信条か。説明しなさい。(20点)

（　　　　）

(4) ［A］に入る言葉として最も適切なものを次から選び、記号で答えなさい。(20点)

ア 科学の時代　イ 経済成長期　ウ 日米戦争中

エ 戦後の日本　オ 伝統社会

（　　）

ラ・サール中―改

13 段落の関係をつかむ①

解答編21ページ

時間 30分 ｜ 合格点 70点 ｜ 得点 　　点 ｜ （　月　日）

1 次の文章を読んで、あとの問いに答えなさい。

1 満員電車から降《お》りるときに、無言でひとを押《お》しのけ、ドアにむかって移動する人びとにぶつかると、なんとなく、へんな気持《きもち》になる。それは、あたかも人間のかたまりのまんなかを貫通《かんつう》して、巨大《きょだい》なモグラがうごいているような感じなのだ。押しのけるほうも、押しのけられるほうも、ひたすら無言。それがわたしにはふしぎなのである。

2 おなじようなことを、わたしは、たとえばデパートのエレベーターなどでも経験する。ある階でとまると、突然《とつぜん》に、奥《おく》のほうから無言のモグラがうごいてくる。突然だから、こっちもびっくりする。いずれにせよ、あんまり、いい気持のものではない。

3 ちょっとひとこと、声をかけてくれればいいのに、と思う。「おりますよ」「ごめんなさい」——①そういう簡単《かんたん》なひとことがかけられれば、こっちもそれをひとつの準備刺激《しげき》として、通過する空間をつくるべく努力できるはずである。そして、「どうぞ」という反応のことばも、おのずから出てこようというものだ。黙《だま》って、やたらに背中《せなか》を押されていたのでは、なにがなにやらわからず、不愉快《ふゆかい》な思いをせざるをえない。

4 そのうえ、この②モグラ人間のなかには、しばしば、押しわけ、かきわけながら、まわりの人間たちを一種の敵意《てきい》と憎悪《ぞうお》にみちた眼《まな》差《ざ》しで睨《にら》みつける連中がいる。あたかも、じぶんが脱出《だっしゅつ》のため四苦八苦しているのは、まわりの人間たちがいけないからだ、といったような表情がそこにはある。そういう表情で睨まれると、こっちも腹《はら》が立ち、出させてやるものか、といった気持がかすめる。［A］、ゆずりあうというよりも、押しあう姿勢《しせい》をとらざるをえなくなり、満員の電車やエレベーターは、ますます不愉快な経験となる。

5 さまざまなサービスの場面でも、われわれは、おしなべて沈黙《ちんもく》民族だ。たとえば喫茶店《きっさてん》で飲むいっぱいのコーヒーがそうだ。ウェイトレスが注文をとりにくる。われわれの多くは、ただ「コーヒー」とひとこと事務的につぶやく。彼女《かのじょ》は、やがて無言のままコーヒーと伝票を、これまた事務的にポンとテーブルのうえに置き、お客のほうも、黙々《もくもく》とコーヒーを飲み、金を払《はら》って帰ってゆく。これもまた、どうにかならないか、とわたしは思う。

6 こんなことをいうのも、ひょっとすると、わたしじしんがアメリカやヨーロッパで暮《く》らしたり、滞在《たいざい》したりしたときの経験が背景《はいけい》にあるからなのかもしれない。おなじいっぱいのコーヒーでも、欧《おう》米《べい》、とりわけアメリカの社会では、だいぶ様子がちがうのである。

7 ［B］、アメリカでコーヒー・ショップにはいる。ウェイトレスはメニューをもって「おはようございます。ご機嫌《きげん》いかが？」と、まずこうくる。こっちのほうは、それにこたえて、「ありがとう、まあまあだね、ところで……」と、とにかく、なにかものを言わざるをえない仕掛《しか》けになっているのである。そして、そういう、行《ゆ》きずりの人間関係のウォーミング・アップののちに、コーヒーがはこばれてくるわけで、したがって、彼女のほうは、「お待たせしました。さあどうぞ」ということになり、こちらとしても、「ありがとう」ということばが自然に出てくるものなのだ。

8 もとより、こんなふうにして交《か》わされるふたこと三ことの会話に実用的意味があるか、といえば、答えは否《いな》である。べつにお天気がよかろうと悪かろうと、[C]、当方の機嫌がどうであろうと、そんなことはじつのところ、問題ではない。要するに、この種の「会話」は、相互《そうご》の*精神感応メカニズムを検定するためのもので、そこでの「会話」をことばの「意味」に照らしてかんがえてみたら、まったく無意味という以外にいいようはないのである。しかし、この無意味なる相互検定のあるなしによって、人間どうしのかかわりあいのかたちは、ずいぶんことなったものになる。はやいはなし、ぶすっ、と押し黙ったウェイトレスがガチャリとテーブルのうえに置いてゆくコーヒーと、にっこりほほえんで「さあどうぞ」と置かれるコーヒーと、どっちがあなたにとっておいしいか。

[9] 日本文化が沈黙によって支配されているのは、いったいなぜか——これは歴史的にも社会的にも、きわめて興味ある問題である。*柳田国男《やなぎたくにお》先生がその著作《ちょさく》のなかでくりかえし指摘《してき》されたように、日本の民衆《みんしゅう》生活のなかで、おしゃべりというものがマイナスの価値《かち》をもち、ただ黙々とはたらくことが美徳とされてきたこと、そして、さらに、そんなわけで「もの言うすべ」を身につける機会を日本人の多くがもたなかったこともその一因だろう。また、いちいち、あれをこうしろとか、こっちをどうしろとか、ことばを使わないでも以心伝心式の方法でどうにか社会を維持《いじ》してきたという実績が、[D]への自信を深めている、とみることもできる。

（加藤秀俊《かとうひでとし》「日本人の周辺」）

＊精神感応＝人の心との間に特殊《とくしゅ》な作用が働いて反応しあうこと。
＊柳田国男＝民俗《みんぞく》学者。

(1) [A]〜[C]に入る言葉として最も適切なものをそれぞれ次から選び、記号で答えなさい。（同じ記号は二度使えません。）（15点）

ア あるいは　**イ** だが　**ウ** たとえば　**エ** したがって

A（　　）　B（　　）　C（　　）

(2) ——線部①「そういう簡単なひとこと」を筆者は別の言葉でどのように表現しているか。本文中から二十字でぬき出しなさい。ただし、句読点等も字数にふくめる。（25点）

(3) ——線部②「モグラ人間」とは、どのような人間のことか。「〜人間。」という言葉に続く形で、本文中の言葉を用いて十五字以上二十字以内で説明しなさい。ただし、句読点等も字数にふくめる。（15点）

15

人間。

(4) [D]に入る言葉を、本文中から漢字二字でぬき出しなさい。（20点）

よく出る

(5) 本文の[1]〜[9]の形式段落を三つの意味段落に分けた場合、最も適切なものを次から選び、記号で答えなさい。（25点）

ア [1] [2] [3] [4]／[5] [6] [7] [8]／[9]
イ [1] [2] [3] [4] [5]／[6] [7]／[8] [9]
ウ [1]／[2] [3] [4] [5] [6]／[7] [8] [9]
エ [1] [2] [3]／[4] [5] [6] [7]／[8] [9]

（　　）

立正大付属立正中—改

段落の関係をつかむ②

解答編21ページ

時間	30分
合格点	70点
得点	点

（　月　日）

1 次の文章を読んで、あとの問いに答えなさい。

1 ピグミー*たちの生活においてとくに大切とされることがいくつかある。そのうちでもとくに重要視《じゅうようし》されることは、食物の分かち合いである。とくに肉や蜂蜜《はちみつ》などのとくべつな食物は、いちどキャンプに持ち帰ってきたら、かならずほかの人びとにも分配される。

2 集団猟《りょう》でとった獲物《えもの》は、猟のときの役割《やくわり》によって取り分が決められている。モタ猟では、一番先に矢を当てた人が獲物の所有者となる。犬の持ち主は、獲物の頭と首をもらい、とどめを刺《さ》した人は腰《こし》と背《せ》の部分をもらうという決まりになっている。網《あみ》猟では、網の持ち主が獲物の所有者となり、猟を手伝った人たちは、それぞれ獲物の一部をもらう。

3 ただし、これでは獲物は猟に出た人の一部にしか分配されない。肉をもらえる人ともらえない人がでてくる。そこで①第一次分配で肉をもらった人は、もらえなかった人に、肉を分けてあげる。これを「第二次分配」という。第一次分配で肉をたくさんもらった人は、第二次分配では、ほかの人にたくさん分けてあげなければならない。②その人がさらにほかの人に肉を分けることもある。料理をしてからほかの人にあげることもある。こうして最終的には、キャンプのみんなに肉がわたる。

4 猟に参加した人もしなかった人も、みんな、おなじように肉をもらうことができる。それが狩猟《しゅりょう》採集民たちの暮《く》らしである。「　A　」という格言は通用しない。おなじキャンプでいっしょに暮らしているかぎりは、みんな、おなじように喜んだり、楽しんだりしなければならない。「おなかがへるときは、みないっしょ。満腹《まんぷく》するときもみないっしょ。それがわれわれの生き方なんだ」と言う。

5 肉の分配は　B　、まったく当たり前のことのようにおこなわれる。肉を分けてあげてもとくべつ感謝されることはない。もらう人は、当たり前のように受け取るだけだ。あげたほうも、それでまったくかまわない。③貴重《きちょう》なものをもらったのに、お礼も言わないのにはおどろいた。でも、かれらにしてみれば、いちいちお礼を言わなくちゃならないなんて、④水くさいということなのだろう。今日は自分が人にあげたとしても、明日は自分がもらうかもしれない。おたがいさまなのである。

6 キャンプとは、そのように、自然に食物を分かち合う人びとの集まりなのである。ひとつの大きな家族のようなものだ。家族のなかでは食物を分かち合うのは当たり前だ。ものをやりとりしても、いちいちお礼を言わなくてもかまわない。なにも言わなくても、みんな、おたがいに助け合って生きていることはわかっている。家のなかのもの、そしてキャンプのものは、みんなの共有の財産なのだ。

7 もしこのような分かち合いがなかったらどうなるか。肉をたくさん得た人は、肉をたっぷり食べて満足して眠《ねむ》ることができるだろう。しかし、肉を食べられなかった人たちは、たいへんくやしい思いをするだろう。みんなの気持ちがばらばらになってしまう。こんな冷たい人たちとはいっしょに暮らせない、と言って、ほかのキャンプに引っ越《こ》していってしまう人がでてくる。けっきょくキャンプはばらばらになってしまうのである。

（寺嶋秀明《てらしまひであき》「森に生きる人　アフリカ熱帯雨林とピグミー」）

＊ピグミー＝赤道付近に住む、狩猟採集民。

(1) ――線部①「第一次分配」とあるが、その説明として最も適切なものを次から選び、記号で答えなさい。(10点)

ア 狩猟採集をするピグミー全員が同じ量をもらえる。
イ たくさんもらう者は他の人に分けなければならない。
ウ 猟に出た者が、その働きに応じて分け前をもらえる。
エ 特別な食べ物を持ち帰ったら、必ず他の人々に分ける。
オ 犬や網の所有者だけが、獲物を分ける権利《けんり》がある。

（　　）

(2) ――線部②「その人」とはどのような人か。説明しなさい。(20点)

（　　）

(3) A に入る格言として最も適切なものを次から選び、記号で答えなさい。(15点)

ア おぼれるものは、わらをもつかむ
イ 腹が減っては戦《いくさ》はできぬ
ウ 案ずるよりうむがやすし
エ 働かざるもの、食うべからず
オ 背に腹はかえられぬ

（　　）

(4) B に入る言葉として最も適切なものを次から選び、記号で答えなさい。(10点)

ア こそこそと　**イ** たんたんと　**ウ** うかうかと
エ せかせかと　**オ** やすやすと

（　　）

(5) ――線部③「貴重なものをもらったのに、お礼も言わないのにはおどろいた」とあるが、なぜお礼を言わないのか。「もの」についてのピグミーの考え方に関わらせて説明しなさい。(20点)

（　　）

(6) ――線部④「水くさい」の意味として最も適切なものを次から選び、記号で答えなさい。(10点)

ア よそよそしい　**イ** めんどうくさい　**ウ** はずかしい
エ 古めかしい　**オ** つまらない

（　　）

(7) この文章を大きく二つに分けるとしたら、後半は何段落《だんらく》からと考えられるか。段落番号で答えなさい。(15点)

（　　）

茗渓学園中―改

15 要旨《ようし》をつかむ①

解答編22ページ

時間 30分

合格点 70点

得点　　点

（　月　日）

1 次の文章を読んで、あとの問いに答えなさい。

日本語は今から千五百年前に漢字・漢語を取り入れて、①ヤマトコトバの体系《たいけい》の中にそれを消化するのに、およそ千年以上かかりました。

ヤマトコトバという古い言語の体系が確立した時代にはまだ日本には文字はなかった。そこへ漢字が中国文明を携《たずさ》えて輸入された。中国文明の中で大きいものは儒教《じゅきょう》と仏教です。われわれは漢字といっしょに、儒教や仏教や医学や薬学を受け取って、それによって日本の文明をつくってきた。だからどうしても漢字を学ぶ必要があったのでした。②それが日本語の中の漢語を確かな位置に固定しました。

ところが、今から一五〇年近く前にヨーロッパ、アメリカという全然違《ちが》った文明が押《お》し寄せてきました。明治政府は、法律《ほうりつ》にも科学にも医学にもヨーロッパの業績を学んで取り入れた。その時、生のままのヨーロッパ語を使わず、ヨーロッパ語を一度漢字に置き換《か》えて、日本語の中にもちこむという技術を日本はもっていた。その結果、日本では、ヨーロッパのいろいろな概念《がいねん》をもちこむにあたってアジア諸国《しょこく》のような言語的に困難《こんなん》が少なく、③アジアの中では最も早くヨーロッパを取り入れ、それに追いつくことができたのです。

歴史を見ると、日本はそれぞれの時代に、世界のトップクラスの文明を次々に輸入してきました。弥生《やよい》時代には、南インドからお米・金属・機織《はたおり》・お墓作りを取り入れ、古墳《こふん》時代には、朝鮮《ちょうせん》からさまざまの技術、飛鳥《あすか》・奈良《なら》時代には、中国から漢字による多くの文明を輸入し、それによって生活を展開《てんかい》させてきました。

日本人は非常に忠実《ちゅうじつ》に、「この言葉の由来は何か」ということを字で書き分けています。漢字以前のヤマトコトバは[A]、中国文明から来た概念や言葉は、[B]で書いています。ヨーロッパ文明から来た言葉は[C]です。

「うつくし」とか「あそぶ」とか、これは平仮名《ひらがな》で書くヤマトコトバ。古くからあった言葉です。次に、中国から輸入された言葉、「観念」とか「愛情」とか、これは漢字で書く漢語です。漢語は現代日本語の単語の半分を占《し》めています。「うつくし」や「あそぶ」を、「美し」「遊ぶ」と漢字で書くのは、平安朝以後です。韓国《かんこく》でも漢字を使っていましたが、漢字は漢語にだけ使って、日本のような「美し」とか「遊ぶ」のような使い方はしませんでした。

明治時代以後ヨーロッパから、戦後はとくにアメリカから日本に輸入された単語は、片仮名《かたかな》で書きますから、カタカナ語と呼ばれます。新しい単語がぞくぞく加わって、現在、非常な勢いで広まっています。私《わたくし》の見込《みこ》みでは、何十年かのうちには、カタカナ語は漢語のかなりの部分に取って代わり、日本の単語の構成要素の割合《わりあい》は大きく変わると思います。しかし、平仮名で書く言葉は、それほど変わらずに使われていくでしょう。平仮名の言葉は、毎日の基本的な、一般《いっぱん》生活に密接《みっせつ》に関係する基礎《きそ》語が多く、その基礎語によって幼児《ようじ》や少年少女の知能や判断力の基本的な枠組《わくぐ》みが決定的に育《はぐく》まれるからです。

現状では、カタカナ語が増えていっても、漢語は現代日本語の語《ご》彙《い》の重要な部分を担《にな》っています。例えば、法律《ほうりつ》の用語。「＊未必《みひつ》の故《こ》意《い》」などという言葉は誰《だれ》しもむずかしいと思うけれど、ヤマトコトバでは単語としていえない。まして英語の＊willful《ウイルフル》 negligence《ネグリジェンス》といっても社会一般に通用しないでしょう。だから、ある範囲《はんい》の漢語は必要です。それがきちっと理解できるか、また漢語がきちっと使えるかということがやはり今日の問題です。（大野晋《おおのすすむ》「日本語練習帳」）

＊未必の故意＝行為《こうい》者が、罪となる事実の発生を積極的に意図ないし希望したわけではないが、自己の行為から、ある事実が発生するかもしれないと思いながら、発生しても仕方がないと認《みと》めて、あえてその危険《きけん》をおかして行為する心理状態。

＊willful negligence＝willful は「故意の」の意、negligence は「怠慢《たいまん》による過失」の意。ここでは「未必の故意」の意。

よく出る

(1) ――線部①「ヤマトコトバ」はどのような性質の言葉か。本文中から二十五字以内でぬき出しなさい。ただし、句読点も字数にふくめる。(20点)

(2) ――線部②「それ」は何を指しているか。最も適切なものを次から選び、記号で答えなさい。(10点)

ア 儒教や仏教や医学や薬学などの知識。

イ 儒教や仏教などの中国文明によって日本の文明をつくってきたために、漢字を学ぶ必要があったこと。

ウ 漢字や漢語がそれまでのヤマトコトバに取って代わったこと。

エ 文字のない日本語に漢字が輸入され、初めて日本語を表現できたこと。

（　　）

(3) ――線部③「アジアの中では……追いつくことができた」のはなぜか。その理由を述べている部分を、一文でぬき出し、はじめの五字を答えなさい。ただし、句読点等も字数にふくめる。(20点)

(4) A～Cに入る言葉を本文中からそれぞれぬき出しなさい。ただし、AとCは漢字三字、Bは漢字二字で答えなさい。(30点)

A

B

C

よく出る

(5) 本文の内容と合うものを次から選び、記号で答えなさい。(20点)

ア 日本語はヤマトコトバの体系の中に漢字・漢語やヨーロッパ・アメリカから輸入された単語を取り入れて成立している。

イ 日本語はヤマトコトバの体系の中に漢字・漢語を取り入れて成立したが、明治時代以後はヨーロッパ・アメリカの言語が漢字・漢語に取って代わろうとしている。

ウ カタカナ語はヨーロッパ・アメリカから輸入された単語を書き表すが、今後は中国から輸入された単語も含《ふく》めて外来語はすべてカタカナで書かれるようになるだろう。

エ 日本語はむずかしい法律用語の表現には適していないので、漢語やヨーロッパ・アメリカの言語を生のままで使うべきだ。

（　　）

多摩大目黒中―改

要旨《ようし》をつかむ②

解答編22ページ

時間 30分
合格点 70点
得点　　点
（　月　日）

1 次の文章を読んで、あとの問いに答えなさい。

〈我《わ》がまま〉と〈ワガママ〉の違《ちが》いとは何だろう。また、〈我がまま〉への目覚めがどのようなときに単なる〈ワガママ〉になってしまうのだろうか。

まず何が〈ワガママ〉と感じられるかは、社会によってかなり違うということを認識《にんしき》しておきたい。例えばアメリカに行くと、多くのアメリカ人のあまりの自己《じこ》主張の激《はげ》しさに閉口《へいこう》する人が多い。「私《わたし》がこうしたい！」ということを言い張るのが当たり前で、言わなければ何も考えていないと見なされ、日本のように「口に出して言わなくても、何を考えているかを感じてくれる」社会が懐《なつ》かしくなる。このように私たちから見ればかなりの〈ワガママ〉を言っても、〈ワガママ〉とは見なされない社会もある。しかしそうした社会でも、明らかに〈ワガママ〉ならば、強い調子で否定《ひてい》され拒否《きょひ》されるわけで、やはりそこには〈我がまま〉と〈ワガママ〉の差は存在《そんざい》しているわけだ。

①そうした文化の差、社会の差を考慮《こうりょ》に入れつつ考えたいが、この〈ワガママ〉を嫌《きら》う日本社会でもこのところ〈ワガママ〉としか思えない振《ふ》る舞《ま》いが増えてきているのも事実だ。電車の中での大声での携帯《けいたい》電話の使用はこのごろ若者《わかもの》よりも大人のほうを多く目にするようになった。商品へのクレームもあるところまでは消費者の当然の権利《けんり》だし、製造者の改善《かいぜん》のためにもなるが、*偏執《へんしつ》的なクレーマーとなると話は別だ。子どものことで一方的に教師を責め立てる親。幼稚園《ようちえん》や小学校の運動会は、自分の子ども「だけ」をビデオに収《おさ》めたい親の場所取り合戦になり、お互《たが》いに「お前が邪魔《じゃま》なんだよ」と*怒号《どごう》が飛ぶ。そしてインターネットの掲示板《けいじばん》などで*炸裂《さくれつ》する傍若無人《ぼうじゃくぶじん》で攻撃的《こうげきてき》な発言など。どうしたらこんなに自己中心的に振る舞えるのかとい*ぶかってしまうような場面に遭遇《そうぐう》することが少なくない。

そうした状況《じょうきょう》でいつも感じるのは、「人の目」を気にしてきた日本人がいったん「人の目」を気にしなくなったとき、そこには自分自身の行動を*律《りつ》する何ものも存在していないのだろうかということだ。例えば、町中の道の上で座《すわ》り込《こ》んでいる若者たちに聞くと、「通行人は単なる風景で、人だとは思っていないから」という答えが返ってくる。「人の目」は気にするが、いったん「人」でないと思ってしまえば何でもできる。そうした〈ワガママ〉な行動は、「人の目」に縛《しば》られてきた社会の反動ではないかと思えるのだ。《中略》

前述したように、*ルース・ベネディクトは、「人の目」から非難《ひなん》される「恥《はじ》」を強く意識する日本文化を「恥の文化」と呼《よ》んだ。しかし、彼女《かのじょ》はもうひとつの「恥」を見落としていた。それは「私としたことが②こんなことをしてしまうとは！」という、「自らを恥じる」という恥である。誰《だれ》からも見られていなくても、恥じる。あるいは、「こんなことをしてしまって、ご先祖さまに申し訳《わけ》ない」「亡《な》き恩《おん》師《し》の期待を裏切《うらぎ》ってしまった」と、既《すで》に生きていない人に対して恥じる。日本人の*倫理《りんり》観は、単に自分の周囲の「人の目」だけではなく、先人たちや恩師たち、そして自分自身に対して恥ずかしいという感覚にも支えられていたのである。

しかし、そうした恥の感覚が薄《うす》れ、ベネディクトの言うように「人の目」のみを気にするように「恥の文化」が縮小《しゅくしょう》してしまい、それ故《ゆえ》「人の目」が気にならなくなれば何でもやってしまうというのが現在の日本人の姿《すがた》なのではないか。そして、そこには決定的に欠けているものがある。それは自分自身に対する「自尊《じそん》感情」だ。自分自身に対する自尊感情がある人間ならば、「人の目」がないところでも、何でもやり放題ということにはならない。自尊感情とは自己信頼《しんらい》と言い換《か》えてもいい。自分自身が尊《とうと》い存在であるということを認《みと》めている人。尊重されるに足る存在だと感じている人。自己を信頼し、自尊心のある人は、「私としたことが、恥ずかしい」ということはあまりしないし、してしまったにしても反省する。しかし、自尊感情が低く「自分なんかどうせたいしたことないんだよ」と思っている人は、人の目がなくなってしまえばどんなことでもできてしまう。自分という存在が、〈ワガママ〉な行動を律する歯止めにならないのだ。

〈我がまま〉が〈ワガママ〉に転ずるかどうか。それは、そこに自尊感情、自己信頼があるかどうかが大きな分かれ目になる。自己信頼に支えられた〈我がまま〉の追求は自分を生かし、他者も生かすものとなることが多い。しかし、自己信頼のない〈我がまま〉は〈ワガママ〉となって他人に多大な迷惑《めいわく》をかけるものになりがちだ。つまり、現在の〈ワガママ〉が＊横行《おうこう》する社会は、私たちひとりひとりの自己信頼、自尊心が低い社会であることの裏返《うらがえ》しだと言えるのである。

（上田紀行《うえだのりゆき》「生きる意味」）

＊偏執＝かたよった考えにこだわり他の意見を受け入れないこと。
＊怒号＝はげしく怒《おこ》って怒鳴ること。　＊炸裂＝爆弾《ばくだん》がはじけてはれつすること。
＊いぶかって＝不審《ふしん》に思って。　＊律する＝ある基準に従《したが》って物事を判断する。
＊ルース・ベネディクト＝アメリカの文化人類学者。著作《ちょさく》『菊《きく》と刀』の中で日本文化について論じた。
＊倫理＝道徳。　＊横行＝自由に遠慮《えんりょ》なく行われること。

(1) ——線部①「そうした文化の差、社会の差」とあるが、これはどのような差か。三十字以内で答えなさい。ただし、句読点等も字数にふくめる。(20点)

(2) ——線部②「こんなこと」について、恥ずかしい行いの例を本文中から一つ挙げて答えなさい。(20点)

（　　　　）

よく出る

(3) 〰〰線部「〈我がまま〉と〈ワガママ〉の違いとは何だろう」とあるが、その違いがわかるように、文章全体の内容をふまえ、次の文の a ・ b に入る言葉をそれぞれ本文中の言葉を用いて答えなさい。ただし、句読点等も字数にふくめる。(60点)

〈我がまま〉が a（四十字以内） のに対して、〈ワガママ〉は b（四十五字以内） こと。

a

b

志學館中等部―改

17 詩・短歌・俳句《はいく》を味わう

読解　詩・短歌・俳句 ①

解答編23ページ

時間 30分

合格点 70点

得点　　点

（　月　日）

1 次の詩と文章を読んで、あとの問いに答えなさい。【50点】

エプロン　　高田《たかだ》 敏子《としこ》

エプロンで手をふく
新しいエプロンを縫《ぬ》ってかけても
やはり手をふいてすぐに汚《よご》してしまう
①手をふきながら
若《わか》い日の母の姿《すがた》を思うことがある
前かけで手をふきながら
私《わたし》の髪《かみ》のリボンをなおしてくれたことなど

そうした私に嫁《とつ》いだ娘《むすめ》が遊びに来ていう
「私の台所する手つき　お母さんにそっくり
気がついて［A］」

娘の言葉を聞きながら
私の目には遠い昔の＊厨《くりや》が浮《う》かんでくる
私の祖母のその祖母ぐらいの
女の姿を思ってみる
ずっと先の先の未来も想像する
もう地球は満員で　どこか別の
かわいい星に家を建てた若妻が
私の孫の孫の　そんなかわいい若妻が
私の知らない花を生けたり
私の知らない食物を料理しながら、
［B］エプロンで手をふいている
いま私がしていると同じような手つきで――

家事に疲《つか》れたとき、こんな空想をしてみました。②自分の何気ない動作が、このようにして生きつづけることだってあるのでしょう。

（「高田敏子詩集」）

＊厨＝台所。

(1) ――線部①「手をふきながら／若い日の母の姿を思うことがある」とあるが、それはなぜか。最も適切なものを次から選び、記号で答えなさい。（10点）

ア　母に世話を焼かせていたことを思い出したから。
イ　自分の娘も母親になったことがうれしいから。
ウ　昔から母と同じようになりたいと願っていたから。
エ　母と自分の台所での仕草が重ね合わさったから。
オ　いつの間にか母の年を越《こ》えたことに気づいたから。

（　　）

よく出る

(2) ［A］に入る言葉として最も適切なものを次から選び、記号で答えなさい。（10点）

ア　いやになるの　　イ　おかしくなるの
ウ　ゆううつになるの　　エ　さびしくなるの
オ　はらだたしいの

（　　）

(3) B に入る言葉を、詩の中から三字でぬき出しなさい。(10点)

(4) ――線部②「自分の何気ない動作」とは、具体的にどのようなことか。詩の中から九字でぬき出しなさい。(10点)

よく出る

(5) この詩の特徴《とくちょう》として適切なものを次からすべて選び、記号で答えなさい。(完答10点)

ア 第一連では、七五調でリズミカルな印象を与《あた》えている。
イ 第四連では、反復の技法が多く用いられている。
ウ 脈々と受け継《つ》がれることのすばらしさを描《えが》いている。
エ 今も変わらぬ女性の家事負担《ふたん》の重さをなげいている。
オ 空想することで現実逃避《とうひ》できるありがたさを述べている。

（　　　）

共立女子中

2 次の詩を読んで、あとの問いに答えなさい。【50点】

花のやう《(よ)》に雲たちの衣裳《いしょう》が開く
水の反射《はんしゃ》①が
あなたの裸体《らたい》に縞《しま》をつける
あなたは遂《つい》に飛びだした
筋肉の翅《はね》で。
日に焦《こ》げた小さい蜂《はち》よ
あなたは花に向《むか》つ《(つ)》て落ち
つき刺《さ》さるやう《(よ)》にもぐりこんだ
軈《やが》て　あちらの花のかげから
あなたは出てくる
液体②に濡《ぬ》れて
さも重たさう《(そ)》に

（村野四郎《むらのしろう》の詩より『体操詩集』所収）

(1) この詩はあるスポーツ競技を詩にしたものである。その競技の名前を答えなさい。(10点)

（　　　）

(2) 詩の中の「あなた」は何にたとえられているか。詩の中の一語をぬき出しなさい。(10点)

（　　　）

(3) 七行めの「花」とは何をたとえているか。それを説明した次の文の、□に入る言葉を詩の中からぬき出して答えなさい。(10点)

プールの水面に映《うつ》っている□。

（　　　）

(4) 〰〰線部①・②の熟語《じゅくご》と同じなりたちのものをあとからそれぞれ選び、記号で答えなさい。(10点)

① 反射　② 液体

ア 真偽《しんぎ》　**イ** 読書　**ウ** 常用　**エ** 他国

①（　　）②（　　）

(5) この詩には何の美しさが主として表現されているか。最も適切なものを次から選び、記号で答えなさい。(10点)

ア 自然の美しさ　**イ** 肉体の美しさ
ウ 心情の美しさ　**エ** 言葉の美しさ

（　　　）

多摩大附属聖ケ丘中―改

18 詩・短歌・俳句《はいく》を味わう ②

解答編23ページ

時間 40 分
合格点 70 点
得点　　点
（　月　日）

難問

1 次は古典の短歌である。それぞれの□に入る語句をあとから選び、記号で答えなさい。【15点】

① 霧《きり》立ちて□ぞ鳴くなる片岡《かたを(お)か》の朝《あした》の原はもみぢしぬらむ
② ほのぼのと春こそ空に来にけらし天《あめ》の香具山《かぐやま》□たなびく
③ 夏の夜の心を知れる□はやも鳴かなむ明けもこそすれ
④ 折りつれば袖《そで》こそにほへ□ありとやここに鶯《うぐひ(い)す》の鳴く
⑤ 神無月《かみなづき》降りみ降らずみ定めなき□ぞ冬の初めなりける

ア 雲　**イ** ほととぎす　**ウ** 梅の花　**エ** 桜花《さくらばな》
オ 雁《かり》　**カ** 霞《かすみ》　**キ** ふぢばかま　**ク** 時雨《しぐれ》　**ケ** 蛍《ほたる》

①（　　）②（　　）③（　　）④（　　）⑤（　　）

攻玉社中

2 次の短歌の感想として最も適切なものをそれぞれあとから選び、記号で答えなさい。【20点】

① 松の葉の葉ごとに結ぶ白露《しらつゆ》の置きてはこぼれこぼれては置く
② 飛びあがり宙《ちゆ(ゅ)う》にためらふ《(う)》雀《すずめ》の子*羽《は》たたきて見居《を(お)》りその揺《ゆ》るる枝を
③ 白藤《しらふじ》の花にむらがる蜂《はち》の音あゆみ*さかりてその音はなし
④ 金色《こんじき》のちひ《(い)》さき鳥のかたちしていてふ《(ちょう)》散るなり夕日の岡に

*羽たたきて＝鳥がつばさを広げて、うち合わすこと。
*さかりて＝はなれる。

ア 自然の中で生きていこうとする若《わか》い命の一瞬《いっしゅん》の様子をうたっている。
イ ふつうの人なら見過ごしそうな自然の細やかさをうたっている。
ウ 自然の中から感じる命のはげしさと作者のさめた心をうたっている。
エ 一枚《いちまい》の絵のようなロマンチックな自然の様子をうたっている。

①（　　）②（　　）③（　　）④（　　）

宮崎大附中

3 次の俳句《はいく》は、季節の移ろいがわかるように順に並《なら》べられたものである。あとの問いに答えなさい。【45点】

① 拾得《じっとく》は焚《た》き寒山《かんざん》は掃《は》く落葉《おちば》

1

② 板橋へ荷馬のつづく師走《しわす》かな
③ 菜の花や月は東に日は西に

2

④ 花の雲鐘《かね》は上野か浅草か
⑤ 目を病むや若葉《わかば》の窓《まど》の雨幾日《いくひ》

3

⑥ 立秋の紺《こん》落ち付くや伊予絣《いよがすり》

4

⑦ 山彦《やまびこ》のわれを呼《よ》ぶなり夕紅葉《もみじ》

難問

(1) 次の俳句は、1〜4のどこに入れるとよいか。最も適切な位置を考え、それぞれ番号で答えなさい。(完答10点)

ア 土筆《つくし》煮《に》て飯くう夜の台所

イ 移す手に光る蛍《ほたる》や指のまた

ウ 名月や池をめぐりて夜もすがら

エ 木《こ》がらしにいよいよ杉《すぎ》の尖《とが》りけり

ア（　　）**イ**（　　）**ウ**（　　）**エ**（　　）

(2) ③の俳句の説明として適切でないものはどれか。次から一つ選び、記号で答えなさい。(5点)

ア 東の空に出ている月は、三日月だ。

イ 一面に咲《さ》く、菜の花の黄色が目に浮《う》かぶようだ。

ウ この俳句の季語は「菜の花」で、季節は「春」だ。

エ 夕暮れの菜の花畑の様子を描《えが》いている。

（　　）

よく出る

(3) ④の俳句の「花」とは何の花のことか。最も適切なものを次から選び、記号で答えなさい。(5点)

ア ユリ　**イ** サクラ　**ウ** ウメ　**エ** バラ

（　　）

(4) ⑦の俳句の説明として適切でないものはどれか。次から一つ選び、記号で答えなさい。(5点)

ア 作者は、山の景色の素晴《すば》らしさに心打たれている。

イ 山彦が、まるで自分を呼んでいるかのように聞こえた。

ウ 山彦という動物は、現在では絶滅《ぜつめつ》してしまった。

エ この俳句の季語は「夕紅葉」で、季節は「秋」だ。

（　　）

(5) 次のそれぞれの文章は、①・②・⑤・⑥の俳句の作者についての説明である。それぞれの作者として適切な人物をあとから選び、記号で答えなさい。(20点)

① 小説家。古典からヒントを得た作品を多く書いた。作品に「蜘《く》蛛《も》の糸」や「杜子春《とししゅん》」がある。

② 俳句や短歌の革新《かくしん》運動に力をつくした。結核《けっかく》のため若《わか》くして亡《な》くなったが、その病床から新聞に「病牀六尺《びょうしょうろくしゃく》」という記事を寄せた。

⑤ 小説家。ドイツに留学した経験をもち、軍医としても活躍《かつやく》した。作品に「舞姫《まいひめ》」や「山椒太夫《さんしょうだゆう》」がある。

⑥ 小説家。松山中学の教師をしたあと、イギリスに留学した。作品に「坊《ぼ》っちゃん」や「三四郎《さんしろう》」がある。

ア 森鷗外《もりおうがい》　**イ** 与謝野晶子《よさのあきこ》　**ウ** 松尾芭蕉《まつおばしょう》

エ 芥川龍之介《あくたがわりゅうのすけ》　**オ** 正岡子規《まさおかしき》　**カ** 川端康成《かわばたやすなり》

キ 三島由紀夫《みしまゆきお》　**ク** 夏目漱石《なつめそうせき》

①（　　）②（　　）⑤（　　）⑥（　　）

慶應義塾中

4 次の俳句の季語をぬき出し、それぞれの季節を漢字で答えなさい。【20点】

① 柿《かき》くへ《(え)》ば鐘《かね》が鳴るなり法隆寺《ほうりゅうじ》　正岡子規《まさおかしき》

② 鶯《うぐいす》の啼《な》くや小さき口あいて　与謝蕪村《よさぶそん》

③ 大根《だいこ》引き大根で道を教へ《(え)》けり　小林一茶《こばやしいっさ》

④ 閑《しず》かさや岩にしみ入る蝉《せみ》の声　松尾芭蕉《まつおばしょう》

①（季語　　　・季節　　　）②（季語　　　・季節　　　）

③（季語　　　・季節　　　）④（季語　　　・季節　　　）

立正大付属立正中

① 資料を読み取って書く①

解答編24ページ

傾向と対策

◆複数の文章や資料を**比較《ひかく》**しながら読み取り、**示されている内容をまとめたり、自分の考えを書いたり**する。

◆読み取る資料は、**文章やグラフ、実用的な文書**などさまざまである。

（　月　日）

1 **次の文章を読んで、あとの問いに答えなさい。**

①虫食いの習慣は、昔は極《きわ》めて一般的《いっぱんてき》だったと思われる。特に魚が入手し難《にく》い長野などの山国では、昆虫《こんちゅう》は貴重なタンパク源《げん》であったろう。今でも伊那《いな》ではザザムシ（トビゲラ、カワゲラの幼虫《ようちゅう》）の佃《つくだ》煮《に》の瓶《びん》詰《づ》めを売っている店がある。しかし、日本では昆虫の個体数が少なくなったことに加え、ニワトリやブタなどの安価なタンパク源が簡単《かんたん》に入手できるようになって、昆虫食の伝統は急速に廃《すた》れてしまった。

東南アジアでは現在も昆虫食が盛《さか》んで、ベトナムやラオスの市場では様々な種類の昆虫が食材として販売《はんばい》されている。コオロギを養《よう》殖《しょく》している農家もあり、なかなかの人気のようだ。私《わたし》もから揚《あ》げを食べたことがあるが、小エビのから揚げとよく似た食感であり、結《けっ》構《こう》食べられる。世界人口が増え続ける中で、昆虫食はエコロジカルな食物として、国連食糧《しょくりょう》農業機関も推奨《すいしょう》している。

その理由は、昆虫は食べる餌《えさ》から体へのエネルギーの転換《てんかん》効率がいいからである。たとえば、ウシは食べた餌の7分の1から10分の1のエネルギーだけが体になっている。ブタは約4分の1、ニワトリは2・2分の1、サカナは2分の1である。昆虫はサカナと同じくらいか、さらに効率がいい。それに加えて、昆虫は世代交代が早く、次々に育つため、同じ時間でニワトリやサカナに比べより沢山《たくさん》の収量《しゅうりょう》を得ることができる。②将来《しょうらい》、昆虫は主要な食料になるかもしれない。だから、これからの人は昆虫を食べることに慣れた方がいい。

（池田清彦《いけだきよひこ》「生物学ものしり帖《ちょう》」）

══線部の内容に興味をもった光《ひかる》さんは、昆虫食についてさらに調べてメモをとった。

【メモ】

・二〇五〇年に世界人口は九十七億人に
・二〇五〇年には二〇一三年の二倍の食料が必要
・食肉の需要《じゅよう》増加　・動物性タンパク質の不足
・現在、約二十億人が昆虫を常食
・食べられる昆虫は千九百種以上
・欧州《おうしゅう》連合（ＥＵ）が新規食品に規定
・養豚《ようとん》農家からコオロギ農家へ転換（フィンランド）
・売り切れる昆虫スナック　・アレルギーの可能性
・毒がある昆虫もいる　・自然環境《かんきょう》への影響《えいきょう》

(1) ══線部からは、どのような問題があることが読み取れるか。**【メモ】**を参考にして、「〜ことから、……という問題があることが読み取れる。」という形に合わせて答えなさい。

（　　　　）ことから、

（　　　　）という問題があることが読み取れる。

(2) ——線部①「虫食いの習慣は、昔は極めて一般的だった」という表現からは、今はそうではないことが読み取れる。その理由を筆者はどのように説明しているか。四十字以上六十字以内で答えなさい。ただし、句読点等も字数にふくめる。

40

難問

(3) ——線部②「将来、昆虫は主要な食料になるかもしれない」という筆者の考えについて、あなたの考えを次の条件にしたがって書きなさい。

条件

・二段落《だんらく》構成としなさい。
・一段落目には、筆者の考えについて、筆者がそう考える理由にふれながら、あなたはどう考えるか、立場を明らかにして書きなさい。
・二段落目には、あなたの考えの理由を書きなさい。ただし、(i)本文やメモの内容とあなたの考えとを結び付け、(ii)これまでにあなたが見たり聞いたり体験したりしたことにふれて書くこと。
・文字数は、百六十字以上二百字以内として一行目から文章を書くこと。また、句読点が行の最初にくる場合は、前の行の最後のます目に文字といっしょに書くこと。なお、書き出しや段落を変えたときの空白になるます目も一字に数えること。

160

長野県共通―改

② 資料を読み取って書く②

（　月　日）

解答編25ページ

1 田中《たなか》さんの班《はん》では、美しい町づくりについての取り組みを新聞に書いてまとめている。これを読んで、あとの問いに答えなさい。

【作成した新聞】

さわやか新聞

令和元年
7月17日（水）
6年2組5班

公園も心もすっきり

七月十二日（金）、その日は、気温が三十度をこえるとても暑い日でしたが、なかよし公園の清掃《せいそう》を行いました。

わたしたちの班は、花だんの前にあるベンチのコーナーを担当《たんとう》しました。四つのベンチの周りには、ペットボトルなどのごみがたくさん落ちていて、じゅんびしていたふくろがいっぱいになりました。

また、花だんには、雑草も生えていて、ていねいにぬくには、かなりの時間がかかりました。

草むしりをしているわたしたちに、通りかかった近所の山田《やまだ》さんが、「暑い中、ご苦労さま。きれいになって、とても気持ちがいいわね。」と、声をかけてくださいました。

なかよし公園の清掃はとても大変でしたが、自分たちがいつも利用している公園がきれいになったことや地域《ちいき》の方に喜んでもらえたことで、とてもすがすがしい気持ちで終えることができました。

花いっぱい作戦

7/5（金）

a 六年生が毎年行っている「花いっぱい作戦」。四月に地域の方と植えた町の特産品であるラベンダーが満開になり、つみ取り体験をしました。

b 体験後の交流会では、いっしょに活動した町内会長の寺田《てらだ》さんが、二つの資料を見せながら話をしてくれました。お話から、この町には、地元で働きたいと思っている高校生が少ないという問題があることがわかりました。そして、寺田さんがこの町の問題を解決したいと思い、この作戦に参加していることもわかりました。

c 今回の活動は、町に対するわたしたちの関心を高めるよい機会になったと思います。

(1) 田中さんの班では、一つ目の記事の内容について次のような**【下書き】**をしていたが、**【作成した新聞】**のように書き直している。書き直すときに田中さんの班が工夫《くふう》したこととして最も適切なものをあとから選び、記号で答えなさい。

【下書き】

公園も心もすっきり

七月十二日（金）、なかよし公園の清掃を行いました。

わたしたちの班は、花だんの前にあるベンチのコーナーを担当しました。ベンチの周りには、ペットボトルなどがたくさん落ちていて、じゅんびしていたふくろがすぐにいっぱいになり、おどろきました。

また、花だんには雑草も生えていて、ていねいにぬくには、時間がかかり苦労しました。

とても大変だったけど、近所の山田さんが声をかけてくれたので、がんばることができました。とてもうれしかったです。

ア **【下書き】**の内容を、事実を中心に簡単《かんたん》にまとめることで、読み手が記事の内容を理解しやすいように工夫している。

イ 事実に対する感想をそれぞれ書くことで、読み手に自分たちの思いが伝わりやすいように工夫している。

ウ 具体的な会話を効果的に取り入れることで、自分たちが新聞を書く目的や意図が伝わるように工夫している。

エ 事実と自分たちの感じたことを区別して書くことで、読み手に記事の内容が伝わりやすいように工夫している。

（　　）

(2)「花いっぱい作戦」の記事について、田中さんたちは、寺田さんの話からわかったことが記事を読む人に、より伝わるように、b の段落の――線部の部分を書き直すことにした。あとの条件にしたがって書きなさい。

【資料1】

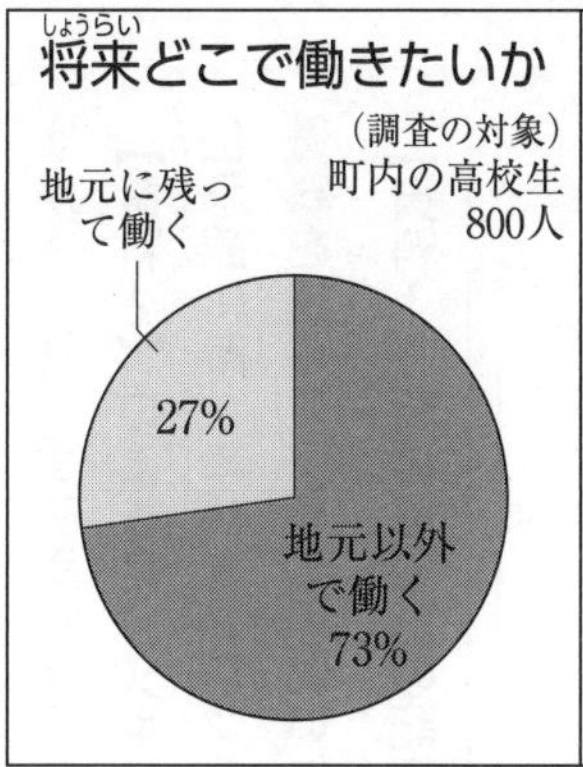

「地元以外で働く」

主な理由

・地元には工場や商業施《し》設《せつ》などがなく，働ける場所がないから。
・地元には人をひきつけるような魅《み》力《りょく》がないから。

など

【資料2】

町の活性化の取り組み

□ラベンダーを使った商品開発（入浴剤《ざい》やクッキーなど）
□温泉《おんせん》を生かした観光客の呼《よ》びこみ（ラベンダーの足湯など）

↓

新たな産業（みやげ物店や加工場）が増加した

寺田さん　【資料1】を見て、とてもおどろいたよ。わたしがこの町のようすを話すことで、若《わか》い人たちの意識が変わるといいな。

〈条件〉

※【資料1】と【資料2】、寺田さんの話から、「なぜ、寺田さんは『花いっぱい作戦』に参加することがこの町の問題解決につながると考えているのか」がわかるように書くこと。

※百二十字以上百四十字以内で書くこと。ただし、句読点等も字数にふくめる。

120

大分県立大分豊府中―改

③ **資料を読み取って書く③**

（　月　日）

解答編25ページ

1 ゆかさんは、【資料1】町の広報誌《こうほうし》の記事を読んで、「手すき和紙」体験教室に参加した。その後、手すき和紙に興味をもったゆかさんは、手すき和紙をつくっている木村《きむら》さんに話を聞いて、【資料2】のように、メモをとった。さらに、【資料3】地域《ちいき》伝承館《でんしょうかん》にあったパンフレットの一部を読んで調べた。これらの資料を読んで、あとの問いに答えなさい。

【資料1】町の広報誌の記事

「手すき和紙」体験教室のおさそい

★こんなところにも手すき和紙が使われることがあります★
・しょうじ・ふすま・お祝いの袋《ふくろ》・書道，版画などの紙・賞状
・ちょうちん　・照明器具　・和菓子《わがし》の包み　・うちわ　など

木村さん

わたしは，手すき和紙づくりを50年続けてきました。手すき和紙には，洋紙とはちがう魅力《みりょく》がたくさんあります。だからこそ，手すき和紙の伝統を絶やさぬよう，若い世代のみなさんにも手すき和紙の魅力を伝えていきたいです。

【資料2】ゆかさんのメモ

〈木村さんの話〉

手すき和紙は，水をすってもやぶれにくい。絵の具やすみがうまくにじむ。

手すき和紙は，光を通しやすい。せんいとせんいの間に細かなすき間があるから。

千年以上前の和紙が，今も奈良《なら》県の正倉院《しょうそういん》に保存《ほぞん》されている。手すき和紙は，じょうぶでいたみにくい。

手すき和紙は，リサイクルに向いている。再生紙として，ハガキや便せんなどに再生されている。手すき和紙は，環《かん》境《きょう》にやさしい。

【資料3】地域伝承館にあったパンフレットの一部

★原料
手すき和紙の原料は、コウゾ、ミツマタ、ガンピなどの植物の木の皮です。そのせんいは、一本一本が長く、複雑にからみ合っています。これらの植物は、木をきった後から芽が出始め、毎年収《しゅう》かくできるため、木をきっても森林破壊《はかい》にはなりません。

★製造方法
まず、木の皮をにてからたたき、せんいをやわらかくほぐします。これを水そうに入れ、一枚《まい》一枚すいていきます。ですから、手すき和紙は一度にたくさんつくることができず、手間がかかります。しかし、製造の工程で薬品を使わないので、地球にやさしく、使われた後は自然にもどります。

★和紙のこれから
日本の手すき和紙技術は、ユネスコ無形文化遺産《いさん》*にも登録されています。しかし、現在では、様々な課題から、手すき和紙技術のけい承があやぶまれています。

全国の手すき和紙生産者へのアンケート結果　後けい者について

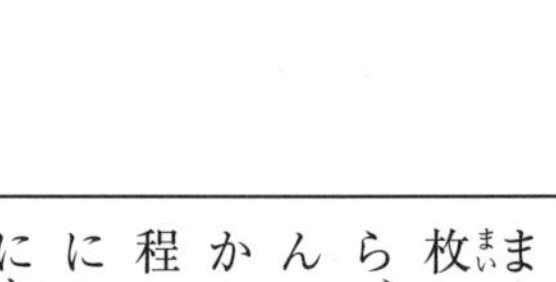

※回答数73軒《けん》

（全国手すき和紙連合会「活路開拓《かいたく》・調査研究ビジョン報告書」〈2007年2月発行〉により作成）

＊ユネスコ無形文化遺産＝古くから各地域で受けつがれてきた芸能、行事、伝統工芸技術などの中から、保護すべき文化としてユネスコが認《みと》めたもの。

よく出る

(1) ゆかさんは、**【資料2】**の「手すき和紙は、環境にやさしい」は、リサイクルの面以外でも言えることがわかった。そのことが理由をふくめて書いてある一文を**【資料3】**から二つ見つけ、最初の五字をそれぞれぬき出しなさい。ただし、句読点等も字数にふくめる。

難問

(2) ゆかさんは、**【資料3】**を読んだことをきっかけに、手すき和紙の課題について調べ、**【資料4】**のグラフを見つけた。そして、**【資料1】**〜**【資料4】**をもとに、わかったことや思ったことを木村さんに手紙で伝えることにした。あなたがゆかさんなら、どのようなことを書くか。あとの**〈木村さんへの手紙の一部〉**の□に書くことを、書き出しに続けて三つの文で書きなさい。その際、書く字数は全体で百字以上百三十字以内とし、二文目は「例えば、」で書き始めなさい。三文目は「しかし、」で書き始め、**【資料3】【資料4】**の二つのグラフからそれぞれわかる課題にふれることとする。ただし、句読点等も字数にふくめ、それぞれの文は改行しないで書きなさい。

【資料4】
ゆかさんが見つけたグラフ

(経済産業省「工業統計調査」により作成)

〈木村さんへの手紙の一部〉

わたしは、体験教室がきっかけで手すき和紙に興味をもち、さらにいろいろ調べました。そして、手すき和紙のよさがたくさんわかりました。

その中で印象に残った手すき和紙のよさは、

これからも、手すき和紙について調べ、学級のみんなにも伝えていきたいと思います。

100

福島県共通—改

4 資料を読み取って書く④

（　月　日）

解答編25ページ

1 次の文章Aは、科学史家の村上陽一郎《むらかみよういちろう》が「教養」とは何かについて書いた本の一部分で、「多くの知識やその広がりが教養の一要素になっている」と述べたあとに続くものである。文章Bも同じ本の一部分で、「教養を身につけるとは、きちんとした人間として、正しいと思う方向に向かって自分を造り上げていくことなのではないか」と述べたあとに続くものである。この二つの文章を読んで、あとの問題に答えなさい。

文章A　でも私《わたし》は、教養にはもう一つ、決定的に大きな要素が含《ふく》まれている、と確信しています。それは、自らを立てることに必要なのが教養だと思うのです。「立てる」と言っても、「人より先にする」という意味ではなく、「揺《ゆ》るがない自分を造り上げる」という意味です。あるいは、自分に対して則《＊のり》を課《か》し、その則の下《もと》で行動できるだけの力をつける、と言い換えてもいいかもしれません。

文章B　つまり、何を材料にして自分を造り上げるか。広い知識や広い体験は決定的に大事な材料の一つですけど、全部ではない。造り上げるというと、いかにも何かがちがちに造り上げた完成品ができてしまうように見えますけど、そうじゃないんですね。自分というものを固定化するのではなく、むしろいつも「開かれて」いて、それを「自分」であると見なす作業、そういう意味での造り上げる行為《こうい》は実は永遠に、死ぬまで続くわけです。

（村上陽一郎「あらためて教養とは」）

＊則…人の行動や判断のよりどころとなる考え方。

(1) この二つの文章は、それぞれどのようなことを言いたかったのだとあなたは考えるか。①文章Aについて百字以内、②文章Bについて百四十字以内で、それぞれあなたの考えをわかりやすく書きなさい。なお、文章Aについては、「教養とは」という書き出しで、また、文章Bについては、「教養を身につけるとは」という書き出しで書きなさい。ただし、句読点等も字数にふくめる。

①

②

難問

(2) この二つの文章を読んで、あなたは「自分を造り上げる」ためには何が必要だと考えるか。あなたの考えを、自分の体験や経験などを交えながら、いくつかの段落《だんらく》に分けて、四百字以上五百字以内でわかりやすく書きなさい。ただし、句読点等も字数にふくめる。

400

東京都立桜修館中―改

5 課題・テーマを読んで書く①

解答編26ページ

（　月　日）

傾向と対策

◆テーマに関する**考え**やその**理由**を書く問題はよく出る。
◆作文の問題のほとんどが、**自分の経験**を挙げて書く必要がある。考えの**根拠**《こんきょ》になる経験を挙げるとよい。
◆条件や書き方の注意にしたがって書くようにする。

1 わたしたちが学習する上で、「知識を身につけること」と「考えること」は、どちらも大切だと言われている。これらがどちらも大切な理由を、三百六十一字以上四百五十字以内で書きなさい。ただし、自分自身の経験や、見たり聞いたりした経験を例に挙げて書くこと。

〈書き方の注意〉

① 題や氏名は書かないで、一行目から書き始める。
② 段落《だんらく》をかえたときや、最後の段落の残りのます目は、字数として数えない。

360

京都府共通－改

2

「自分のよさを見つめ直そう」というテーマで学級活動を行う。そのために、自分が気づかなかった自分のよさを知るきっかけとして、人から感謝された体験を作文に書くことになった。あなたが人から感謝された体験を挙げ、そのときに感じたことや考えたことを、次の条件①～③にしたがって書きなさい。

〈条件〉

① 内容のまとまりごとに段落を分けること。
② 文章は四百字以上五百字以内で書くこと。
③ 題名を書かないで本文から書き始めること。

400

秋田県立大館国際情報学院中―改

6 課題・テーマを読んで書く②

解答編27ページ

（　月　日）

1 現在、食品ロス*が大きな社会問題として取り上げられている。あなたは食品ロスの問題を解決するために、どのような取り組みが必要だと考えるか。あなたのこれまでの経験をもとに、四百字以上五百字以内で三段落構成で書きなさい。

＊食品ロス＝本来食べられるにもかかわらず捨《す》てられた食品のこと。農林水産省が二〇一九年四月に発表した日本国内の二〇一六年度の食品ロスは約六四三万トンにもなる。
（農林水産省「食品ロス量の公表について」より）

注意 ① 題名、氏名は書かずに、一行目から書き始めること。
② 文字やかなづかいも正確に書くこと。

400

宮城県仙台二華中—改

2 情報を集める方法について、国語の授業で、次の二つの立場に分かれて討論《とうろん》会をすることになった。

○ 本から情報を集める。 ○ インターネットから情報を集める。

あなたは、情報を集めるときに、どちらの立場で情報を集める方法がよいと考えるか。【条件】にしたがって作文を書きなさい。

【条件】
・四百字以上五百字以内で書くこと。
・文章全体を三段落または、四段落で書くこと。
・第一段落で、どちらの立場で情報を集める方法がよいか、自分の考えとその理由を書くこと。
・第二段落以降《いこう》に、自分の立場とはちがう立場からの意見を予想し、それに対する自分の意見を書くこと。
・どの段落でもよいので、自分がこれまで体験したことや見聞きしたことをふくめて書くこと。
・数字を書く場合には、漢数字で書くこと。

400

山形県立東桜学館中

7 課題・テーマを読んで書く ③

（　月　日）

解答編28ページ

1 **あなたの住む地域《ちいき》で食に関するイベントが行われることになった。そのイベントの中で、あなたは、野菜ぎらいの小学生が野菜に興味をもつような取り組みを考えることになった。次の条件にしたがって、取り組みを提案する文章を書きなさい。**

条件1　**【資料1】**から野菜を一つ選ぶこと。
条件2　**【資料2】**の〔当日の活動案〕から活動を二つ選び、その活動を通してあなたが伝えたいことを書くこと。
条件3　三百六十字以上四百字以内で書くこと。

【資料1】

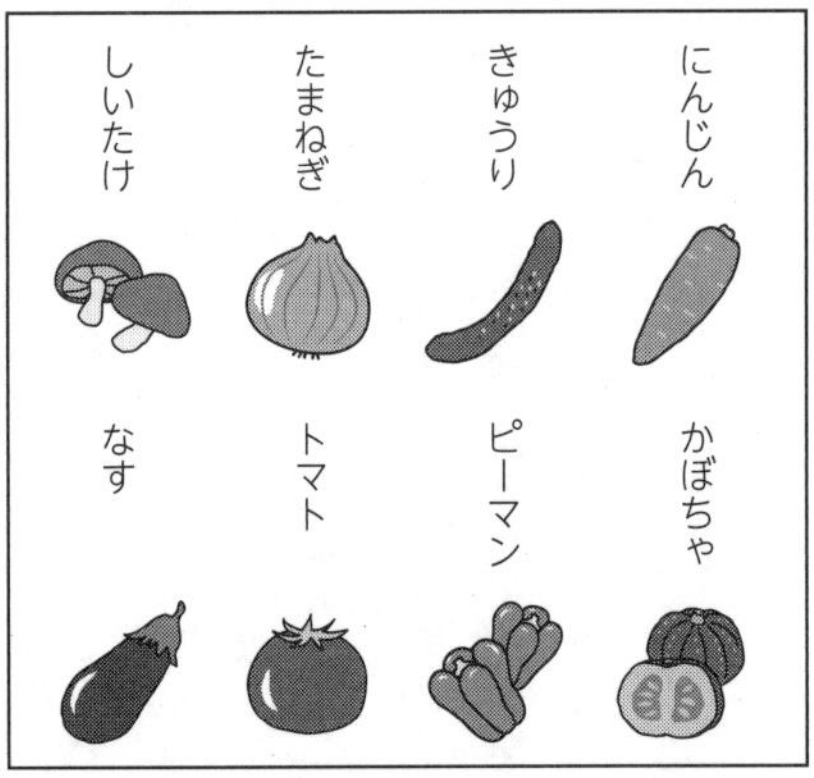

【資料2】

取り組みのテーマ
「野菜のいいとこ，みぃつけよ！」
〔当日の活動案〕
・「紙しばい」でわかる「野菜のいいとこ」
・野菜の*収穫《しゅうかく》体験
・野菜を使った*レシピコンテスト
・*オリジナルグッズを作ろう
・野菜の歴史を調べよう
・野菜を使った料理の試食会
・野菜の生産者の方にインタビュー

＊収穫＝農作物を取り入れること。
＊レシピ＝調理法のこと。
＊オリジナルグッズ＝このイベントのために作られる特別な品物のこと。

360

大阪市立水都国際中

2

下のグラフを参考にして、これまでのあなたの「地域や社会の人たちとの関わり」をふり返り、考えたり感じたりしたことを、【条件】に合わせて書きなさい。

【条件】

① 下のグラフから読み取れたことを書くこと。
② 自分の経験や具体例を挙げて書くこと。
③ 五百字以上六百字以内で書くこと。

※小数点以下を四捨五入しているため、合計は100にならない場合がある。

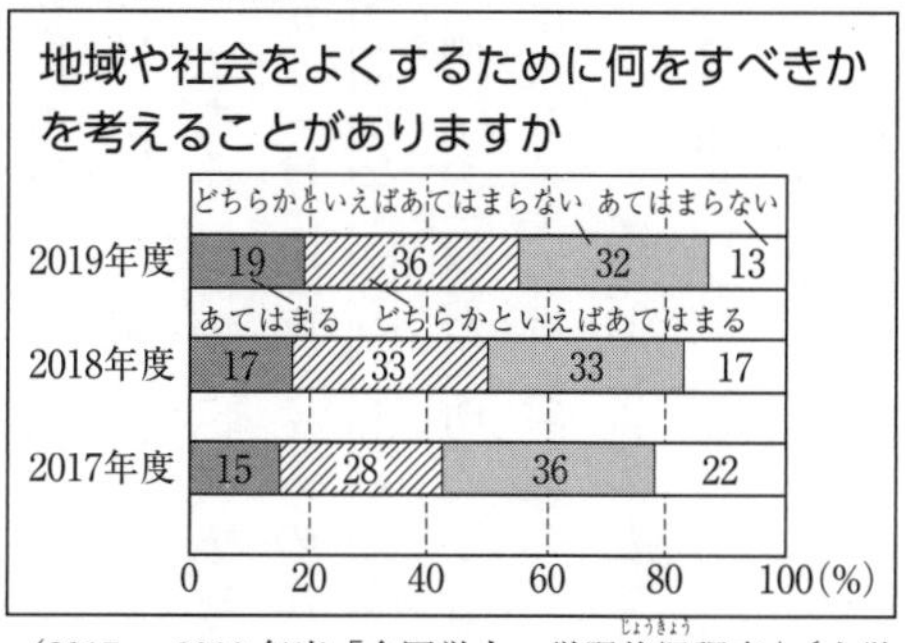

(2017～2019年度「全国学力・学習状況《じょうきょう》調査」〔小学校第6学年対象〕をもとに作成)

長崎県共通―改

入試完成編

中学入試

模擬テスト 第1回

解答編29ページ

時間 50分

合格点 70点

得点　　点

（　月　日）

1 次の文章を読んで、あとの問いに答えなさい。【55点】

人間の住居はいったい、どのような背景《はいけい》と動機でつくられてきたのだろうか。最近、めまぐるしく住居が建てかえられるようになり、町並《まちな》みが急速に変わりつつあるなかで、住まいの本質とは何かを強く感じるようになった。

人類の進化700万年のなかで、定住をはじめたのはつい最近のことである。1万2千年前に農耕や牧畜《ぼくちく》が起こる前は、移動しながら暮《く》らす狩猟《しゅりょう》採集生活だったのだから、きちんとした家に住むのはそれ以降《いこう》のことだろう。私はアフリカの熱帯雨林で狩猟採集生活を営むピグミーの人たちといっしょにゴリラの調査をしたことがある。頻繁《ひんぱん》に森のなかを移動する彼《かれ》らは、狩猟具や食器などわずかな家財道具しかもち合わせておらず、住居もほんの数時間でつくってしまう。細い枝を切ってきて折りまげ、円すい状の小屋をつくり、それにクズウコンの葉をかぶせるだけである。せいぜい数人が入る程度の大きさだが、じゅうぶんに雨がしのげて安眠《あんみん》できるのだ。

実は、①人間以外のサルや類人猿《るいじんえん》には奇妙《きみょう》な住居の歴史がある。最も原始的なサルたちは夜行性で、木の洞《ほら》に安全な寝《ね》場所をつくり、そこで子どもたちを育てる。原猿類はオスもメスも単独で暮らしており、それぞれなわばりをもって対立している。交尾《こうび》期になるとオスとメスが短期間いっしょになるが、交尾後は再び別れ、出産後もメスは単独で子どもを育てる。子どもを置いて食物を探《さが》しにいくため、寝場所はくり返しもどれるようになわばりの中心部につくられている。

ところが、夜から昼の世界に進出しはじめると、サルたちは鳥に対《たい》抗《こう》するために体を大きくし、群れをつくって食物を探すようになった。原猿類が食べているような昆虫《こんちゅう》や樹液《じゅえき》だけでは大きな体を維持《いじ》できなくなり、果実や葉を主食とするようになって、群れで広い範囲《はんい》を遊動しはじめた。そのため、常に安全な場所にもどることができず、巣を捨《す》てて広い範囲を移動しながら、毎晩違《まいばんちが》った木の上で眠《ねむ》るようになった。サルたちには木の上で安定した姿勢《しせい》で眠れるように尻《しり》だこが発達し、赤ちゃんにも生まれたときから母親にしがみつく能力が備わった。

しかし、人間に近縁《きんえん》なゴリラやチンパンジーなどの類人猿になると、さらに体が大きくなって、②体を支えるベッドを木の上につくる必要が生じた。今でもすべての類人猿が毎晩樹上に一人用のベッドをつくって眠る。樹上のベッドは、地上性の大型肉食獣《にくしょくじゅう》から身を守り、安眠を保証してくれた。毎晩つくり変えるため、簡単《かんたん》な造りで数分のうちに完成させてしまうが、とても頑丈《がんじょう》でめったに落ちることはない。類人猿は生まれつきベッドづくりの能力をもっていて、動物園生まれの個体でも、材料をあたえるとベッドをつくろうとすることがある。

でも、人間はいつのころか、このベッドをつくる習性を失ってしまった。古い人類の遺跡《いせき》からベッドは見つかっていない。熱帯雨林を出て草原へ進出した人類の祖先は、地上性の危険《きけん》な肉食獣を避《さ》けるため、洞穴《ほらあな》や岩壁《がんぺき》などベッドの材料が得られない場所で寝たのであろう。しかも、単独のベッドで寝るより、安全を期して家族や仲間と寄り合って寝る道を選んだ。それがやがて、家族や共同体が単位となる住居へとつながったのだと思う。

今、私《わたし》たちが使っているベッドは類人猿のベッドとは違う。類人猿のベッドはあくまで一人用で、毎晩つくり変えられる。それぞれの個体が仲間の存在《そんざい》を確認《かくにん》しながら安眠できるようにすることが目的とされている。これに対して、人間のベッドは家のなかにつくられ、親子や夫婦《ふうふ》がいっしょのベッドで眠ることがある。しかも、耐久《たいきゅう》性があって、何度も同じベッドで眠る。日本人は長らくベッドをつくらず、畳《たたみ》の上に布団《ふとん》を敷《し》いて寝ていた。類人猿のベッドにあたる人間の構造物は家であり、住居のほうがベッドより古いのだ。そこへ、最近になって③二次的ベッドがつくられるようになったと考えることができる。

つまり、人間の住居は家族や共同体の信頼《しんらい》関係を反映《はんえい》する場所なのである。だから、人間の住居には雨をしのぐ屋根だけでなく、外からの視線《しせん》を防ぐ壁《かべ》がある。それは、住居の中と外の世界をはっきり区別する境界の役割《やくわり》を果たす。そして、住居と住居の配置は家族間や集団間の社会関係、すなわち共同体の構造を反映していたはずである。

たとえば、私がアフリカ奥地《おくち》の熱帯雨林で訪問《ほうもん》した村々は、道沿《ぞ》いに家が建っていて、一番奥に村長の家、真ん中付近にバラザと呼《よ》ばれる集会所があった。訪問客はまずこのバラザに立ち寄って、自分の素性《すじょう》や旅の目的を村人に説明し、村長にあいさつすることになっている。外からの来訪者にどう対処《たいしょ》するかも家の配置に組みこまれているのだ。日本の村を形づくる家々も、構造こそ異《こと》なるものの、共同体としてみな同じような対処の仕方を備えていたのだろう。

（山極寿一《やまぎわじゅいち》「ゴリラからの警告《けいこく》『人間社会、ここがおかしい』」）

(1) ――線部「期して」の本文中における意味として最も適切なものを、次から選び、記号で答えなさい。（6点）

ア 保って　イ 優先《ゆうせん》して

ウ 確かめようとして　エ 得ようとして

（　　）

(2) ――線部①「人間以外のサルや類人猿には奇妙な住居の歴史がある」とあるが、本文で述べられている「住居の歴史」として最も適切なものを次から選び、記号で答えなさい。（8点）

ア 原始的なサルたちは、夜行性だったが、やがて食物を効率的に探すために昼中心の生活になったことで主食も変化した。そして、群れをつくって広い範囲を移動しながら行動するようになるとともに、毎晩違った木の上で眠るようになった。

イ 原始的なサルたちはオスもメスも単独でなわばりをもって暮らしていたが、やがて群れをつくって一緒《いっしょ》に行動するようになるとともに樹上で暮らすようになった。しかし、さらに体が大きくなったことで岩壁や洞穴で暮らすようになった。

ウ 原始的なサルたちは木の洞に寝場所を確保していたが、やがて主食が果実や葉に変化し、群れで遊動するようになったため、毎晩寝場所を変えるようになった。さらに、類人猿になると、体を支えるためのベッドを移動先の樹上につくるようになった。

エ 原始的なサルたちは、くり返しもどれるようになわばりの中心部を寝場所にしていたが、大型肉食獣から逃《のが》れるために毎晩違った場所で眠るようになった。また、類人猿になると、毎晩ベッドをつくり変えるようになった。（　　）

(3) ――線部②「体を支えるベッドを木の上につくる必要が生じた」とあるが、「体を支える」以外の目的を説明した三十二字の部分をぬき出し、はじめと終わりの五字を答えなさい。（8点）

□□□□□ ～ □□□□□

(4) ――線部③「二次的ベッドがつくられるようになった」とあるが、どういうことか。「二次的」という表現に注目して説明しなさい。（12点）

（　　　　　　　　　　）

(5) 〰〰線部「最近、めまぐるしく住居が建てかえられるようになり、町並みが急速に変わりつつあるなかで、住まいの本質とは何かを強く感じるようになった」とあるが、筆者の考える「住まいの本質」を説明しなさい。（12点）

（　　　　　　　　　　）

(6) 本文の内容と合うものを次から選び、記号で答えなさい。（9点）

ア 狩猟採集生活を営むピグミーの人たちの生活を調査すると、人間の理想的な住まいを知ることができる。

イ 原始的なサルの場合、食物を探しにいったオスが戻《もど》りやすいように、寝場所はなわばりの中心部に作られた。

ウ かつて日本の村では、来訪者への対応の仕方が住居の配置に組み込《こ》まれていたと考えられる。

エ 類人猿はベッドをつくる習性を失ったため、家族や仲間と寄り合って寝るようになった。

（　　）

〈淑徳与野中―改〉

2 次の文章を読んで、あとの問いに答えなさい。【27点】

「日本」と「世界」を区別する仕方には、日本では明治時代以来、互《たが》いに相容《あいい》れない二つの方向性があって、話し出すときりがありませんが、ごく簡単《かんたん》に要約すると、一つは、自分たちが西洋＝世界から遅《おく》れていて、科学でも文学でも西洋にはまるっきりかなわないと考え、卑屈《ひくつ》になって、「世界は素晴《すば》らしい。それに比べると日本はダメだ」と卑下《ひげ》する、[1]自虐《じぎゃく》的な立場です。つまり、日本を世界よりも下に置くという見方です。

もう一つは、自虐の反対で「日本は素晴らしい」と考える立場。この場合、世界（要するに欧米《おうべい》に代表される外国）は日本よりも劣《おと》るとあからさまに言わないまでも、「外国の連中には日本のことはわからない。日本は特別でいいものであって、世界といっしょくたにされては困《こま》る」といった、ナショナリスト的、国粋《こくすい》主義的な考え方に通じていきます。極言すれば、自分のほうが偉《えら》くて、世界は異《い》質《しつ》であるから自分たちには要《い》らないということですね。

つまり、第一の立場は[A]。二番目の立場は[B]、あるいはそこまで言わなくとも、「日本は素晴らしい。それ以外の世界はどうでもいい」。近代の日本にはこの二つの対照的な立場がいつも共《きょう》存《ぞん》していたわけですが、面白いのは、いずれの場合も、日本と世界とを必要以上に区別してきたということです。

それは[2]、何を意味するのでしょうか。「日本も世界の一部であって、日本人も世界の人々と同じ土俵《どひょう》の上にいる同じ人間だから、互いに対等な人間としてつきあいましょう」というわけには[3]いかないということです。だから、文学の領域《りょういき》でも、「皆《みな》さんとは少し違うかもしれませんが、やっぱり同じ文学としてお互いに理解しあえるはずです」と、どうもすんなりいかない面があったのです。

（沼野《ぬまの》充義《みつよし》「世界は文学でできている」）

(1) [1]〜[3]に入る言葉として最も適切なものをそれぞれ次から選び、記号で答えなさい（同じ記号は二度使えません）。（9点）

ア いったい　**イ** なかなか　**ウ** もともと　**エ** いわば

1（　　）　2（　　）　3（　　）

(2) Ａ・Ｂに入る表現の組み合わせとして最も適切なものを次から選び、記号で答えなさい。(9点)

ア Ａ「世界は立派《りっぱ》で、日本も立派」
　Ｂ「日本はおろかで、世界もおろか」
イ Ａ「世界が上で、日本が下」
　Ｂ「日本が上で、世界が下」
ウ Ａ「世界が大切で、日本はそうでもない」
　Ｂ「日本が大切で、世界も大切」
エ Ａ「世界が最初で、日本は二番目」
　Ｂ「日本が最初で、世界は二番目」
オ Ａ「世界はつまらなくて、日本はすばらしい」
　Ｂ「日本は特別で、世界は不要」

（　）

(3) ――線部「面白い」とあるが、なぜか。最も適切なものを次から選び、記号で答えなさい。(9点)

ア 日本に住んでいる人も、そうではない人も、同じ人間として理解しあおうとする機会を、長年にわたって持つことができていないから。
イ 日本の文学も世界の文学も、同じ文学であるにもかかわらず、どちらが価値《かち》が高いかというような論争《ろんそう》がいまも起こっているから。
ウ 日本と世界とのつながりについて、いろいろな意見があるのは当たり前のことなのに、一つの意見にまとめようとしているから。
エ 日本と世界との関係をどうとらえるのかについて、意見の違《ちが》いはあるが、日本と世界とを区別して考える姿勢《しせい》は共通しているから。
オ 近代の日本では、日本のことを考えるために、当然世界のことも考えなくてはならないということを必死になって議《ぎ》論《ろん》してきたから。

（　）

淳心学院中―改

3 次のそれぞれの問いに答えなさい。【18点】

(1) 次の慣用句の□に入る言葉を、下の（　）内の意味になるようにそれぞれ次から選び、記号で答えなさい。(10点)

① □が立つ（世間に対する名誉《めいよ》が保たれる）
ア 足　**イ** 息　**ウ** 腕《うで》　**エ** 顔　**オ** 口　（　）

② 口が□ない（次々と負け惜《お》しみや言い逃《のが》れを言う）
ア かたく　**イ** 軽く　**ウ** すべら　**エ** 焼か　**オ** 減ら　（　）

③ 腹を□（覚悟《かくご》を決める）
ア かかえる　**イ** くくる　**ウ** たてる
エ いためる　**オ** きる　（　）

④ 二の□（他の人と同じ失敗を繰《く》り返すこと）
ア 足　**イ** 句　**ウ** 舞《まい》　**エ** 次　**オ** 腕　（　）

⑤ □を焼く（取り扱《あつか》いに困る）
ア 手　**イ** 頭　**ウ** 舌《した》　**エ** 肩《かた》　**オ** 爪《つめ》　（　）

共立女子中

(2) 中央の□に漢字一字を入れると、四つの二字熟語が完成します。矢印の方向に読んで、熟語を完成させなさい。(8点)

① 定↓　評→□→格　↓値
② 表↓　出→□→実　↓在
③ 出↓　通→□→勉　↓務
④ 階↓　手→□→落　↓差

白百合学園中

中学入試 模擬テスト 第2回

解答編30ページ

時間 50分
合格点 70点
得点　　点
（　月　日）

1 次の文章を読んで、あとの問いに答えなさい。【50点】

陽菜子《ひなこ》は中学受験のために塾《じゅく》に通っている。友達のさくらちゃんと莉紗《りさ》ちゃんが映画《えいが》に誘《さそ》おうとしたのを、同じく友達のここちゃんが止めたことを知り、陽菜子は不安を覚える。ある日、陽菜子は、模試《もし》の会場に向かっている途中《とちゅう》、偶然《ぐうぜん》会ったここちゃんに声をかけられる。

「ひなこちゃん、これから出かけるの？」

「うん。」

陽菜子も立ちどまる。ここちゃんは駅ビルに入っているパン屋の袋《ふくろ》を持っている。

「ここちゃんはパンを買ってきたんだ。」

「おつかい。うちは今からこれで朝ごはんなの。」

陽菜子は歩きだそうとした。ここちゃんがあわてて「待って」と止めた。

「話があるの。」

「ごめん、急いでるんだ。」

「ちょっとだけだから、おねがい。」

ここちゃんは［A］だ。しかたなく陽菜子はまた立ちどまる。

「さくらちゃんと莉紗ちゃんのことなの。」

ぎくりとする。

もしかして、仲間に入らないで、とついにいわれるのだろうか。

ここちゃんは「えっと」と口ごもったあと、思いきったように話しはじめた。

「実は、莉紗ちゃんとさくらちゃん、『①地元の中学に行く子をふやそうキャンペーン』っていうのを今やってるの。」

「キャンペーン？」

予想外の言葉だ。意味がわからない。

「中学受験の塾《じゅく》に行ってるけど、真剣《しんけん》じゃない子をやめさせようっていう作戦なんだって。それで、ひなこちゃんが選ばれてるの。」

「えっ。」

陽菜子がびっくりすると、ここちゃんは［B］になる。やさしそうな薄《うす》い眉毛《まゆげ》が八の字にさがる。

「でも、二人とも意地悪のつもりはぜんぜんないの。ほんとに。わたしたちの小学校って、地元の区立中学に進む子は半分もいないでしょ。だから、さびしいねっていつもいってて、とくに仲のいい子は、同じ中学に行ってくれたらうれしいのにねって。それに……。」

ここちゃんは、またいいにくそうにちょっと口ごもった。

「莉紗ちゃんちのお父さん、去年、病気で会社を辞《や》めたんだって。それで受験をやめたらしいの。莉紗ちゃんは塾が大好きだったからすごくショックだったみたいで。」

そうだったんだ。莉紗ちゃんも、ハシモと同じくらい、勉強がよくできる子だ。どうしてやめたんだろうと、最初に話をきいたとき、ちょっと不思議だった。

「だから莉紗ちゃんは、②真剣じゃない子は塾に行かなくていいって、たまにいうの。わたしは最初、二人がキャンペーンとかさわいでいるのをきいても、なにも思わなかったんだけど、でも、ひなこちゃんが誘《さそ》われてるのを見てたら、なんだか□気がしてきて……。それに考えたら、真剣じゃない子が塾に行くのも、それはその人の自由だとわたしは思う。だからこのあいだ、二人がひなこちゃんを映画に誘おうっていったとき、わたし、とめたの。」

そうだったんだ。おどろきながらも陽菜子は納得《なっとく》していた。

「へんな話だけど、うそじゃないの。でも、こんな話きくのは嫌《いや》だよね。ごめんね。」

ここちゃんがあやまる。

「ううん。」

陽菜子は頭をふった。汗《あせ》をかきながら一生懸命《いっしょうけんめい》話しているここちゃんを見て、うそだとはまったく思わない。

「さくらちゃんも、莉紗ちゃんも、陽菜子ちゃんに意地悪しようなんてぜんぜん、思ってないの。それは本当なの。二人ともひなこちゃんのことが好きだから同じ中学に行きたいって思ってる。でも、もし、ひなこちゃんが、二人にいわれたことで塾をやめようと思ってるなら、よく考えて。それは、ひなこちゃんが自分で決めることだとわたしは思うから。」

「ありがとう。いってくれて。」

陽菜子がいうと、ここちゃんは、すっと[C]になった。

「よかった。……でも、ずるいけど、わたしがいったこと、二人にいわないでくれる?」

「ずるくないよ。絶対にいわない。それより、話してくれて、ほんとにありがとう。」

陽菜子はここちゃんに頭をさげた。

電車はがらんとして、座席《ざせき》にすわっている人もまばらだった。

陽菜子は車両の連結部に近いシートに一人、すわった。

さらに、わからなくなっちゃったなあ。

そう軽く笑ってみようとした。

③でも、笑えなかった。

ここちゃんの話がショックじゃないといったら、うそだ。

でも、さくらちゃんや莉紗ちゃんに腹《はら》が立つかといえば、そういう気分にもならなかった。二人が陽菜子のことを好きでいてくれるのは本当だと思う。それに陽菜子も二人のことが好きだ。

つまり、これは私《わたし》の問題なんだ。お母さんにむりにさせられている気がするとか、やる気が出ないとか。それより、自分がどうしたいかということなんだ。

（魚住直子《うおずみなおこ》「いいたいことがあります!」）

⑴ [A]～[C]に入るここちゃんの表情として最も適切なものをそれぞれ次から選び、記号で答えなさい。(9点)

ア こまった顔　**イ** 悲しそうな顔

ウ 安心した顔　**エ** ずるそうな顔

オ 必死な顔

A（　）B（　）C（　）

⑵ ――線部①「地元の中学に行く子をふやそうキャンペーン」とはどういうことか。本文中から三十四字でぬき出し、はじめと終わりの五字を答えなさい。(完答8点)

□□□□□～□□□□□

⑶ ――線部②「真剣じゃない子は塾に行かなくていい」と莉紗ちゃ

んがいうのはなぜか。適切なものを次から二つ選び、記号で答えなさい。(8点)

ア　いい加減な気持ちで受験すると、受験に失敗してしまい、つらい思いをするから。

イ　中学という新しい環境《かんきょう》に入るのは不安なので、顔見知りの友達と入学したかったから。

ウ　勉強好きの自分が、家庭の事情で中学受験をあきらめなければならなかったから。

エ　仲のいい子には、同じ地元の区立中学校に行ってほしいと思っていたから。

（　・　）

(4)　□に入る言葉として最も適切なものを次から選び、記号で答えなさい。(7点)

ア　真剣じゃない　イ　怒《おこ》ってる

ウ　楽しんでる　エ　だましてる

（　）

(5)　――線部③「でも、笑えなかった」とあるが、陽菜子はなぜ笑えなかったのか。その理由を説明した次の文のⅠ～Ⅲに入る言葉を、本文中から指定された字数でぬき出しなさい。ただし、句読点等も字数にふくめる。(18点)

・陽菜子は中学受験について、Ⅰ(十五字)とか、Ⅱ(七字)と考えていたが、ここちゃんの告白によって、Ⅲ(十四字)は今まで一度も考えたことがなかったと気づいたから。

Ⅰ

Ⅱ

Ⅲ

近畿大附中―改

2　次の文章を読んで、あとの問いに答えなさい。【30点】

稲妻《いなずま》とは、空中の放電現象であり、ピカッと雷光《らいこう》が走る様子をいいます。この言葉は、稲妻が、稲《いね》の実る頃《ころ》に多く発生したことから「稲の夫（つま）」と呼ばれたのが由来で、稲妻が多く発生した年は稲の実りが良いとされてきました。

稲に限らず、農作物については古くから「雷《かみなり》の多い年は豊作になる」という言い伝えがあります。現代の我々《われわれ》は、これを聞いても放電現象と農作物の出来具合には何の関係もないと思うかもしれません。

しかし、二〇一六年に、島根県の高校生が「雷を受けると植物は成長する」という実験結果を発表したことが注目を集めました。そこでは、カイワレ大根を用い、タネの部分やタネを浸《ひた》す水に放電したものとそうでないものを比較《ひかく》すると、放電したものの方が発芽率や成長率が高いという結果になりました。これは、電気によって肥料の三要素（窒素《ちっそ》、リン酸、カリウム）の一つである窒素が水に溶《と》け込《こ》み、成長を促進《そくしん》させたことが理由だと考えられています。では、電気を多く与《あた》えるほど成長が早くなるかというとそうではないようで、実験では、①放電時間を長くしすぎるとかえって発芽や成長の度合いは下がってしまいました。　A　「適切な放電時間をつきとめること」が必要であり、②それが農作物ごとに判明すれば収穫《しゅうかく》サイクルを　B　できるため、生産量の向上につながると結論《けつろん》付けています。

この実験結果だけをもって、「雷が多い年は豊作になる」ということが証明されたとは断言できないかもしれません。　C　、古くからの言い伝えに一つの根拠《こんきょ》が示されたとは言えるのではないでしょうか。

そしてこのことは、経験的に言い伝えられてきたことを迷信《めいしん》だと切り捨《す》てるのではなく、実際に確かめてみる姿勢《しせい》が、新たな発見にとって大事だということを教えてくれています。

(1) [A]・[C]に入る言葉として最も適切なものをそれぞれ次から選び、記号で答えなさい（同じ記号は二度使えません）。(10点)

ア いっぽう　**イ** さらに　**ウ** つまり
エ たとえば　**オ** ただ

A（　　）　C（　　）

(2) ――線部①「放電時間を長くしすぎるとかえって発芽や成長の度合いは下がってしまいました」について、この内容を最もよく表すものを次から選び、記号で答えなさい。(6点)

ア 帯に短したすきに長し
イ 大は小をかねる
ウ 船頭多くして船山に登る
エ 過ぎたるはなお及《およ》ばざるがごとし

（　　）

(3) ――線部②「それ」の指す内容を本文中の言葉を用いて十字程度で答えなさい。(8点)

(4) [B]に入る言葉として最も適切なものを次から選び、漢字に直して答えなさい。(6点)

タンシュク　ゾウダイ　エンチョウ　ゲンショウ

（　　）

山脇学園中―改

3 □に入る漢字一字を答えなさい。【10点】

(1) カッパの□流れ
(2) 飛んで火に入る□の虫
(3) 二階から□薬
(4) 雀《すずめ》□まで踊《おど》り忘《わす》れず
(5) □の上にも三年

西武学園文理中

4 次の（　）に入る言葉として最も適切なものをそれぞれ次から選び、記号で答えなさい（同じ記号は二度使えません）。【10点】

(1) 母は、あと十分ほどで帰って（　）ます。
(2) 兄がかいた風景画を（　）ますか。
(3) 父が、一度先生に（　）たいと申しておりました。
(4) このねこは、タマと（　）ます。
(5) お飲み物はコーヒーに（　）ますか。

ア いい　**イ** 拝見《はいけん》し　**ウ** ごらんになり
エ なさい　**オ** おっしゃい　**カ** まいり
キ いただき　**ク** お目にかかり　**ケ** いらっしゃい

(1)（　　）(2)（　　）(3)（　　）(4)（　　）
(5)（　　）

神奈川学園中

中学入試

模擬テスト 第3回

解答編31ページ

時間 50分

合格点 70点

得点　　点

（　月　日）

1 次の文章を読んで、あとの問いに答えなさい。【33点】

震災以降《しんさいいこう》、ラジオばかり聴《き》いている。八月のある日、小、中学生の夏休みの宿題が、番組のテーマになっていた。今でも読書感想文が宿題になっているらしく、読書が習慣になっていない子供《こども》たちにとっては、それがとても苦痛《くつう》らしい。私《わたし》も①本を読むのは大好きだったが、感想文を書かされるのは大嫌《だいきら》いだった。読みたくもない本を押《お》しつけられ、そのうえ感想文まで書かされるなんて、うんざりだと気乗りがしなかったが、その押しつけられた本は読んでみると意外と面白く、先生が読めという本も、満更《まんざら》でもないと子供心に反省した。それからは課題図書は素直《すなお》に読み、感想文を提出するようになったものだ。

放送中、小学生の母親からのメッセージが読まれた。宿題の読書感想文に頭を悩《なや》ませた息子《むすこ》が彼女《かのじょ》に、

「いいことを思いついた」

といった。課題図書は名作なので、だいたい映画化《えいがか》されている。本は読まずにＤＶＤを借りてきて、それを見て感想文を書けば楽だといったというのである。

それを読んだ、幼《おさな》い子供がいるらしい女性アナウンサーが、

「②それはいい方法ですね」

といったので、③私はびっくりした。一緒《いっしょ》に番組をやっている男性は、自身も文章を書き、本も出版している人なので、

「えっ、どうしてですか」

と聞いた。すると彼女は、

「だって、本を読んで頭の中で想像するって、大変じゃないですか」

などといったのである。呆《あき》れたのか男性も黙《だま》ってしまい、その話題はそれっきりになった。きっと彼女は自分の子供が読書感想文を書かされる年齢《ねんれい》になったら、

「本を読まなくたって、ＤＶＤを見て書けばいいわよ」

などと入《い》れ知恵《ぢえ》をするのだろう。

私は子供の頃《ころ》から本が大好きで、本なしでは過ごせない生活を、数十年以上過ごしてきた。老眼になり体力も落ちた今では、以前のようには読めなくなったが、それでも本は買い続けている。④画面ではなく、ちゃんと本を手にとって読みたい。しかし世の中には、本をまったく読まないという人がいるのも事実なのだ。

⑤知り合いの四十代の女性は、教科書や課題図書以外、本は手にしたことがなく、課題図書もろくに読まなかったので、読み終えた本はこれまでの人生で一冊《いっさつ》もない。どうして読まないのかと聞いたら、

「面倒《めんどう》くさくて」

と顔をしかめる。女性誌《じょせいし》はたまに買うものの、写真だけを X 見ていき、文字を読むのは値段《ねだん》とブランド名だけ。本文はまったく読まない。逆に彼女から、

「どうして本を読むんですか」

と聞かれたので、

「本はいちばん安い娯楽《ごらく》だと思うわ。五百円足らずの文庫本でも、

読めばいろいろな人の人生を追体験できるし、知らない事柄《ことがら》も知ることができるし、過去でも未来でも、すべての出来事が経験できるじゃない」

と力説したが、

「ふーん」

と気のない返事しか戻《もど》ってこなかった。

私は本を読む人は偉《えら》くて立派《りっぱ》といった考え方は嫌《きら》いで、本を読んで何も得ないよりは、実体験で経験を積んだほうがよいと思っている。⑥簡単《かんたん》に本が買えなかった時代の日本人は、本を読んだ知識ではなく、自分が体を動かし、経験をしていろいろな考え方を身につけていた。本を読んでいる人が、読まない人よりも上という感覚はない。しかし、四十年以上生きてきて、一冊《いっさつ》の本を選ぶ気も読む気もなかった人というのは、やはりちょっと理解しにくい。

なにか読みたいなと思っても、どんな本を読んでいいかわからず、買って読む機会を失ったまま、［Y］時間が経《た》ってしまった人はいるだろう。しかし彼女の場合は、とにかく興味がないのだ。他に趣《しゅ》味《み》を持っている人ならば、本を読む時間は持てないだろうと、

「家で時間があるときはどうしているの」

と聞いたら、

「ずっとテレビを見てます」

という。なので芸能人の噂話《うわさばなし》やバラエティ番組にはとても詳《くわ》しい。自慢《じまん》できるほど詳しいのならまだしも、テレビをあまり見ない私でも知っているような事柄ばかりなので、詳しいといってもたいした内容ではないのだ。特に趣味はなく、インターネットは好きではないので、休みの日はぼーっとテレビを見ているか、情報番組で見た、安いと評判の店を食べ歩きしているといっていた。

（群《むれ》ようこ「本との距離《きょり》」）

---

(1) ［X］・［Y］に入る言葉をそれぞれ次から選び、記号で答えなさい。（4点）

ア ずるずると　イ いらいらと　ウ わざわざと

エ ぱらぱらと　オ むざむざと　カ すらすらと

X（　　）Y（　　）

(2) ——線部①「本を読むのは大好きだった」と述べる筆者にとって、読書の喜びとはどういうことか。端的《たんてき》に説明した部分を、本文中からぬき出し、はじめの五字を答えなさい。（4点）

(3) ——線部②「それ」とはどうすることか。本文中の言葉を用いて、四十字以内で答えなさい。（8点）

(4) ——線部③「私はびっくりした」とあるが、どういうことに筆者はびっくりしたのか。その答えとして最も適切なものを次から選び、記号で答えなさい。（4点）

ア 子供がズルをすることを大人が何の罪悪感もなく認めていること。

イ 子供がいる親なのに読書の価値《かち》をまったくわかっていないらしいこと。

ウ　一緒の男性が本を出版している人であることを考えていないこと。

エ　映画と原作は内容が違《ちが》うかもしれないことに気づいていないこと。

（　　）

(5)　――線部④「画面ではなく、ちゃんと本を手にとって読みたい」とあるが、DVDを見るのではなく、本を読みたいと筆者が願うのは、画面ではどういう楽しみがないからか。その答えとなる言葉を、「楽しみ。」という言葉に続く形で本文中から十字以内でぬき出しなさい。（5点）

□□□□□□□□□□楽しみ。

(6)　――線部⑤「知り合いの四十代の女性」に対して、筆者はどういう印象をもっていたか。最も適切なものを次から選び、記号で答えなさい。（4点）

ア　写真しか見ず、文字は値段とブランド名だけで本文はまったく読まないなんて、悲しいとしか言いようがない。

イ　本を読んで何も得ないよりは、実体験で経験を積んだほうがよいのだから、このような生き方があってもよい。

ウ　四十年以上生きてきて一冊の本も読まなかったなんて、なぜそういう生き方になるのかということが気になる。

エ　私でも知っているような事しか知らないのだから、テレビを見ている彼女よりも本を読んでいる私の方が上だ。

（　　）

(7)　――線⑥「簡単に」の直前に、次の語句を補《おぎな》うとしたら、□にふさわしいことわざは何か。あとから選び、記号で答えなさい。（4点）

□というけれど、

ア　稼《かせ》ぐに追いつく貧乏《びんぼう》なし　イ　論《ろん》より証拠《しょうこ》

ウ　好きこそものの上手なれ　エ　習うより慣れよ

（　　）　巣鴨中―改

2　次の文章を読んで、あとの問いに答えなさい。【38点】

君たちには無限の可能性もあるが、X もある

大人になるためにかならず必要なことなのだけれど、学校では教えないことが二つあります。

一つは、先に述べた「気の合わない人間とも並存《へいぞん》しなければならない」ということと、そのための作法です。

もう一つ教えないことは何かというと、「君にはこういう限界がある」ということです。そもそも人間が生きているかぎり、多かれ少なかれ限界や挫折《ざせつ》というものは必ずやってくるものです。

それを乗《の》り越《こ》えるための心構えを少しずつ養っておく必要があるのですが、いまの学校では、「君たちには無限の可能性がある」というようなメッセージばかりが強くて、「人には誰《だれ》にでも限界がある」「いくら頑張《がんば》ってもダメなことだってある」ということまでは、教えてくれません。

子どもたちを傷《きず》つけてはいけないとか、子どもはみんな可能性を秘《ひ》めているといった考えからなのか、いまの学校では、むかし以上に競争を最小限に抑《おさ》えようという雰囲気《ふんいき》があるようです。評価も本当はしているはずなのに、それが表からは見えにくいような工夫《くふう》がなされています。でも、一方で社会はいま、むかし以上にものすごく競争がきつくなっている「評価社会」なのです。

①こうしたズレがあるので、社会に投げ出されたときにものすごい

ギャップを感じてしまうわけです。挫折や限界にいきなりぶつけられたら、人はどうしていいか戸惑《とまど》ってしまうでしょう。学校にいる間だけは社会の辛《つら》い波風にはさらしたくないというのは、一見いかにも子どもたちのことを考えているようで、じつは本当のところで子どもたちの将来《しょうらい》についてきちんと考えていない無責任な態度といえるかもしれません。

　このギャップについては、卒業した私《わたし》の教え子たちも、いろいろな形で言ってきます。だから、学校文化の中でもある程度、どんな人間にも限界があるということ、将来挫折というものを体験したときにどうしたらいいのかということについて、知識としてもあるいは体験としてももっと教えてもいいのではないかと思います。「無限の可能性」だけを煽《あお》って、子どものセルフイメージを肥大《ひだい》化させるだけでは、やはりまずいんじゃないかなという気がします。

　それは家庭の教育においても同じことが言えると思います。

　こうした問題に関連して、子どもたちにぜひ伝えなければならないなといつも考えていることが二つあります。

　それはどんなに自分が出来ると思っていることにでも、世の中には必ず「上には上がいる」ということ、[A]「どんな活動のジャンルにも、ものすごく努力して一流をめざそうとしている人とそうでない人たちがいる、活動のジャンルそのものには貴賤《きせん》はない」ということです。

　勉強で良い成績をとったり、何かの活動で優《すぐ》れた評価をされたときには、もちろん褒《ほ》めてあげることはとても大事なことです。でも折りに触《ふ》れて、世の中にはもっともっと優秀《ゆうしゅう》でもっともっと努力している人たちがいろいろな分野でたくさんいるということを子どもに教えることも、とても大切なことだと私は考えています。

　自分がどんな狭《せま》い世界でもいいからとにかく一番でいたいという気持ちが強い子は確かに向上心があるという良い面がある反面、自分が一番になれない場合、自分より優れた人間の足を引っ張ろうとするような良くない面を持ちがちなものです。勉強が出来る子、親に大事に育てられていそうな子、ちょっと容姿《ようし》がかわいい子などがいじめのターゲットにされがちな傾向《けいこう》がいま強いのは、こうした自分の限界や挫折を知らない子どもたち、あるいはなかば知っていながらそれを認《みと》めたくない子どもたち、教育者の諏訪《すわ》哲二《てつじ》さんの言葉を借りれば「[Y]化する子どもたち」が増えてきたからでしょう。

　しかし大人になるにつれて、いろいろな挫折を経験して自分の限界を知ったり、自分より優れている人間がこの世にはたくさんいるということを知らされたり、自分が思っているほどには自分は大した人間ではないということをいやでも思い知らされたりします。

　これを私は人生の「苦味」とよんでいます。こうした苦味に耐《た》え切れずにルサンチマンの淵《ふち》に落ちたまま這《は》い上がって来れないような人間にだけはなって欲《ほ》しくはないものです。

　でもその苦味を味わうという余裕《よゆう》が出来てこそ、人生の「うま味」というものを自分なりに咀嚼《そしゃく》できるようになるのです。挫折の無い人生なんておよそ考えられません。どんなに優秀で、あるいは家庭的にも経済的《けいざいてき》にもとても恵《めぐ》まれているように見える人でも、必ずなにかしらの挫折を経験しているはずなのです。[B]そうは見えないとしたら、それは彼《かれ》（あるいは彼女《かのじょ》）がそうした挫折を自分の中で上手に処理《しょり》して、その苦味をいつのまにか人生のうま味に変えてしまっているからなのです。②「人が生きる」ということは本当にそういうものなのだと私は考えています。

[C]難《むずか》しい仕事を何とかやりとげた喜びや、組織の中でそれな

りにストレスなどを感じながらも評価されるとか、最初は自分には全然向かないと思った仕事がこなせたときに、「あ、自分って案外こういう分野でもできるのかな」というような知らない自分に出会ったりとか。そういううま味は、苦味の先にあるのです。一言で言うと「苦味を味わうことを通して味わううま味」というものを経験できるようになることこそが、大人になるということなのだと思うのです。

（菅野《かんの》仁《ひとし》「友だち幻想《げんそう》―人と人の〈つながり〉を考える」）

(1) [A]～[C]に入る言葉として最も適切なものをそれぞれ次から選び、記号で答えなさい（同じ記号は二度使えません）。（6点）

ア なぜなら　**イ** さて　**ウ** それとも　**エ** そして
オ 例えば　**カ** しかし

A（　）B（　）C（　）

(2) ――線部①「こうしたズレ」とは、どのようなことか。本文中の言葉を用いて五十字以内で答えなさい。ただし、「評価」という語句を使うこと。（8点）

(3) [X]に入る言葉を本文中から漢字二字でぬき出しなさい。（4点）

(4) [Y]に入る言葉として最も適切なものを次から選び、記号で答えなさい。（4点）

ア 幼児　**イ** 差別　**ウ** オレ様　**エ** お客様
オ 狂暴

（　）

(5) 次の一文は、本文のどの段落の最後に入るのがふさわしいか。その段落の終わりの五字をぬき出しなさい。ただし、句読点等も字数にふくめる。（4点）

苦味というものをどうしても噛みしめざるをえないのが大人の世界なのです。

(6) ――線部②「『人が生きる』ということは本当にそういうものなのだと私は考えています」とあるが、筆者は「人が生きる」ということをどのようなことだと考えているか。次から選び、記号で答えなさい。（4点）

ア 大人になろうと経済的に自立することによって、人生の「うま味」を得ること。
イ 何かしらの挫折を経験することによって、人生の「うま味」を得ること。
ウ 学校では教えないことを積極的に行うことによって、人生の「うま味」を得ること。
エ ルサンチマンの淵から這い上がろうとすることによって、人生の「うま味」を得ること。

（　）

(7) 本文の内容に合っているものには○を、異なるものには×をそれぞれ答えなさい。（8点）

ア 現代の学校では、子どもの可能性を信じていないので教員が一方的な教育をする。（　）

イ 自分がとにかく一番でいたいという気持ちが強い子が増えている。（　　）

ウ 人生においてそれなりにストレスを感じながらも評価することは大切である。（　　）

エ 挫折をすることによって、今まで知らなかった自分に出会うことができる。（　　）

大妻中野中―改

3 次の俳句の解説を読み、（　）に入る言葉をそれぞれあとから選び、記号で答えなさい（同じ記号は二度使えません）。【15点】

(1) （　）や草葉をつかむむらすずめ　与謝蕪村《よさぶそん》

夏の午後、必死になって自然の激《はげ》しい力から身を守ろうとする小動物の姿《すがた》をよんでいる句である。

(2) （　）分け親子の馬が牧に来る　水原秋櫻子《みずはらしゅうおうし》

春の明るい光のなか、鮮《あざ》やかに咲《さ》く低木の花の中を進む馬の親子の姿が目に浮《う》かぶような句である。

(3) 流れゆく（　）の葉の早さかな　高浜虚子《たかはまきょし》

過ぎていく一瞬《いっしゅん》の風景をよみとった句である。川で洗ったときに、葉だけが流れていったのだろう冬の日の一こまをとらえている。

(4) （　）や大河を前に家二軒《けん》　与謝蕪村

夏の不順な天候で水かさを増した大河の岸辺に心細そうに立つ二軒の家を、一枚の絵のようによんでいる句である。

(5) （　）や海に夕日を吹《ふ》き落とす　夏目漱石《なつめそうせき》

冬になって日も短くなり、風が激しく吹きつけ、太陽がしずむさまが、まるで風に吹き落とされているようだと情景をよんでいる句である。

ア 五月雨《さみだれ》　**イ** 時雨《しぐれ》　**ウ** 夕立《ゆうだち》　**エ** こがらし

オ 台風　**カ** すみれ　**キ** つつじ　**ク** さくら

ケ 大根　**コ** 椎茸《しいたけ》　**サ** 里芋《さといも》　**シ** 枝豆

(1)（　）(2)（　）(3)（　）(4)（　）(5)（　）

神奈川学園中―改

4 次の問いに答えなさい。【14点】

(1) 次の――線部と同じ種類・用法のものをそれぞれあとから選び、記号で答えなさい。（6点）

① 海で泳ぐ。

ア 波はおだやかであった。　**イ** 空港で働いている。

ウ 雨が降《ふ》りそうである。　**エ** 電車で学校に通う。

② うそは言わない。

ア 母は決して泣かない。　**イ** 虫の命ははかない。

ウ 芸術には興味がない。　**エ** 残したらもったいない。

③ 弟は走るのが好きだ。

ア 白い方のシャツを着る。　**イ** 父の働く会社です。

ウ 雪の中を歩いていく。　**エ** 人前で話すのは得意だ。

①（　）②（　）③（　）

佼成学園中―改

(2) 次の熟語の組み合わせは、すべて対義語である。□に入る漢字一字をそれぞれ答えなさい。（8点）

① 正常 ― □常　② 退任 ― □任

③ 間接 ― □接　④ 収入 ― □出

女子聖学院中

装丁デザイン　ブックデザイン研究所
本文デザイン　A.S.T DESIGN
図　版　スタジオエキス.

中学入試 実力突破 国語

編 著 者　中学入試指導研究会
発 行 者　岡 本 明 剛
印 刷 所　太 洋 社

発 行 所　受験研究社

©株式会社 増進堂・受験研究社

〒550-0013 大阪市西区新町2丁目19番15号
注文・不良品などについて：(06)6532-1581(代表)／本の内容について：(06)6532-1586(編集)

Printed in Japan　高廣製本
落丁・乱丁本はお取り替えします。

（きりとり線）

チェックカード 31 四字熟語 ③

／12

□①祖父は田畑を耕し、自給□の生活をしている。
□②父は犬小屋づくりに□八苦している。
□③彼《かれ》のたくらみは□八九、失敗に終わるだろう。
□④ステージの上でロボットが□無尽に走り回る。
□⑤たくさんの中から自分の役に立つ物を□選択する。
□⑥明日から新学期だ。□一転、勉強に取り組もう。
□⑦妹はわたしの失敗を□棒大に話して回る。
□⑧定年を迎《むか》える叔父《おじ》は、□雨読の生活を望んでいる。
□⑨だれにも助けてもらえず、□絶命の危機《きき》だ。
□⑩ひと口に仏像といっても、その形は千差□だ。
□⑪市長が辞任するという前代□の事件が起こった。
□⑫□工夫を重ねて、大ヒット商品を生み出した。

（29の答え）
①悪戦　②意気　③異口　④以心　⑤千秋　⑥始終
⑦一喜　⑧一挙　⑨一退　⑩二鳥　⑪一長　⑫右往

チェックカード 32 四字熟語 ④

／12

□①三十歳《さい》で頭角を現した選手は、□晩成といえる。
□②どの作品も□小異で、目新しいものはない。
□③言いたいことがあるなら□直入に言ってほしい。
□④なまずが動き回ると□地異の前触《ぶ》れと言われる。
□⑤弟は得意□で優秀《ゆうしゅう》賞の賞状を見せた。
□⑥科学は□月歩であるが、人が幸福になるとは限らない。
□⑦父が入院したと聞いても、まだ半信□だ。
□⑧取り返しのつかないことをしたので、□低頭して謝った。
□⑨山の中でクマに会い、無我□で逃げ回った。
□⑩彼《かれ》は何を聞いても優柔□な態度ではぐらかす。
□⑪勢力が弱いといっても台風は□大敵だ。
□⑫お客様からの苦情には、□応変に対応する。

（30の答え）
①知新　②無欠　③危機　④転結　⑤疑心　⑥天外
⑦急転　⑧公明　⑨古今　⑩五里　⑪道断　⑫自画

①（ここで山折り）

チェックカード 1 漢字の読み ①

／15

□①人々に説く。
□②王に仕える。
□③湯治に行く。
□④戸外に出る。
□⑤念仏を唱える。
□⑥体を反らす。
□⑦必死の形相。
□⑧家路につく。
□⑨水を浴びる。
□⑩用紙を配る。
□⑪雨宿りをする。
□⑫お社に祭る。
□⑬おだやかな口調。
□⑭天下りの人事。
□⑮問屋で仕入れる。

（3の答え）
①かべん　②なが　③ひさ　④さか　⑤さかい　⑥き　⑦すいあつ　⑧きょか　⑨いま　⑩かぎ　⑪と　⑫みちび　⑬せいど　⑭まよ　⑮こころよ

チェックカード 2 漢字の読み ②

／15

□①俵を積み上げる。
□②心が貧しい人。
□③布をかける。
□④武者人形をかざる。
□⑤雑木林を歩く。
□⑥複雑なパズル。
□⑦話を承知する。
□⑧夢のような話。
□⑨一線から退く。
□⑩団子を食べる。
□⑪糸を張る。
□⑫人口の増減。
□⑬規則を守る。
□⑭祝賀の行事。
□⑮復旧作業が続く。

（4の答え）
①いとな　②ごえい　③と　④ま　⑤ひと　⑥よはく　⑦ゆそう　⑧だいく　⑨した　⑩ぜっさん　⑪よ　⑫つみ　⑬にがおえ　⑭しかく　⑮かり

（きりとり線）

チェックカード 3 漢字の読み ③

/15

□①バラの花弁。
□②永いねむり。
□③久しい間、会っていない。
□④流れに逆らう。
□⑤土地と土地の境。
□⑥かぜ薬が効く。
□⑦水圧が大きい。
□⑧外出の許可。
□⑨居間でくつろぐ。
□⑩一日限りのセール。
□⑪山菜を採る。
□⑫人々を導く。
□⑬社会の制度。
□⑭心が迷う。
□⑮快い風がふく。

（1の答え）

①と ②つか ③とうじ ④こがい ⑤とな ⑥そ ⑦ぎょうそう ⑧いえじ ⑨あ ⑩くば ⑪あまやど ⑫やしろ ⑬くちょう ⑭あまくだ ⑮とん(い)や

チェックカード 4 漢字の読み ④

/15

□①商店を営む。
□②護衛の人。
□③なぞが解ける。
□④絵の具を混ぜる。
□⑤独り言を言う。
□⑥余白を生かす。
□⑦商品の輸送。
□⑧大工の親方。
□⑨舌つづみを打つ。
□⑩作品が絶賛される。
□⑪近くに寄る。
□⑫罪をつぐなう。
□⑬似顔絵をかく。
□⑭資格の試験を受ける。
□⑮仮に題をつける。

（2の答え）

①たわら ②まず ③ぬの ④むしゃ ⑤ぞうき ⑥ふくざつ ⑦しょうち ⑧ゆめ ⑨しりぞ ⑩だんご ⑪は ⑫ぞうげん ⑬きそく ⑭しゅくが ⑮ふっきゅう

チェックカード 29 四字熟語 ①

/12

□①母にプレゼントしようと苦手な手芸に□苦闘する。
□②初対面とは思えないほど□投合して、会話がはずんだ。
□③生徒たちは□同音に通学路の危険性《きけんせい》を訴《うった》えた。
□④彼《かれ》とは、目だけで気持ちが通じる□伝心の仲だ。
□⑤息子からの便りを、両親は一日□の思いで待っている。
□⑥念のため、旅行の日程の一部□をメモしてきた。
□⑦卓球部《たっきゅうぶ》の後輩《こうはい》たちの試合の結果に□一憂する。
□⑧リサイクルは、資源《しげん》活用と温暖化《おんだんか》防止の□両得だ。
□⑨父の病気は、一進□でなかなかよくならなかった。
□⑩テレビを見ながら運動をすれば一石□だ。
□⑪出された案はいずれも□一短で、決め手に欠ける。
□⑫突然《とつぜん》の停電で□左往するばかりだった。

（31の答え）

①自足 ②四苦 ③十中 ④縦横 ⑤取捨 ⑥心機 ⑦針小 ⑧晴耕 ⑨絶体 ⑩万別 ⑪未聞 ⑫創意

チェックカード 30 四字熟語 ②

/12

□①温故□の精神で古典の文章に挑戦《ちょうせん》する。
□②完全□の人間など、どこにもいる訳《わけ》がない。
□③車が自分に向かってきたが□一髪で助かった。
□④作文は、起承□を整えて書くと読みやすくなる。
□⑤何度もうそをつかれていると□暗鬼になりがちだ。
□⑥兄はいつも奇想《きそう》□な計画を立てるので楽しみだ。
□⑦新たな証拠《しょうこ》が発見され、事件は□直下、解決した。
□⑧選挙は□正大に行われ、不正などはなかった。
□⑨父は、□東西の珍《めずら》しい美術品を収集《しゅうしゅう》している。
□⑩意見が割《わ》れて、研究発表会の内容は□霧中だ。
□⑪学校にゲームを持ってくるなんて言語□だ。
□⑫彼はいつも、自分の作品を□自賛している。

（32の答え）

①大器 ②大同 ③単刀 ④天変 ⑤満面 ⑥日進 ⑦半疑 ⑧平身 ⑨夢中 ⑩不断 ⑪油断 ⑫臨機

チェックカード 27 反対語（対義語）③

／20

□①失敗 ―［　］　□②収入 ―［　］
□③受信 ―［　］　□④手段 ―［　］
□⑤消火 ―［　］　□⑥消極 ―［　］
□⑦勝利 ―［　］　□⑧生産 ―［　］
□⑨精神 ―［　］　□⑩絶対 ―［　］
□⑪全体 ―［　］　□⑫単純 ―［　］
□⑬短所 ―［　］　□⑭単数 ―［　］
□⑮天災 ―［　］　□⑯登校 ―［　］
□⑰当選 ―［　］　□⑱当番 ―［　］
□⑲得点 ―［　］　□⑳入場 ―［　］

（25の答え）

①善意　②危険　③拾得　④正常　⑤同性　⑥静止
⑦短縮　⑧縦断　⑨質疑　⑩片道　⑪寒冷　⑫終演
⑬閉会　⑭内政　⑮集合　⑯質問　⑰出題　⑱保守
⑲縮小　⑳故意

チェックカード 28 反対語（対義語）④

／20

□①悲観 ―［　］　□②否決 ―［　］
□③副業 ―［　］　□④不便 ―［　］
□⑤不明 ―［　］　□⑥分散 ―［　］
□⑦文明 ―［　］　□⑧平常 ―［　］
□⑨平面 ―［　］　□⑩平和 ―［　］
□⑪豊作 ―［　］　□⑫無効 ―［　］
□⑬名目 ―［　］　□⑭模型 ―［　］
□⑮有利 ―［　］　□⑯輸出 ―［　］
□⑰予算 ―［　］　□⑱予習 ―［　］
□⑲利益 ―［　］　□⑳臨時 ―［　］

（26の答え）

①未完　②理性　③直接　④複雑　⑤満潮　⑥不備
⑦暖流　⑧終点　⑨権利　⑩主観　⑪禁止　⑫内容
⑬結果　⑭理想　⑮増加　⑯不幸　⑰集団　⑱容易
⑲平等　⑳反対

②（ここで山折り）

チェックカード 5 漢字の読み⑤

／15

□①世界遺産に指定される。
□②水面に山々が映る。
□③干潮の時刻《じこく》。
□④蚕を飼う。
□⑤冬至のころ。
□⑥貴重な資源《しげん》。
□⑦生命の源。
□⑧宣伝の効果。
□⑨歴史の裏側。
□⑩晩のおかず。
□⑪討論を重ねる。
□⑫存亡をかけた戦い。
□⑬穴をふさぐ。
□⑭絹のスカーフ。
□⑮対策を立てる。

（7の答え）

①ちいき　②かくぎ　③きょうり　④へんさい　⑤しゃくど　⑥も　⑦そうい　⑧りっぱ　⑨かたがわ　⑩どうめい　⑪よくじつ　⑫たまご　⑬かんとう　⑭かんばん　⑮こう

チェックカード 6 漢字の読み⑥

／15

□①鋼鉄のような体。
□②視野が広い。
□③実が熟す。
□④処分の方法。
□⑤役割を決める。
□⑥組織の改革。
□⑦神社に参拝する。
□⑧皿を並べる。
□⑨入団を認める。
□⑩著者のしょうかい。
□⑪忠誠をちかう。
□⑫ドアを開閉する。
□⑬最善をつくす。
□⑭道を誤る。
□⑮背比べをする。

（8の答え）

①すがた　②こうし　③はい　④かくちょう　⑤かぶ　⑥きんむ　⑦りこてき　⑧にゅうじ　⑨こんなん　⑩そうち　⑪せいたん　⑫たんけん　⑬えんげき　⑭そ　⑮しゅしゃ

(きりとり線)

チェックカード 7 漢字の読み ⑦

/15

□①地域の活動。
□②閣議で決定する。
□③郷里に帰る。
□④返済が終わる。
□⑤尺度を決める。
□⑥料理を盛る。
□⑦創意工夫する。
□⑧立派な態度。
□⑨片側に寄る。
□⑩同盟を結ぶ。
□⑪翌日から始める。
□⑫卵を温める。
□⑬巻頭の言葉。
□⑭看板をかける。
□⑮チームの紅一点。

(5の答え)

①いさん ②うつ ③かんちょう ④かいこ ⑤とうじ ⑥きちょう ⑦みなもと ⑧せんでん ⑨うらがわ ⑩ばん ⑪とうろん ⑫そんぼう ⑬あな ⑭きぬ ⑮たいさく

チェックカード 8 漢字の読み ⑧

/15

□①姿を現す。
□②公私混同をしない。
□③すべてが灰になる。
□④拡張工事を行う。
□⑤株を分けて増やす。
□⑥勤務時間が終わる。
□⑦利己的な性格。
□⑧乳児を育てる。
□⑨困難な仕事。
□⑩発電の装置。
□⑪生誕百年の記念。
□⑫森を探検する。
□⑬演劇部に入る。
□⑭夕日に染まる。
□⑮取捨選択《せんたく》する。

(6の答え)

①こうてつ ②しゃ ③じゅく ④しょぶん ⑤やくわり ⑥かいかく ⑦さんぱい ⑧なら ⑨みと ⑩ちょしゃ ⑪ちゅうせい ⑫かいへい ⑬さいぜん ⑭あやま ⑮せいくら

チェックカード 25 反対語（対義語）①

/20

□①悪意 ― □
□②安全 ― □
□③遺失 ― □
□④異常 ― □
□⑤異性 ― □
□⑥運動 ― □
□⑦延長 ― □
□⑧横断 ― □
□⑨応答 ― □
□⑩往復 ― □
□⑪温暖 ― □
□⑫開演 ― □
□⑬開会 ― □
□⑭外交 ― □
□⑮解散 ― □
□⑯回答 ― □
□⑰解答 ― □
□⑱革新 ― □
□⑲拡大 ― □
□⑳過失 ― □

(27の答え)

①成功 ②支出 ③発信 ④目的 ⑤点火 ⑥積極
⑦敗北 ⑧消費 ⑨肉体 ⑩相対 ⑪部分 ⑫複雑
⑬長所 ⑭複数 ⑮人災 ⑯下校 ⑰落選 ⑱非番
⑲失点 ⑳退場

チェックカード 26 反対語（対義語）②

/20

□①完結 ― □
□②感情 ― □
□③間接 ― □
□④簡単 ― □
□⑤干潮 ― □
□⑥完備 ― □
□⑦寒流 ― □
□⑧起点 ― □
□⑨義務 ― □
□⑩客観 ― □
□⑪許可 ― □
□⑫形式 ― □
□⑬原因 ― □
□⑭現実 ― □
□⑮減少 ― □
□⑯幸福 ― □
□⑰個人 ― □
□⑱困難 ― □
□⑲差別 ― □
□⑳賛成 ― □

(28の答え)

①楽観 ②可決 ③本業 ④便利 ⑤明白 ⑥集中
⑦原始 ⑧非常 ⑨立体 ⑩戦争 ⑪不作 ⑫有効
⑬実質 ⑭実物 ⑮不利 ⑯輸入 ⑰決算 ⑱復習
⑲損失 ⑳定例

(きりとり線)

チェックカード23 同訓異字①

/6

□① 夜がアける。 家をアける。 戸をアける。

□② アタタかい料理。 アタタかい部屋。

□③ お手本を書きウツす。 鏡に姿《すがた》をウツす。 すぐに行動にウツす。

□④ 北をサす。 日がサす。

□⑤ アツい夏。 アツいお茶。 アツい本。

□⑥ 台風にソナえる。 花をソナえる。

(21の答え)

① 以外 意外
② 意義 異議
③ 以上 異常 異状
④ 快心 改心
⑤ 開放 解放
⑥ 器官 気管
⑦ 見当 検討

チェックカード24 同訓異字②

/6

□① 成功をオサめる。 税金をオサめる。 国をオサめる。 学問をオサめる。

□② 米をツクる。 船をツクる。

□③ 時間をハカる。 重さをハカる。 深さをハカる。

□④ 年のハジめ。 手ハジめの仕事。

□⑤ 地球はマルい。 マルいおぼん。

□⑥ 布がヤブれる。 敵《てき》にヤブれる。

(22の答え)

① 公演 講演
② 支持 指示
③ 週間 週刊 習慣
④ 清算 精算
⑤ 想像 創造
⑥ 追求 追究
⑦ 保証 保障

③(ここで山折り)

チェックカード9 漢字の書き①

/15

□① 作品のコウソウを練る。
□② ケイカを報告する。
□③ セイカクな寸法《すんぽう》。
□④ デントウある祭り。
□⑤ オンギを受ける。
□⑥ オウフクにかかる時間。
□⑦ ショゾクするチーム。
□⑧ ヨウイに解ける問題。
□⑨ ソシキの一員になる。
□⑩ ニクガンで見る。
□⑪ ボウサイの計画。
□⑫ カコウ付近にすむ魚。
□⑬ 通帳のヨキンガク。
□⑭ シゼンホゴの運動。
□⑮ ノウコウミンゾクの生活。

(11の答え)

① 提示 ② 評判 ③ 常識 ④ 銅像 ⑤ 日程 ⑥ 講演 ⑦ 興味 ⑧ 設備 ⑨ 綿毛 ⑩ 留守 ⑪ 情報 ⑫ 酸性雨 ⑬ 出版社 ⑭ 基本練習 ⑮ 血液検査

チェックカード10 漢字の書き②

/15

□① 会社のソンエキを計算する。
□② ジョウケンを示す。
□③ ホウフな作物がとれる。
□④ ゲンインをさぐる。
□⑤ セイケツな衣服。
□⑥ テキトウな大きさに切る。
□⑦ 木のミキにつかまる。
□⑧ さそいをコトワる。
□⑨ きまりをヤブる。
□⑩ きょりをハカる。
□⑪ エンシュウリツの計算。
□⑫ ボウフウが続く。
□⑬ 日本のギジュツリョク。
□⑭ サンカクジョウギを使う。
□⑮ チスイコウジを行う。

(12の答え)

① 編 ② 招 ③ 造 ④ 燃料 ⑤ 責任 ⑥ 業績 ⑦ 反応 ⑧ 肥 ⑨ 飼 ⑩ 省略 ⑪ 墓参 ⑫ 税務署 ⑬ 慣用句 ⑭ 建築現場 ⑮ 健康状態

(きりとり線)

チェックカード 11 漢字の書き ③

/15

□①条件をテイジする。
□②ヒョウバンの店に行く。
□③ジョウシキで考える。
□④駅前にドウゾウがある。
□⑤旅行のニッテイを決める。
□⑥環境《かんきょう》問題についてのコウエン。
□⑦キョウミのある話題。
□⑧セツビが整う。
□⑨たんぽぽのワタゲ。
□⑩しばらくルスにする。
□⑪新しいジョウホウを得る。
□⑫サンセイウが降《ふ》る。
□⑬シュッパンシャに入る。
□⑭キホンレンシュウを行う。
□⑮ケツエキケンサをする。

(9の答え)

①構想 ②経過 ③正確 ④伝統 ⑤恩義 ⑥往復 ⑦所属 ⑧容易 ⑨組織 ⑩肉眼 ⑪防災 ⑫河口 ⑬預金額 ⑭自然保護 ⑮農耕民族

チェックカード 12 漢字の書き ④

/15

□①セーターをアむ。
□②家に人をマネく。
□③りっぱな庭をツクる。
□④車のネンリョウ。
□⑤セキニンを感じる。
□⑥会社のギョウセキが上がる。
□⑦光にハンノウして動く。
□⑧舌《した》がコえた人。
□⑨庭で犬をカう。
□⑩文をショウリャクする。
□⑪ハカマイりに行く。
□⑫ゼイムショの仕事。
□⑬カンヨウクの意味。
□⑭ケンチクゲンバの作業。
□⑮ケンコウジョウタイがいい。

(10の答え)

①損益 ②条件 ③豊富 ④原因 ⑤清潔 ⑥適当 ⑦幹 ⑧断 ⑨破 ⑩測 ⑪円周率 ⑫暴風雨 ⑬技術力 ⑭三角定規 ⑮治水工事

チェックカード 21 同音異字 ①

/7

□① 自分イガイの人。／イガイな結果。
□② イギのある話し合い。／イギを唱える。
□③ これイジョウ先に進めない。／イジョウ気象。／健康にはイジョウなしだ。
□④ カイシンのえみ。／カイシンして働く。
□⑤ 校庭のカイホウ。／カイホウ感を味わう。
□⑥ 消化キカン。／キカンがつまる。
□⑦ ケントウをつける。／内容をケントウする。

(23の答え)

① 明 空 開
② 温 暖
③ 写 映 移
④ 指 差
⑤ 暑 熱 厚
⑥ 備 供

チェックカード 22 同音異字 ②

/7

□① 劇団《げきだん》のコウエン。／有名な作家のコウエン会。
□② あの人の意見をシジする。／先生のシジに従《したが》う。
□③ 交通安全シュウカン。／シュウカン誌《し》を買う。／毎日のシュウカン。
□④ 借金のセイサン。／運賃《うんちん》をセイサンする。
□⑤ ソウゾウ上の動物。／天地ソウゾウ。
□⑥ 利益をツイキュウする。／真理のツイキュウ。
□⑦ 品質をホショウする。／安全ホショウ条約。

(24の答え)

① 収 納 治 修
② 作 造
③ 計 量 測
④ 初 始
⑤ 丸 円
⑥ 破 敗

チェックカード 19 特別な読み ③

/30

□①早乙女 □②雑魚
□③桟敷 □④差し支える
□⑤五月 □⑥早苗
□⑦五月雨 □⑧時雨
□⑨尻尾 □⑩竹刀
□⑪老舗 □⑫芝生
□⑬三味線 □⑭砂利
□⑮数珠 □⑯白髪
□⑰素人 □⑱師走
□⑲数寄屋 □⑳相撲
□㉑草履 □㉒山車
□㉓太刀 □㉔立ち退く
□㉕足袋 □㉖稚児
□㉗築山 □㉘梅雨
□㉙凸凹 □㉚伝馬船

（17の答え）

①あす ②かあ
③とう ④おとな
⑤かわら ⑥きのう
⑦きょう ⑧くだもの
⑨けさ ⑩けしき
⑪ことし ⑫しみず
⑬じょうず ⑭たなばた
⑮ついたち ⑯てつだ
⑰とけい ⑱ともだち
⑲にい ⑳ねえ
㉑はかせ ㉒はつか
㉓ひとり ㉔ふたり
㉕ふつか ㉖へた
㉗へや ㉘まいご
㉙ま(っ)か ㉚ま(っ)さお

チェックカード 20 特別な読み ④

/26

□①投網 □②十重二十重
□③読経 □④仲人
□⑤名残 □⑥雪崩
□⑦野良 □⑧祝詞
□⑨二十歳 □⑩波止場
□⑪日和 □⑫吹雪
□⑬真面目 □⑭土産
□⑮息子 □⑯猛者
□⑰紅葉 □⑱木綿
□⑲最寄り □⑳八百長
□㉑大和 □㉒弥生
□㉓浴衣 □㉔行方
□㉕寄席 □㉖若人

（18の答え）

①めがね ②やおや
③あずき ④あま
⑤いおう ⑥いくじ
⑦いなか ⑧いぶき
⑨うなばら ⑩うば
⑪うわき ⑫うわ
⑬えがお ⑭おじ
⑮おとめ ⑯おば
⑰まわ ⑱みき
⑲おもや ⑳かぐら
㉑かし ㉒かじ
㉓かぜ ㉔かたず
㉕かな ㉖かや
㉗かわせ ㉘くろうと
㉙ここち ㉚こじ

④（ここで山折り）

チェックカード 13 漢字の書き ⑤

/15

□①矢をハナつ。
□②モットも高いビル。
□③宿題はカナラずやる。
□④避難《ひなん》クンレンを行う。
□⑤イガイによくできた。
□⑥イギを唱える。
□⑦ヒミツを守る。
□⑧フクツウが治る。
□⑨商品のカチを調べる。
□⑩ランボウなふるまい。
□⑪サイバンショの決定。
□⑫ケイサツショの人。
□⑬テンランカイの絵。
□⑭キュウキュウシャを呼《よ》ぶ。
□⑮カンサツキロクをつける。

（15の答え）

①我 ②沿 ③疑問 ④俳句 ⑤否定 ⑥批判 ⑦興奮 ⑧操縦 ⑨従順 ⑩朗読 ⑪危険 ⑫大規模 ⑬深呼吸 ⑭臨機応変 ⑮政党政治

チェックカード 14 漢字の書き ⑥

/15

□①大会をエンキする。
□②水をキョウキュウする。
□③子どもをユウセンする。
□④オサナい妹と遊ぶ。
□⑤仕事にイヨクを燃やす。
□⑥外国をホウモンする。
□⑦センモンカの意見。
□⑧ウチュウの果て。
□⑨ケンチョウ所在地を調べる。
□⑩山のイタダキに立つ。
□⑪サトウと塩。
□⑫ノウの働きを解明する。
□⑬カノウセイがある。
□⑭ジョウキキカンシャが走る。
□⑮チンタイジュウタクにすむ。

（16の答え）

①訳 ②肺臓 ③冷蔵庫 ④幕府 ⑤暖 ⑥補 ⑦暮 ⑧納 ⑨穀物 ⑩除 ⑪厳 ⑫郵便 ⑬週刊誌 ⑭指揮棒 ⑮皇后陛下

(きりとり線)

チェックカード15 漢字の書き ⑦

/15

□①ワレに返る。
□②川にソって歩く。
□③ギモンに思う。
□④ハイクをよむ。
□⑤考えをヒテイする。
□⑥学説をヒハンする。
□⑦牛がコウフンする。
□⑧たくみにソウジュウする。
□⑨ジュウジュンな態度。
□⑩詩をロウドクする。
□⑪キケンな山道。
□⑫ダイキボな計画。
□⑬シンコキュウをする。
□⑭リンキオウヘンに行動する。
□⑮セイトウセイジを行う。

(13の答え)

①放 ②最 ③必 ④訓練 ⑤意外 ⑥異議 ⑦秘密 ⑧腹痛 ⑨価値 ⑩乱暴 ⑪裁判所 ⑫警察署 ⑬展覧会 ⑭救急車 ⑮観察記録

チェックカード16 漢字の書き ⑧

/15

□①言いワケをする。
□②ハイゾウの病気。
□③レイゾウコに入れる。
□④江戸《えど》バクフの歴史。
□⑤アタタかい南の国。
□⑥言葉をオギナう。
□⑦毎日のクらし。
□⑧税金をオサめる。
□⑨コクモツの畑。
□⑩ごみを取りノゾく。
□⑪キビしい顔つき。
□⑫ユウビンを出す。
□⑬シュウカンシを買う。
□⑭シキボウをふる。
□⑮コウゴウヘイカのお姿《すがた》。

(14の答え)

①延期 ②供給 ③優先 ④幼 ⑤意欲 ⑥訪問 ⑦専門家 ⑧宇宙 ⑨県庁 ⑩頂 ⑪砂糖 ⑫脳 ⑬可能性 ⑭蒸気機関車 ⑮賃貸住宅

チェックカード17 特別な読み ①

/30

□①明日 □②母さん
□③父さん □④大人
□⑤河原 □⑥昨日
□⑦今日 □⑧果物
□⑨今朝 □⑩景色
□⑪今年 □⑫清水
□⑬上手 □⑭七夕
□⑮一日 □⑯手伝う
□⑰時計 □⑱友達
□⑲兄さん □⑳姉さん
□㉑博士 □㉒二十日
□㉓一人 □㉔二人
□㉕二日 □㉖下手
□㉗部屋 □㉘迷子
□㉙真っ赤 □㉚真っ青

(19の答え)

①さおとめ ②ざこ
③さじき ④さ(し)つか
⑤さつき ⑥さなえ
⑦さみだれ ⑧しぐれ
⑨しっぽ ⑩しない
⑪しにせ ⑫しばふ
⑬しゃみせん ⑭じゃり
⑮じゅず ⑯しらが
⑰しろうと ⑱しわす
⑲すきや ⑳すもう
㉑ぞうり ㉒だし
㉓たち ㉔た(ち)の
㉕たび ㉖ちご
㉗つきやま ㉘つゆ
㉙でこぼこ ㉚てんません

チェックカード18 特別な読み ②

/30

□①眼鏡 □②八百屋
□③小豆 □④海女
□⑤硫黄 □⑥意気地
□⑦田舎 □⑧息吹
□⑨海原 □⑩乳母
□⑪浮気 □⑫浮つく
□⑬笑顔 □⑭叔父
□⑮乙女 □⑯叔母
□⑰お巡りさん □⑱お神酒
□⑲母屋 □⑳神楽
□㉑河岸 □㉒鍛冶
□㉓風邪 □㉔固唾
□㉕仮名 □㉖蚊帳
□㉗為替 □㉘玄人
□㉙心地 □㉚居士

(20の答え)

①とあみ ②とえはたえ
③どきょう ④なこうど
⑤なごり ⑥なだれ
⑦のら ⑧のりと
⑨はたち ⑩はとば
⑪ひより ⑫ふぶき
⑬まじめ ⑭みやげ
⑮むすこ ⑯もさ
⑰もみじ ⑱もめん
⑲もよ ⑳やおちょう
㉑やまと ㉒やよい
㉓ゆかた ㉔ゆくえ
㉕よせ ㉖わこうど

実力強化編 読解スキル別トレーニング

1 心情・場面・情景を読み取る

本冊 6ページ

解答

1 **(1)Ⅰ春 Ⅱ夏** **(2)ア・オ**
(3)例ツバメの巣は、巣のある土地の泥を使って作るものらしいから。(29字)
(4)後悔（の思い） **(5)イ** **(6)Aウ B ア** **(7)ウ**

解説

1 (1)ツバメは春にやって来て巣を作り、夏にかけて子育てをするため、春から夏への移り変わりとなる。
(2)ツバメにとって他の動物におそわれないという意味で絶好の位置であり、私（筆者）にとっても観察しやすいという意味で絶好の位置なのである。直前の「人に観察はされるが」から読み取る。
(3)「そう」の指す内容は、ツバメの巣の色が昔の人間の家が地方や家ごとに違っていたように違うということ。なぜ、違うかというとツバメはその土地の泥で巣を作るからである。
(4)思い出したくなくても思い出してしまうという気持ちが込《こ》められているので、つらい思い出だったということがわかる表現が入る。本文の最後の段落で、いまだに続いているそうした思いが書かれている。
(5)あとに「前にスズメだって育てたことあるもの、きっと大丈夫」という表現があるので、ヒナをすくいあげた時、すでに家で育ててやるつもりだったことがわかる。
(7)男の先生が「そのヒナはここに残していこう」と言っていること、さらに、みんながほっとしている表現から判断すると、道路脇の草むらにヒナを置いてきたことがわかる。

2 文脈に即して読む

本冊 10ページ

解答

1 **(1)Aイ Bオ Cア Dエ** **(2)ウ**
(3)例言葉のやりとりをするとき、受け取る相手に応じて表現や手段を変えること。(35字)
(4)ひとりよがりの文章（9字）
(5)多種多様 **(6)イ**

解説

1 (1)Aは空欄《くうらん》の前に「キャッチボールは……相手とのボールのやりとりを続けることが目的」、あとに「互いに相手がボールを無理なく受け取れるようにする」とあり、順接の関係になっているので**イ**の「だから」が入る。Bはあとに「……なったら」という表現が続いているので、仮定を表す**オ**の「もし」が入る。CとDは、直前の段落の最後に「日頃、部活でするのとはかなり違ったやり方をするのではないですか。」とあり、それを受けて具体的な球の投げ方を順を追って説明しているので、Cには**ア**の「まず」、Dには**エ**の「さらに」が入る。
(2)「打ち負かす」の「打ち」は、ここではあとに続く言葉を強調するはたらきをしている。本文中での意味は、**ウ**の「とことんやっつける」が適切である。
(3)――線部②の直前に、「そう」の指し示す内容が書かれている。「キャッチボール」の例を「言葉のやりとり」に置き換《か》え、「受け取る相手に応じて表現や手段を変える」という内容が書かれていればよい。
(4)――線部③の次の段落に、「いつしか受け取る側が求めているものを意識するのを忘れてしまい、……ひとりよがりの文章になっていたのです」と、前の段落の内容の説明が書かれている。ここから十字以内でぬき出せばよい。
(5)――線部④と同じ段落に、「多種多様な読み手に応じて、伝え方、文章の書き方を変えることが求められます」とある。これは「学校で書く作文や感想文を読む相手」とは異《こと》なる「社会でやりとりされる文書の読者」に対して意識しなくてはならないことである。よって、ここから「多種多様」という四字をぬき出す。

ひっぱると、はずして使えます。

(6)選択肢《せんたくし》はすべて「1」から始まっているので、この内容を起点に考える。「1」は、社会で日常的に使われている「文書」の例が挙げられているので、あとに続くのは、「1」の内容を直接受けた「それらの文書は」という表現で始まる「3」である。「3」は、その文書は「相手」に理解してもらうという目的をもつものであることが述べられているので、あとに続くのは、その目的を受ける「相手」の存在《そんざい》を示している「2」である。「4」はこの「相手」がどのような人々かを説明している。

3 指示語・接続語をおさえる

本冊 14ページ

解答

❶ **(1)例世の中にあるすべてのものを人間生活に役立てることができる力。**(30字)
(2)(はじめ)世の中にあ～(終わり)役立つもの
(3)Bオ　Cイ　(4)ある(あると)
(5)ことです。
(6)例せっかくいい発明でも一つの欠陥があると全部がダメにされ、いいものが生かされないこと。　(7)エ

解説

❶ (1)何をどのように適切に処理《しょり》できる能力をここで「知恵」と言っているのかを考えるとよい。文章全体を通して筆者は、世の中にあるすべてのものを生活の中で生かしていくことを述べている。それができる力を、ここでは「人間の知恵」と言っていることをとらえる。
(2)「基本認識」は、基本的な考え方という意味でとらえるとよい。筆者は基本的に、世の中にあるすべてのものは人間生活に役立つと考えており、だから、万に一つでも欠陥があるとダメにしてしまう最近の傾向を、この基本認識に立てば、「いささか力弱い」と言っているのである。「(はじめ)この世の中～(終わり)活に役立つ」としていても可。
(5)あとに続く文との関係から考えるとよい。ここでは、入れる文にある「人間の歴史は、自然万物を次々に活用してきた」を受けて、「たとえば、かつて青カビは、……」と自然万物を活用した具体例を示している。
(6)この段落《だんらく》全体の中で、筆者は何を好ましくないと考えているのかを読み取り、「～こと」で結ぶようにまとめるとよい。「一つの欠点をもってすべてをよくない」とするという表現を用いても可。

ここに注意　「これ」はどのようなことを指すかといった指示語の問題で、前に書かれた内容をまとめる必要がある場合は、文末を「こと」で結ぶのが基本。

(7)最後の段落でも、人間の知恵を高めて、世の中にあるものを生かすことが大事だと、これまで述べてきたことをくり返し言っている。

4 要点を読み取る

本冊 18ページ

解答

❶ **(1)①例季節の変化に従い、毎年同じ形での移動をくり返す。　②冬鳥　③旅鳥　④漂鳥　⑤ツバメ・カッコウ　⑥シギ・チドリ　⑦ウグイス・ヒヨドリ　⑧例日本ではんしょくするために渡来する。　⑨例日本で越冬するために渡来する。**
(2)①鳥はつばさ　②(前半)イ　(後半)ウ
(3)例夏には気温も上がり、雪氷がとけて水分も十分にあって多くの動植物が成育するため、それらを食物にしてはんしょくをはかると有利だから。(64字)

解説

❶ (1)まず、〔　〕・□・〔　〕に何を入れるのかを確《かく》認《にん》しよう。〔①〕は「渡り鳥」(候鳥ともいう)とはどんな鳥かという説明を書き入れる。②～④は、「渡る季節や渡り方」による分類である。夏鳥を手がかりにして考えていくとよい。
〔⑤〕～〔⑦〕は鳥の名前を書くのだから分類に合わせて書き入れる。〔⑧〕〔⑨〕は、「渡る目的や行動」についての説明を書き入れる。
(2)①前半は鳥の「わたり」の仕方に応じていろいろと分けられていることについて述べ、後半では、なぜ、そのような「わたり」をするのかということについて筆者の意見が述べられている。そのように考えると、後半は「鳥はつばさを……」からとなる。②の小題は、①の説明から考えて、最もふさわしいものをさがす。

(3)「気候・食物・はんしょく」という三つの要素を説明の中に取り入れて説明しなければならない。最後から二つ目の段落《だんらく》に解答のヒントとなることが述べられていることをおさえ、その部分をまとめる。北極に近い地方では、気候面や食物面から、夏にははんしょくに適した条件が整うということが述べられていればよい。

5 段落の関係をとらえる

本冊 22ページ

解答

❶ (1)Aオ　Cカ　(2)アイデア　(3)エ

(4)例目的意識をもつ態度。(10字)

(5)ⓐ縄　ⓑ指　ⓒ土器

(6)(二段落)アイデアは　(三段落)私はテレビ　(四段落)アイデアの

❷ (1)Aイ　Bエ　Cカ　(2)家で餅

(3)Ⅰ物　Ⅱ余計な　Ⅲ心　(4)ところ

解説

❶ (1)Aは直前の「乱れもなく」という言葉を受けるのだから、「整然」である。Cは、前に書かれている具体例の内容から判断する。

(2)前にある「……やれないか」「……どこだろうと考えた」「……どうだろう」といった言葉が手がかりになる。筆者は、さまざまなアイデアをあれこれと考えているわけである。空欄《くうらん》の少し前にその言葉が使われている。

(3)「牛耳る」は、「自分の考えどおりに他を動かすこと」である。すぐあとにある「暗躍」は、人に知られないように活動すること。

(4)同じ文のはじめに「そうした態度は」とあるから、そこに着目して、どのような態度であるかを読み取るとよい。「目的意識」だけでは字数が足りず、説明も不十分である。「……態度。」という形で結ぶこと。

(5)山内清男は、「レース編みのひもを指に巻いたりしてさわってい」て、気付いたわけだから、ⓑにはまず「指」が入ることがわかる。縄文土器は縄の文様でできていることから、ⓐは「縄」、それをどこに転がしたかといえば、ⓒ「土器」の上ということになる。

(6)本文は筆者が、小説のヒントやアイデアをどのようにして得るのかということについて書いた文章である。「たとえば……」からはじまる第一段落では、ヒントの例として、縄文土器の文様を昔の人はどのようにしてつけたのかということを、考古学者の山内清男が思いついたことを挙げている。次にアイデアやヒントを常に求めている人の態度について書き(第二段落)、その例として「私はテレビの駅伝を見て……」を挙げている(第三段落)。最後は、アイデアを得たあと、その作品にどんな主張を盛りこむかという例を挙げている。したがって、第四段落は、「アイデアの後は」からということになる。

❷ (1)Aすぐあとに「そのためにかえって」という表現があり、「反対に」という意味をふくんでいることから「しかし」が入る。Bは、自動車、ステレオなど例を示しているので「たとえば」が入る。Cは、すぐあとの「とさえ言える」という表現から、前に述べたことを言い換えていることがわかるため、「むしろ」が入ることがわかる。

(2)柏餅を食べるまでに、家族でいろいろなことをする。それが「『豊かな』内容」なのである。

(3)Ⅰは、すぐ前に「生活を快適で便利にする」とあるので「物」が入る。Ⅱは、時間を得るために節約しているものという文脈から「余計な」が入る。また、Ⅲは、あとの「豊かさを失っている」から「心」が入る。

(4)前半は、豊かな内容をもっていた昔の生活について書いている。「ところが、最近になって」以降の後半は、物が豊かで便利になった反面、心の豊かさを失っている現状について述べている。

6 要約の仕方

本冊 26ページ

解答

❶ (1)Xア　Yエ　(2)梅雨期

(3)(はじめ)雨をしっと　(終わり)持っている

(4)陰気な感じ　(5)エ

(6)A好悪　B特別な花(特別の花)　C外界の事象

Dその事象の本質につながる（なかなか）

(7)オ

❷ 例科学は物質的な利益という点では役に立たないかもしれないが、人間の文化をより厚くするという科学の原点としての価値を人々が互いに確かめ合うことができれば、新しい科学の時代が切り拓かれるかもしれない。(97字)

解説

❶ (1)Y**エ**「さして」は「たいして」という意味である。

(2)あじさいの花が咲く時期、つまり「梅雨期」である。

(3)「憂鬱げでもあり」「諦めも持っている」は擬人法である。

(4)第二段落《だんらく》の最後に筆者があじさいの花に対して持っていた印象が具体的に述べられている。

(5)子供の時は、花に対して特別に好悪の感情を持っていなかったのに、あじさいの花だけは、「陰気な感じで嫌だった」のである。つまり、あじさいだけが「例外」だったのである。

(6)このような問題では、この文章を通して筆者が述べようとしている内容をつかむと同時に、前後の表現に注意することが大切である。例えば、Aは、「A の感情」となっているので、第三段落の最初の文の「好悪の感情」に着目する。CやDも、最後の段落に「外界の事象から心に受けとめている」、「その事象の本質につながるなかなか大切なもの」という表現があることに注意する。

(7)「あじさい」という題のついている随筆である。事実を説明する説明文とちがう点は、自分の思いや感情が中心に述べられていることである。

❷ まず結論《けつろん》となる筆者の主張は何なのかということを考え、結びの表現を決めることから始めるとよい。その上で、結びの表現につなげるために、どのようなことを言わなければならないのかを考え、文章の表現を用いながらまとめていくこと。ここでは、新しい科学の時代を作るため、科学の価値を人々が確かめ合おうという筆者の考えが読み取れている要約文が書けていれば、多少表現が異なっていてもよい。字数制限だけはきちんと守ることが大切である。

7 主題・要旨を読み取る

本冊 30ページ

解答

❶ **(1)例欅の大木二株（と）崩れ残った土塀**

(2)例浅井忠の水彩画のようにはいかないが、へたはへたなりにきちんと描いてやろうという気持ち。

(3)絵ごころ

(4)例写真はその時の印象をよみがえらせてはくれるが、スケッチは、自分の手で描くということで、記憶を確かなものにするし、描く対象を見ることにより、ものに迫ることができるから。

解説

❶ (1)——線部①をふくむ文は、短くまとめると「欅の大木が崩れ残った土塀と交信している」となる。この両者は、かつてのおもかげを残している点が共通しており、昔を思い、心が通じあっているさまを「交信している」と表現したのである。

(2)「私」の中にある「少しの魂」とは何かを考えるとよい。直前の段落の最後の一文をふまえ、へたなりに何とか描いてやろうという気持ちがそれにあたることを読み取る。

(3)「絵ごころ」とは、絵を描きたい気分。

(4)百枚の写真と一枚のスケッチは何がちがい、それを筆者はどのように説明しているか、考えてみるとよい。スケッチにしかないものとは、描くことにより、本来忘《わす》れてしまう記憶が確かなものになるということである。また、「スケッチ」を「写生」と言い換えている部分から、しっかりと対象物を見ることによって、ものに迫《せま》ることができると筆者が述べていることが読み取れる。

8 筆者の考えをとらえる

本冊 34ページ

解答

❶ **(1)イ　(2)f**

(3)心つつまし

(4)例自分で調理したなまこの味がおいしく、口の中でぷりぷりとしているのが、ちょう

どなまこが食べられることを喜んでいるように思えたから。

❷ (1)エ

(2) 1心臓は早鐘のように高鳴り、足は宙に浮いたようになる。

2心臓が口から飛び出るのではないかと思われるほど激しく震動する。

3（心臓どころか、）体中のあらゆる臓器が口から飛び出すような気がした（ものだった。）

(3)例百メートル競走がんばったね。とても速かったのでびっくりしたよ。

解説

❶ (1)□の前後で、海の底で生きていた時の「滑稽」な姿が、料理されて器にのった「華麗」な姿へと、変わっている点をおさえる。

(2)c「適当に」の「に」は、形容動詞「適当だ」が変化したもので、「適当に答える」「適当な答え」のように語尾《ごび》が変化する。これと同じなのはfで、「あわれだ」「あわれに思う」「あわれな人」のように変化する。

(3)筆者が、なまこの心根（心の底）をおし量って書いている部分から読み取る。「……にちがいない。」という表現からとらえることができる。

(4)「なまこは、天つ神の御子さまの食膳にのぼることを遠慮したにちがいないが、今は、私の手によって調理され、こりこりと味をかみしめてもらっているのだから、きっと喜んで口の中ではね返っているだろう」と思ったのである。筆者の考えを想像して答える問題である。文章全体をふまえ、筆者の気持ちを深く想像して答えることが大事である。

❷ (1)ここでは、やらなければならないことを行っていく意味で用いられている。したがって、**エ**が正解となる。**イ**は、意味を完全に理解するという意味。

(2)百メートル競走を走るまでにドキドキしている様子が書かれた部分を順にぬき出せばよい。

(3)一生懸命《けんめい》走ってきた自分をほめてもらいたい気持ちが感じられる。「よくがんばって走ったね」といったほめ言葉が書かれていればよい。

読解ジャンル別トレーニング

9 物語①

本冊 38ページ

解答

❶ (1)エ (2)例記実子の書見台 (3)ウ

(4)B (5)不満 (6)ア (7)ウ

(8)ア× イ○ ウ×

解説

❶ (1)日本の古典を暗記しているのは、彼の家では当たり前だったという表現がある。

(2)「茜」の次にある「向かっていた」という表現がヒントになる。後半部にあるように、春田家では、子供が生まれると趣向をこらした書見台が作られる。書見台は、生涯にわたって使い続けるものであるので、名前がつけられているのである。

(3)「民主主義」には、「他の人よりも余計なものは持ってちゃいけない」という考え方はない。記実子が、日本は民主主義の国だと言ったうえで、本来とちがった意味でこれを解説したので、カタカナにしているのである。

(4)「チンプンカンプン」は、わけのわからないことを聞いた時に用いる。【A】の部分のあとも「え、どうして?」と聞いているが、ここは記実子の言葉の意味がわからなかったのではなくて、なぜそのようなことになるのか理由がわからなかったのである。【B】は、「ミンシュシュギ」という言葉の意味そのものがわからなかったので、ここに入る。直前に「分かる?」とあることもヒントになる。

(5)光紀は、百人一首を暗記していると宣言した少女がちやほやされているのを見て、自分が日本の古典を暗記しているのに黙っておかなければいけないことに「不満」を感じているのである。

(6)本文の「なり」は、「……するとすぐに」の意味。同じ意味の「なり」は、**ア**である。

(7)記実子が今書見台に向かっていること、また、春田家では、家族みんなが当たり前のように、日本の古典を暗記していること、さらに、「今週中にこれ、しまっちゃう予定」という記実子の言葉などから、『しまう』が、文章を頭にしまう、つまり「暗記」を意味していることがわかる。

(8)最後の一文の終わりが「譜面に没頭した」となっていることから、**イ**は○。

10 物語 ②

本冊 42ページ

解答

❶ **(1) エ　(2) 息　(3) イ　(4) ウ　(5) イ**

解説

❶ (2)「息を切らす」は、運動などをしたあとに、せわしく呼吸《こきゅう》をすることの意。

(3)「うっすらと」は、色合いが淡《あわ》く、光が弱々しい感じを表す。ここでは、空に藍色が降りてくるとあるので、夜の空の暗い色が明るい空にかかってくる様子、つまり日が暮《く》れてきたことを表す。「薄い色の月が見え始めて」という表現もヒントになる。「私」とうみかは、日が暮れるまで逆上がりの練習をしていたのである。

(4) ――線部①までのうみかの発言に注目すると、「楽しみ」「重いよ」など、あまり多くの言葉を発しない性格であることがうかがえる。そんなうみかが「私」に「いて欲しい」と言ったことに対して、「私」は「そんなふうに素直に言われたら、逆らえなかった。」と、普段とは違《ちが》ううみかの発言に戸惑い、表情をなくしてしまったのである。

(5)「エンデバー」とは「スペースシャトルエンデバー」のこと。うみかはその意味を「努力」と言っている。うみかは、「エンデバー」と、自分の課題である逆上がりを、共に宇宙に向かっていくと見立て、打ち上げという課題に直面している「エンデバー」の意味を持ち出して、自分も逆上がりという課題を乗り越えられるように、自らを奮《ふる》い立たせようとしたのである。

11 随筆・紀行文 ①

本冊 46ページ

解答

❶ **(1) 例 バカにされまいと身構えて取り繕った態度。**
(2) エ　(3) 思いがけないほどの幸福感
(4) 例 他人が失敗したときに、関わらないようにするか、見下すような態度。
(5) イ

解説

❶ (1) ――線部①と同じ段落《だんらく》内から、「アメリカの豊かさと日本の貧しさがくっきりしていた時代」であったこと、それゆえに「私」が「いくらか白人にでもなったような気持ちで、バカにされまいと身構えてもいて、大股」であったことを読み取る。この取り繕《とつくろ》った「私」の態度を簡潔《かんけつ》にまとめる。

(2) ――線部②は、「私」が男性用トイレと女性用トイレを間違えかけたのを見た女性の反応である。――線部②のあとの第六段落で、「私」がその笑顔から受けた印象が描《えが》かれている。「邪気のない」「上下がなかった」「親密さ」といった表現から読み取れないものは、**エ**である。

(3) ――線部③よりあとの部分から、女性の笑顔が「私」にもたらしたものをさがすと、第七段落に、「思いがけないほどの幸福感がこみあげて」という部分が見つかる。ここから十字前後でぬき出す。

(4)「同じようなこと」とは、「私」のシカゴでの体験と同じようなことという意味である。――線部④は、東京で他人の失敗に接したとき、多くの場合に見られる、「気づかぬふり」で関わらないようにするか、「『ドジ』というように避けて通る」ような見下す態度をいっている。

(5) 直前の一文の「その時」とは、アランの、〝「道徳論」を書くならば「義務の第一位に上きげんをもってくる」〟という文章に出会ったときである。第十二段落の「ごく些細なことが、思いがけなく他人の気持ちの底に残る」という表現などもふまえると、筆者は、シカゴの女性の笑顔に他人に対する思いやりを感じ、励まされたと気づいたために、「幸福感の意味がはっきりしたような気持ち」になったのだとわかる。

12 随筆・紀行文 ②

本冊 50ページ

解答

❶ **(1) ア　(2) エ**
(3) 例 客に笑ってもらうことで、お金をもらうのが、漫才師や噺家の本来の姿だと思うから。（39字）**(4) ウ　(5) A 主　B 客**
(6) ア

解説

❶ (1)「席巻」は、片端から土地を攻め取ることで、圧倒《あっとう》的な勢いで自分の勢力範囲《はんい》を広げることをいう。

(2)「お笑いタレントの『罪』はそれだけではない」というのであるから、その前後にお笑いタレントに対する批判《ひはん》的な内容が書かれていることになる。前にあるのは、お笑いタレント自身が笑ってしまうこと。あとにあるのは、お笑いタレントの戯れは、見ている方に孤立感をもたせてしまうこと。したがって、(**エ**)に入ることになる。

(3)第三段落《だんらく》に、「客を心地よくさせる、それへの対価として銭をいただく。笑ってもらってなんぼ、の世界だ」とある。人を笑わせるのが仕事のお笑いタレントであるのに、自分が笑ってしまうと「視聴料をいただく理由がなくなる」というわけである。

(4)「こういう消息」とは、観ている方が笑いの中に入れず、孤立感をつのらせる状態。そのことを説明している**ウ**が正解となる。

(5)すぐあとにある「ホスピタリティというのは、その意味でイニシアティヴを客にわたすところにある」という表現から考えることができる。つまり、主である自分が「主」の座を客にわたし、自分は新たに主となった客の「客」となるというわけである。

(6)——線部④の前に「ホスピタリティのプロであることをみずから放棄している」とある。逆に言えば筆者は、ホスピタリティの心を磨けと言っているのであり、そのためにどうすればよいかということを考えると**ア**が正解となる。

13 説明文 ①

本冊 54ページ

解答

❶ (1)**ア** (2)①**動物たちから身を守る（ため）**
②**Ⅰケイ素 Ⅱガラス Ⅲ葉の栄養価**
(3)**エ**

❷ (1)**Aくさつみ Bつくりばな**

解説

❶ (1)「コスト」とは、費用の意味で、特に、商品の生産に必要な費用という意味で用いられることが多い。ここでは、イネ科植物がトゲや毒を作るのに必要とする対価としてのエネルギー、といった意味合いで用いられている。

(2)①——線部②の先頭の「そこで」という接続語は、前の事がらを受けて、あとに順当な結論を導く言葉。前の段落の内容を見ると、食害を防ぐためにトゲや毒を生産するのは難しい、という内容である。このことを受けて、イネ科植物は体を硬くするという方法をとったのである。食害を防ぐという言葉を具体的に言いかえ、「〜ため」につながるようにできる、二つ前の段落の「動物たちから身を守る」が答えになる。

②イネ科植物が「動物たちから身を守る」ために行ったのは、まず体を硬くすることである。その方法として、ケイ素を利用したと第十段落に書かれている。しかし、「固いだけでは歯を発達させた動物に食べられてしまう」ので、第十四段落の「葉の栄養価を低くして、エサとして魅力のないものにするという方法」をとった。この二つの部分から、指定された字数に合う言葉を書きぬく。

(3)**エ**は植物が身を守る工夫として、第二十段落に「成長点を低い位置に配置する適応を遂げた」とあり、正解。**ア**は本文中に「植物の少ない草原」と書かれているので誤り。**イ**は、「イネ科の植物は毒をもっている」が誤り。**ウ**は「歯を発達させた動物」がイネ科植物を食べることで進化したという内容が本文中に書かれていないので誤り。

❷ (1)A「目的語は動詞よりも先にいうのが鉄則」を受けると「草を摘む」の「くさつみ」が入る。
B「『B』といえば作った花のこと」とあるから「つくりばな」が入ることになる。

14 説明文 ②

本冊 58ページ

解答

❶ (1)**イ** (2)**Aウ Bエ Cカ** (3)**イ**
(4)例**人間にはない感覚である、触角や前肢で直接触れて科学的性質を感知すること。**(36字) (5)**ア** (6)**d**

解説

❶ (1)「木で鼻をくくる」とは、「そっけない冷たい態度」という意味。「彼《かれ》は木で鼻をくくったような返事をした」などのように用いる。

(2)A昆虫の接触化学感覚を説明するために、ハエを例に挙げている。B昆虫は触らなくても匂いがわかるが、例外的に直接触れる時があるという反対のことを述べている。C人間は超音波をじかに感じることができないのを理由に、コウモリたちの生活を実感することができないということを順当に説明している。

(3)Xハエの例の中で、前肢で見つけた味・匂いが砂糖であれば、ハエは無意識かつ瞬間《しゅんかん》的にその砂糖を味わうことになる。つまりここでは「反射的」が入る。Y人間は超音波の音を、わずかな振動という形でしか感知できない。つまりここでは「衝撃的」が入る。

(4)「接触化学感覚」について説明している次の段落に注目する。「接触化学感覚」とは、昆虫の触角や前肢で触ることによって、そのものの味や匂いを感知できる感覚のことである。この感覚が人間と違うため、筆者は「不思議」としているのである。このことを字数に合うようにまとめる。

(5)人間と生物たちの感覚の違いを述べている文章の一例として、コウモリの例を挙げている。文章の最後に、〝コウモリたちが周りに構築している世界をわれわれは実感できない〟と書かれているので、この内容にあてはまる**ア**が正解。

(6)dの「それ」が指し示す内容は、超音波で相手の動きなどをとらえることができる「エコー・ロケーション（反響定位）」のことである。それ以外は、「超音波」のことを指している。

15 論説文

本冊 62ページ

解答

❶ **(1)ア (2)ア (3)森 (4)エ (5)ウ**
(6)aア bイ cア
(7)他の種を征服し、絶滅させる（。）
(8)何千万年の年齢を持つ多くの植物、多くの動物
(9)ⓐイ ⓑエ ⓒウ
(10)生類すべて (11)ごうまん

解説

❶(1)二番目のAに続いて、「～どころか、これは大変高級な信仰ではなかろうか」とあり、「高級な」という表現がAと対立する意味で用いられている。このことをヒントに、一番目のAの前後と合わせて考える。

(2)よその家をたずねるとき、客は主人に対して、当然守るべき礼儀があるはずである。

(3)アフリカの小さな部族の話の中では、森とお客さん（動物や人間）との関係として語られている。

(4)一番目のDのあとの「つまり」は「言いかえると」という意味であるから、「一番新米の生物」＝「最後のお客さん」ということになる。

(5)「ほんの一瞬《いっしゅん》」という意味の言葉が入るのだから「まばたき」である。

(6)aおじさんは、自分のことを「わたし」とも「おじさん」とも言っている。母親が、自分のことを「お母さんが……」というのと同じである。b「わたし」の前に「詩人は話し続けた」とあるから、詩人のことである。cは、「詩人の言葉が気にいった」から、おじさんのことであるとわかる。

(7)問いの「最も具体的に述べている部分」ということを頭に入れてさがすようにしよう。「大変なこと」の説明として、「ただ……利用し始めたのだ」とあり、さらに、「他の種を征服し、絶滅させる」と、より具体的に示されている。

(8)少し前に「人類の大先輩」という、よく似た表現がある。その言葉が指しているものと同じである。そのことを具体的に表現した「何千万年の年齢を持つ」をふくめてぬき出すとよい。

(9)ⓐ驚きをこめて言っている。ⓑあることを強調して言うために、問いかけの形で言う表現（反語）である。筆者は「いや、そうではない」と考えている。ⓒさとる君に答えを求めている。

(10)すぐ前の「生類すべての悲鳴が」に対して、「地球も悲鳴を」となっている。

(11)地球を人類だけのものと思いこんでいるとしたら、それは思いあがりもはなはだしい。四字で、そういう意味を表す言葉は「ごうまん」である。

16 詩

本冊 66ページ

解答

❶ **(1)エ (2)①ア ②ア ③イ (3)例自然**
(4)イ (5)Bイ Cウ

❷
(1)**ウ**
(2)例**はじめて飛ぶ小鳥を助けたい（という気持ち。）**（13字）
(3)例**はげます（気持ち。）**（4字）

解説

❶ (1)五月の山が、日を受けて光っている様子である。**ア・イ・ウ**は「まぶしい」に続かない。また、この詩全体から受ける印象も、**エ**「ぎらぎらと」がふさわしい。

(2)①ふつうの話し言葉で書いてあるので、口語詩。②きまった音のリズムがないので、自由詩。③「下の方に向かって叫びたくなる」など、作者の心情が感じられる。詩の鑑賞文の中に「新しい驚きを主題に」とあるのもヒントになる。いずれにしても、単に景色だけをうたった詩ではない。

(3)「若葉の山頂に立って見る」山や空や海だから「自然」である。

(4)その前の段落《だんらく》に述べられている内容を受けて素直《すなお》に考えてみよう。詩の中に「世界のひろさをかんがえる」という表現もある。

(5)B「少年向きの詩」とあることからも、**イ**の「純真」が最もふさわしい。C山頂から見る大きな自然の景色を中心に、その見たままの自然をうまく詩の中におりこんで（視覚的な構成で）作った詩である。

❷ (1)6行め「心配しないで」につながる言葉であるから**ウ**の「不安」である。

(2)10・11行めで木々の気持ちが表現されている。

(3)「心配しないで」「かたをだいてやった」「さあおとび」「かたをたたいた」は、いずれも、あたたかく、はげましている気持ちを感じさせる。

17 短歌・俳句

本冊 70ページ

解答

❶ (1)**イ**　(2)**（第）五（句）**
(3)**Aウ　Bエ**　(4)**C**　(5)**B**

❷ ①**カ**　②**オ**　③**キ**　④**ア**　⑤**ク**　⑥**ウ**
⑦**イ**　⑧**エ**

❸ ①**カ**　②**キ**　③**ク**　④**オ**　⑤**ア**　⑥**ウ**
⑦**エ**

解説

❶ (1)「そらんじる」は、詩や文章などを何も見ずに言えるようになること。

(2)「漂泊」は、あてもなくただようこと。「今日も旅ゆく」の第五句に、「漂泊の思い」がこめられている。

(3)牧水の歌は、「感傷的気分」と「漂泊の思い」とを感動をこめて詠《よ》んだもの。白秋の歌は、色彩感覚が豊かである。

(4)茂吉の歌は、「とほりたり」の第三句で切れている。基本的に句切れのあるところは、言い切りになっている。

(5)白秋の歌は、夕日の赤と草の緑の対比があざやかである。

❷ ①は「さむく　あり　とも　てら　ゆき　めぐれ」の倒置表現である。

②話し言葉のように詠むのが俵万智の短歌の特徴《とくちょう》である。

③「風吹くな」（初句）で意味が切れている。

④「蛍」という小さな命を詠んでいる。

⑤向日葵が浴びる夏の光を「金の油」にたとえて表現している。

⑥熱海《あたみ》の里ののどかな風景を表現している。

⑦白鳥の「白」、空の「青」、海の「あを」が、たくみな対照である。

⑧飛んできた蛍を見て、母の愛情ととらえた歌。

❸ ①さえずりながら天高くまい上がっていたひばりが、まっさかさまに下りてくる様子。

②うぐいすの「初音」（春になってはじめて聞く声）。

③かわせみは、色彩のとても美しい鳥。

④コツコツ、コツコツと木をつつく鳥。

⑤〝かも〟料理を食べているところへ生きている〝かも〟の声が聞こえてくる。

⑥ふくろうの闇の中の狩《か》りの様子。

⑦元日の丘の上空を、たかが一直線に飛びぬける様子。

漢字・語句・文法

18 言葉のきまり（文の組み立てと敬語）

本冊 72ページ

解答

❶ **（主語・述語の順に）**

❶ (1)エ・オ (2)イ・オ (3)オ・キ (4)エ・カ
❷ (1)エ (2)オ
❸ (1)エ (2)ウ (3)イ (4)オ (5)ア
❹ (1)ア (2)イ (3)ア (4)ウ
❺ ア・エ

解説

❶ 主語になる文節は、「～は」、「～が」になるとは限らない。(2)や(4)のように、「～も」、「～でも」をふくむ文節も主語になるので注意する。

❷ (2)「線路も―見えないほど」、「落ち葉の―たまっている」、「場所も―あった」という三つの主語と述語の関係がある。

❸ (1)修飾語と被修飾語の関係。(2)「赤い」と「大きな」が、並立《へいりつ》の関係にある。(3)「いる」が、上の「泣いて」を補助《ほじょ》するはたらきをしている。(4)修飾語と被修飾語の関係。ただし、(1)は、名詞《めいし》（バラ）をふくむ文節を修飾しているのに対し、(4)は動詞（話しなさい）を修飾している。(5)主語と述語の関係。

参考

(3)「泣いている」のような関係を「補助の関係」という。

普通《ふつう》の使い方 例 公園に犬が いる。

補助の関係 例 公園で犬が遊んで いる。

「いる」という動詞が、そこに存在《そんざい》するという意味で用いられる場合は、普通の用い方。補助の関係になる場合は、「遊ぶ」という動詞の意味を補《おぎな》うはたらきをする。ほかにも、「兄が公園で遊んで くれる」、「弟に勉強を教えて あげる」などがある。

❹ 基本的には、相手の動作なのか、自分や身内の者の動作なのかで、尊敬語か謙譲語の判断をする。(1)と(3)は、相手の動作なので尊敬語。(2)は、自分の動作なので、謙譲語である。(4)は、どちらでもなく、「ある」ということを「ございます」と丁寧に言っているので、丁寧語である。

❺ **ア**は、「おりましたら」の部分を、尊敬語「おられましたら」にする必要がある。**エ**は、「おば様」と直接話をしている場面なので、「参りましたか」ではなく、「いらっしゃいましたか」と尊敬語にする。他人に対して「おば」のことを言う場合は、身内となり、「おばは参ります」と謙譲語を使うことになるので注意する。

本冊 74ページ

解答

❶ （主語・述語の順に）
(1)たんぽぽが・咲かせる
(2)祖母は・言った
(3)わたしも弟も・食べます

❷ ア

❸ (1)ア・エ (2)①

❹ (1)思い出し (2)選手に (3)できない (4)髪に (5)ふさわしい

❺ (1)彼らは・楽しんだ (2)×・書く (3)波が・打ち寄せる (4)声が・聞こえます (5)冬は・あたたかいです

❻ (1)見せた (2)見つけた（のは）

❼ (2)いただき (4)ごらん (5)おっしゃい

❽ (1)いただいた (2)おやすみ (3)うかがう (4)いらっしゃる（おこしになる・おいでになる） (5)ごらん

❾ (1)①イ ②ウ ③ア ④ウ ⑤イ
(2)まいる→こられる（いらっしゃる・おこしになる・おいでになる）
おっしゃって→申して（申し上げて）

解説

❷ 基本文型の「何は―どんなだ」にあてはまる。これと同じ文型は、**ア**の「社説は―難解だ」である。

❸ (1)**ア**は「母が」、**エ**は「ごらん（になって）ください」が、正しい言い方である。

(2)「上手に」、「書けていて」、「おどろきました」のどの語にもかかっていくように思えるが、「たいそう」どうなのか、と問いかけてみると「たいそう上手」であることがわかる。

❼ (2)は、自分の動作なので謙譲語「いただきました」となる。(4)「拝見（する）」は、謙譲語。相手の動作なので、尊敬語の「ごらん（になる）」を使う。(5)は先生の動作なので、尊敬語で「おっしゃい（ました）」

❾ (1)**ア**は尊敬語、**イ**は謙譲語、**ウ**は丁寧語である。②と④は、単に丁寧に言っているだけである。

19 言葉のはたらき（品詞とそのはたらき）

本冊 76ページ

解答

❶ ①エ ②キ ③エ ④ア ⑤ウ
⑥カ ⑦オ ⑧イ

❷ (1)イ (2)ウ (3)ア (4)ウ

❸ (1)ウ (2)エ (3)イ (4)ア

❹ (1)イ (2)エ (3)ウ (4)ア

❺ (1)ウ (2)イ (3)エ (4)ア (5)オ

解説

❶ 品詞は全部で十種類あり、**ア～キ**以外に、感動詞・助動詞・助詞がある。

参考

「動詞」は「走る」「読む」「見る」など、動作や存《そん》在《ざい》などを表す品詞。

「形容詞」「形容動詞」は、物事の性質・状態・心情などを表す品詞で、形容詞は、「美しい」「おもしろい」など言い切りの形が「い」で終わり、形容動詞は、「静かだ」「おだやかだ」など言い切りの形が「だ」で終わる。

「名詞」は、事がら・物の名前やそれらの代わりに「これ」「それ」「あなた」「私」など物や人を指し示す品詞。

「副詞」は、「たいへん」（美しい）「ゆっくり」（走る）など、動詞・形容詞・形容動詞を修飾《しゅうしょく》する品詞。

「連体詞」は、体言（名詞）を修飾する品詞で、「この」「その」「あの」「どの」「ある」「去る」「わが」「いわゆる」「大きな」「小さな」など、出てくる語が少ないので、覚えておいた方がよい。

「接続詞」は、「そして」「しかし」など、語と語や、文と文を接続する品詞。

「感動詞」は、「ああ」「おい」「いいえ」など、感動や呼《よ》びかけを表す品詞。

「助動詞」は、主に動詞などのあとについて、さまざまな意味を付け加える品詞で、活用する。（「降る」という動詞に「そうだ」が接続して、「降るそうだ」となると、人から伝え聞いた伝聞の意味をそえる）。

「助詞」は、「が」「も」「は」など、前の語が他の語とどのような関係にあるかを示す品詞で、活用しない。

❷ (1)「試合が始まるそうだ」（伝聞＝人から伝え聞いたことを表す）と同じ使い方をしているのは、**イ**の「降るそうだ」。(2)「読もうとしない」の「ない」は、助動詞。**ア**と**イ**は形容詞、**ウ**の「遊ばない」が助動詞である。形容詞か助動詞かの判断は、直前に「は、が、も」などを入れて意味が通るかどうかで判断できる。**ア**は、「高く（は）ない」と「は」を入れることができる。(3)「花の咲く道」の「の」は、「が」に置きかえることができる。**ア**の「雨の降る」も置きかえられる。(4)「花火がみられる」は、可能の意。

❸ (1)が尊敬。(2)が可能。(3)が自発。(4)が受け身である。

❹ (1)「ここ」、「それ」などの「こそあど」言葉の中で、「この、その、あの、どの」だけは連体詞に分類される。(2)**エ**の「思い」だけが名詞。ほかは形容詞である。(3)**ウ**の「とても」だけが副詞で、ほかは接続詞。(4)**ア**の「大きな」だけが連体詞で、ほかは形容動詞。

❺ 呼応の副詞と呼ばれるもので、上に「まるで」があると、これに応ずる「ようだ」や「ように」という表現がくる。上にある言葉によって、それぞれどのような表現で応ずるのかを考える。

本冊 78ページ

解答

❶ (1)エ (2)イ (3)ア

❷ ①エ ②ウ ③ア ④オ

❸ (1)オ・ケ (2)イ・ク (3)エ・カ
(4)ア・キ (5)ウ・コ（各順不同）

❹ (1)ア 例自然にそうなる。
イ 例手を加えてそうする。
(2)ア 例そうすることができる。
イ 例自然にそうなる。
(3)ア 例そういう様子だ。
イ 例人から伝え聞いた。

❺ (1)エ・キ (2)オ・イ (3)ア・ク
(4)イ・ア (5)キ・コ

❻ (1)例忘れない (2)例見ているようだ
(3)例するだろう

❼ (1)①い ②く (2)①る ②り

❽ (1)ても (2)まい (3)ません
(4)ちがいない (5)ください

解説

❶ (1)は、助動詞の「ない」で、**エ**「進まない」の「ない」が助動詞。(2)「遊びに」の「に」は、動作の目的を表している。(3)「鳥ならば」の「ば」は、鳥であったらと「仮定」を表している。

❷ ①は、「が」に置きかえられる「の」。②は、「友達である知春」と「である」に置きかえられる同格の「の」。③は、「私のもの」と名詞の代用の「の」。④は、疑問《ぎもん》、問いかけの「の」である。

❸ (1)は名詞、(2)は副詞、(3)は連体詞、(4)は接続詞、(5)は感動詞である。

❼ (1)「おいしい食事」のように、「い」で終わると「名詞（食事）」にかかり、「おいしくいただく」のように、「く」で終わると「動詞（いただく）」にかかる。

20 ことわざ・慣用句・故事成語・四字熟語

本冊 80ページ

解答

❶ (1)キ (2)エ (3)ウ (4)ケ (5)ア (6)カ (7)オ (8)イ (9)ク

❷ (1)キ (2)ケ (3)エ (4)ア (5)ウ (6)ク

❸ (1)腹《はら》（胆《きも》） (2)目 (3)首 (4)足 (5)手（腕《うで》）

❹ (1)ク (2)オ (3)カ (4)キ (5)ウ

❺ (1)エ (2)イ (3)エ (4)ア

解説

❶ (1)「雨降って地固まる」→ごたごたしたあとは、かえって物事がうまくいくものだ。

(2)「石の上にも三年」→つめたい石の上でも三年もすわっていればあたたかくなる。何事もしんぼうが大切。しんぼうしていれば結果が生まれる。

(3)「後足で砂をかける」→世話になった人の恩を忘《わす》れるばかりか、別れぎわにさらにめいわくをかけること。

(4)「魚心あれば水心」→魚に水を思う心があれば、水もその気持ちをくみとるであろうという意味。相手が自分に好意を示せば、こちらも好意をもって対応する気になるということ。

(5)「鰯の頭も信心から」→鰯の頭のようにとるにたらないものでも、信ずる気持ちがあれば尊《とうと》いものに見える。

(6)「火中の栗を拾う」→さるがねこをおだてて火の中の栗を拾わせ、ねこが大やけどをしたという話から、他人の利益のために危険《きけん》をおかすことをいう。

(7)「木に竹をつぐ」→木に竹をつぎ木しても竹は木につながらないことから、物事のつりあいがとれないことをいう。

(8)「寝耳に水」→とつぜんのできごとにおどろくこと。

(9)「雀百まで踊り忘れず」→幼《おさな》い時に身についた習慣は、年をとっても身からはなれない。

解答

本冊 82ページ

❶ (1)手 (2)耳 (3)腹 (4)首 (5)口 (6)顔 (7)足

❷ (1)低 (2)広 (3)重（堅） (4)痛 (5)高

❸ (1)暑・寒、オ (2)短・長、イ (3)死・生、ウ (4)背・腹、エ (5)楽・苦、ア

❹ (1)木 (2)敵 (3)仏 (4)上手

❺ (1)猫・オ (2)水・イ (3)涙・ウ (4)先・エ

❻ 一石二鳥

❼ イ・エ・オ・ク・ケ（順不同）

❽ (1)川 (2)下手 (3)面 (4)腹 (5)余 (6)男女 (7)晩 (8)古今

❾ (1)ア (2)オ (3)イ (4)エ

解説

❹ (1)の「木で鼻をくくる」は、とげがあるような態度で接すること。(3)の「仏作って魂入れず」は、苦労して物事を達成しながら、一番大事なことができていないことのたとえ。(4)の「上手の手から水がもる」は、上手な者でも、時には失敗することがあること。

❻ 順に「一、二、石、鳥」が入り、組み合わせると「一石二鳥」になる。

❼ **ア**の「石橋をたたいてわたる」は、用心深くものごとをすることの意であるから、「気が強い」とは合わない。**カ**の「さじを投げる」は、物事に改善《かいぜん》の見《み》込《こ》みがないとあきらめること。**キ**の「鬼の目に涙」は、情けをかけない人も時には情けをかけること。かぜをひいたときに使う表現ではない。

❽ (2)「下手の横好き」は、下手なくせに熱心なこと。(3)「カエルの面《つら》に水」は、何事にも平気で、平然としていること。「カエルの面に小便」ともいう。

21 同訓異字・同音異義語・類義語・対義語

本冊　84ページ

解答

❶ (1)厚・熱　(2)建・立　(3)慣・鳴　(4)破・敗　(5)書・欠

❷ (1)オ　(2)イ　(3)カ　(4)ア

❸ ア・エ（順不同）

❹ (1)オ　(2)イ

❺ イ

❻ (1)形式　(2)感情　(3)保守　(4)人工

解説

❶ (1)「厚い」は、「物のあつみ」の他に、「人情が深い」という意味がある。ここでいう「熱い」は、心が高ぶるという意味。(2)「建つ」は、建物などがつくられること。「弁が立つ」の「立つ」は、技能などがすぐれていることを表す。(3)「破れる」はものがこわれること。「敗れる」は戦いに負けること。(4)「慣らす」は、環境《かんきょう》になれさせること。ここでいう「鳴らす」は、そのことで評判をとること。(5)「書く」は、文字をしるすこと。「欠く」は、必要なものがないこと。故事成語の「画竜点睛を欠く」は、「物事を完成させるための仕上げを忘《わす》れること」という意味。

❷ (1)漢字は「帳」で、ものを書くために紙をとじたものという意味がある。(2)漢字は「張」で、「主張」の場合は言い張るという意味。「張本人」は、あることがらの原因になった人という意味。(3)漢字は「兆」で、数の単位や、きざしという意味がある。(4)漢字は「庁」で、役所という意味。**ウ**は「腸」、**エ**は「朝」である。

❸ 「親切」と「厚意」はいずれも思いやりのある心という意味。

❹ (1)「手腕」と「技量」はいずれも物事を行ううでまえのことを表す。(2)「即刻」と「早速」は、どちらも「すぐ」という意味がある。

❺ 「流動」は流れて動くという意味で、「固定」は一定の場所から動かないという意味であるため、対義語。

❻ (1)「内容」は中身のことで、「形式」は外から見た形のこと。(2)「理性」は、物事の道理を考える心のはたらきで、「感情」は物事などに対してもつ気持ちのこと。(3)「革新」はよりよいものに改めることで、「保守」は、古くからのものを守ること。(4)人の手が加わっているものが「人工」、いないものが「自然」。

解答

本冊　86ページ

❶ (1)ア　(2)ウ　(3)イ

❷ (1)暑・熱　(2)明・空　(3)映・移　(4)務・勤

❸ (1)四季・指揮　(2)週刊・習慣

❹ (1)ア　(2)ウ　(3)オ　(4)エ　(5)イ

❺ (1)序列　(2)簡便　(3)歴然　(4)均整　(5)収蔵　(6)沿革　(7)仕草　(8)逆風

❻ イ

❼ (1)鈍　(2)降　(3)落　(4)偶

❽ (1)ウ　(2)キ　(3)コ　(4)ケ

解説

❶ (1)「納める」は、入れるべきところに入れるという意味。主に税金や商品に関わるときに用いる。(2)「対象」は、行為《こうい》のめあてになるものという意味。(3)「断つ」は、続いているものをさえぎるという意味。

❷ (1)「暑い」は、気温が高いという意味。「熱い」は温度が高いという意味。(2)「明ける」は、明るくなる、または終わるという意味。「空ける」はからにするという意味。(3)「映す」は、姿《すがた》などを鏡や水面などに投影《とうえい》する意味。ここでいう「移す」は、物事を別の段階《だんかい》に進める意味。(4)「務める」は、役目を受けもつこと。「勤める」は、会社などで仕事をすること。

❸ (1)「四季」は、四つの季節のこと。「指揮」は、人に指示を出すこと。(2)「週刊」は、週に一度刊行す

ること。「習慣」は、くり返すうちにきまりのようになったこと。

4 (1)——線部は「固（固有種）」。同じになるものは、**ア**（確固）。**イ**は、「個（個人）」。**ウ**は、「戸（戸外）」。**エ**は、「己（利己的）」。**オ**は、「故（故意）」。(2)——線部は「態（生態）」。同じになるものは、**ウ**（事態）。**ア**は、「体（生体）」。**イ**は、「待（期待）」。**エ**は、「帯（眼帯）」。**オ**は、「代（交代）」。(3)——線部は「吸（吸入）」。同じになるものは、**オ**（吸収）。**ア**は、「級（階級）」。**イ**は、「旧（復旧）」。**ウ**は、「給（給仕）」。**エ**は、「究（究明）」。(4)——線部は「奮」。同じになるものは、**エ**（発奮）。**ア**は、「粉（粉骨）」。**イ**は、「分（分別）」。**ウ**は、「聞（見聞）」。**オ**は、「文（文化）」。(5)——線部は「過」。同じになるものは、**イ**（過失）。**ア**は、「下（門下生）」。**ウ**は、「可（可否）」。**エ**は、「課（日課）」。**オ**は、「加（加勢）」。

5 (1)「階級」は、位の段階のこと。「序列」は、順序をつけて並《なら》べること。(2)「手軽」は、簡単でたやすいこと。「簡便」は、簡単で便利なこと。(3)「明白」は、はっきりとよくわかること。「歴然」は、はっきりしているさま。(4)「調和」は、つりあいが取れて、整っていること。「均整」も同じ意味。(5)「保存」は、そのままの状態に保っておくこと。「収蔵」は、取り入れてしまっておくこと。(6)「過程」は、物事が変化していく道筋《みちすじ》のこと。「沿革」は、うつりかわりのこと。(7)「態度」は、物事に臨《のぞ》むときの構え方のこと。「仕草」は、ある物事をするときの動作や態度のこと。(8)「障害」は、進行や活動のさまたげとなるもの。「逆風」は、不利な状況《じょうきょう》のこと。

6 「音信」は、電子メールや手紙など、様子を知らせる連絡《れんらく》のこと。「返信」は、電子メールや手紙などによる返事のこと。

7 (1)「敏感」は、感覚や反応が鋭《するど》いことで、「鈍感《どんかん》」はその逆の意味。(2)「上昇」は、あがっていくこと。「下《か》降《こう》」は下にさがること。(3)「及第」は、一定の基準に達していること。「落第」は、一定の基準に達せず、認《みと》められないこと。(4)「必然」は、必ずそうなること。「偶然《ぐうぜん》」は、予想しないことが起こること。

8 (1)「赤字」は、支出が収入《しゅうにゅう》より多いこと。その反対は、「黒字」という。(2)「整然」は、整っているさま。「雑然」はいろいろなものが入り混じって、まとまりのないさま。(3)「復路」は、かえり道のこと。「往路」は、行きの道。(4)「重視」は、大切なものとして注目すること。「軽視」は、軽く考えて認めないこと。

実戦力強化編　読解　文学的文章

1 場面・情景をつかむ ①

本冊 88ページ

解答

1 (1)ウ　(2)オ　(3)エ

(4)例ジン・カザマがホフマンに師事していたと書かれていることを、「師事した人」の項目に目をやった時にはじめて気づいたということ。

(5)①例自分が指導したすばらしい才能をもったピアニストが現れるということ。

②例今は無名だが、いつか世の中を驚かせるピアニストになることを確信していたから。

(6)イ

解説

1 (1)——線部①のあとの部分に「書類がフランス語で書かれているのでどんな漢字を当てるのか分からない」とある。発音しかわからないことを表現するため、カタカナで表記していると考えられる。

(2)続く文に「ほとんど読むところがない」とある。このことから、カザマ・ジンの履歴書は「あまりにもきれいだった」ことがわかる。書類選考で重要とされている演奏活動歴や学歴の記載《きさい》がないのであって、「日本の小学校を出て渡仏」や「ユウジ・フォン＝ホフマンに五歳より師事」の記載はある。よって、**イ**の「真っ白だった」は不適。

(3)アリバイとは〝犯行の現場にいなかったという証明〟という意味であるが、ここでは——線部②より前に書かれているように「演奏の理論の裏付け」をすることである。三枝子が音楽大学に入ったのも「演奏の理論の裏付け」、つまり、「演奏家としての技術力について理論による保証」を得るためと読み取れる。

(4)——線部③のあとに注目する。「この部分が最初から目に入っていたのに、あえて気付かないふりをしていたのだ」とある。「この部分」とは『師事した人』の項目」であり「ユウジ・フォン＝ホフマンに五歳より師事」という内容のことである。

(5)①――線部④のあとの部分に「僕がいなくなったら、ちゃんと爆発するはずさ。世にも美しい爆弾がね」とある。文章全体から、ここでいう「爆弾」は本物の爆弾ではなく、すばらしいピアニストが現れることであり、そのことを「爆弾」にたとえたのだと推測できる。さらに、カザマ・ジンの履歴書に「ユウジ・フォン＝ホフマンに五歳より師事」とあることから、このすばらしいピアニストがカザマ・ジンを指していることもわかる。

②「爆弾をセットし」たということは、今はまだ〝爆発していない〟ということである。今は無名だが、今後〝爆発した〟ときに世の中を驚かすほどのピアニストになる、とホフマンは確信していたのである。

(6)三枝子はカザマ・ジンが現れないというアクシデントになかなか気付かないほど、彼という存在《そんざい》にくぎづけになっており、また、――線部⑤に続く文に「カザマ・ジン。いったいどんな演奏をするのだろうか」とある。三枝子はカザマ・ジンの演奏が次だと待ち構えていたのに出番が最後になったことにがっかりすると同時に、楽しみが最後まで残ったことに安堵したのである。

2 場面・情景をつかむ ②

本冊 92ページ

解答

1 (1)**ある晴れた**

(2)**（人間）えもの　（滝）けもの**

(3)**運命の決まったふね**（9字）

(4)**ア**　(5)**エ**　(6)**ウ**

2 (1)**山菜やキノコの収穫（をすること。）**（9字）

(2)**例傷ついた個所から白い乳液を分泌する様子が乳を連想させるから。**　(3)**目**

(4)**ウ**　(5)**夏**　(6)**好まれない**

(7)**栃木県**　(8)**ウ**　(9)**ア○　イ○　ウ×**

(10)**例キノコの採取が禁じられた立て札がない点。**

解説

1 (1)この文章は、まず八太郎が傷ついた一羽の若いわしを助けて、遠い山へ放してやった場面、次に、石狩川について書かれた場面、最後に八太郎が滝に落ちそうになり、わしに助けられる場面の三つに分けられる。この物語には時を表す言葉が多く出てくるが、場面の内容を考え、話の変わったところで分けるようにする。

(2)「人間にうえている」「ほえ続けました」という表現から、「滝」を動物のように表現していることがわかる。最後から三つめの段落の「滝は、せっかくのえものをうばいとられたけもののように」と書かれている部分に注目する。

(3)ふねが滝に落ちることが、落ちる前からわかっていたような表現をさがす。「もう運命の決まったふね」の「運命」とは、滝に落ちるという「運命」である。

(4)「うずくま」っていたのは、死に直面した恐怖《きょうふ》がまだ残っていたから。八太郎の助けたわしが、今度は自分を助けてくれたのは、自分のわしに対する気持ちをわかってくれた結果だと思い、喜びをかみしめているのである。

(5)八太郎が元気になったわしを、「また人につかまることのないように」と、遠くの山に連れていって放したことから、八太郎が心のやさしい少年であることがわかる。また、そんな八太郎だったからこそ、わしは恩《おん》返しをしたのである。

2 (1)「森の恵み」にあたるのが、「山菜やキノコ」で、「いただく」とは、「収穫」のことである。

(2)「乳を連想した命名だ」という表現の前に「白い乳液を分泌するところから」という命名の理由を説明した部分があるので、その表現を使って答える。

(3)「目の色を変える」は、熱中して目つきを変えること。

(4)栃木県の北部と福島県の南部は隣接《りんせつ》している。栃木県の山に入り、目の色を変えてチチタケを採っていると欲《よく》が出て、福島県の山にまで入ってしまっていることがあるというのである。

(6)山梨県ではチチタケは旨くないと「好まれない」ことからだれも採らず、結果として「僕の独り占め」になるというのである。

(7)栃木県では、チチタケが好まれ、皆《みな》が採るので独り占めできないが、山梨では独り占めができるので、ふるさとである栃木県の友人からうらやましがられるという文脈である。

(8)チチタケは全体に煉瓦色をしているとあり、**ウ**の白い色ではない。

(9)本文に「自分の森」という表現があるが、これは、近所の森に何度も通うことにより、その森の植物や小動物のことを知り、愛着がわいてくるという意味で「自分の森」と呼んでもいいと言っているのであって、**ウ**にあるように、自分だけの森にしていつでも収穫できるという意味ではない。

⑽長野県の森にはキノコの採集を禁じた立て札があるが、山梨県の森にはない。そのことを「気に入っている」と言っているのである。

3 心情を読み取る ①

本冊 96ページ

解答

1 ⑴①もんがまえ ②うかんむり ③にくづき
⑵①ウ ②オラは、兄 ⑶ア
⑷エ→イ→カ→ア ⑸エ ⑹ア

2 ⑴a燃 bえんどう c織 d粉雪
⑵イ
⑶例梅の蕾が少し開き始めている状態。
⑷4 ⑸②私 ③(同行の)館の方
⑹エ ⑺植物の精(4字) ⑻エ

解説

1 ⑵①直前に「(兄ちゃんの)声が、思っていたより遠かったりすると」とあることから、「オラ」が「兄ちゃんのところにあわてて戻る」理由がわかる。「オラ」は山の中で「兄ちゃん」とはぐれてしまったら迷子《まいご》になると思い、イタンポ探しもそこそこにして「あわてて戻る」のである。
⑶「兄ちゃんより大きなイタンポを採った」ときと同じような場所に、親木を見つけた「オラ」の気持ちにふさわしい言葉を選ぶ。親木を見つけた瞬間《しゅんかん》の「オラ」は、思わず「やった」と声をあげたくなるほど、うれしかったのである。

⑷「ちょっとムッとして、親木を引っ張った」(不快)→「何もかもから取り残されたような気分になった」(不安)→「兄ちゃんを呼びたくなって、少し迷った」(ためらい)→「山で呼び合う父ちゃんと母ちゃんの声が聞こえた」「兄ちゃんが……歩く音も聞こえた」(安心)となる。

⑸最後にやっと「オラ」が見つけたイタンポは、「兄ちゃんの目線をたどって見つけた親木」から採ったものであることをおさえる。

⑹「オラ」が「兄ちゃんの近くを離れられない」と思っていることや、イタンポが一本も採れていない「オラ」に、少しでも採れそうな場所を教えている点から、「兄ちゃん」はたよりがいのある人物だとわかる。また、「父ちゃんが山の遊びのこと」を話してくれた時の「兄ちゃん」の様子から、行動的な子であることもわかる。

2 ⑵**ア**と**ウ**は、「もらう」の意で、**イ**は、蕾をつけている状態をいったもの。
⑶ここでいう「ほころびる」は、蕾が開き始めていることをさす。

⑷「ない」には、すぐ前に「は・が・の」が入っていたり、入れることができたりする「ない」(形容詞)と、入れることができない「ない」(助動詞)がある。例えば、「美しくない」の場合は、「美しく(は)ない」と入れることができるが、「知らない」の場合は、入れることができない。1〜3は、いずれも「の」や「は(では)」が入っている。4の「変らない」は入れることができない。

⑸「私」が思わず「つぶやいてしまった」言葉を、同行の館の方が「心にとめて(覚えておいて)」くれていたのである。

⑹「この」と指示語があるので、ここより前から、時期にあたる表現をさがすとよい。少し前に「開花の時期を待つ時」とあることをおさえる。

⑺「どのようにたとえて言っているか」という問いかけもヒントになる。「たとえ」とある場合は、「〜ような(ように)」となっている表現をさがすとよい。ここでは「その植物の精かと思われるような色」とあることから、——線部⑤のような色を「植物の精」にたとえていることがわかる。

⑻**イ**か**エ**で迷うところであるが、**イ**は、「すべての天然のエキスを」となっている点に注意。本文では、「おのがすべてに吸いよせて」となっていて、意味が異《こと》なっている。「おのがすべてに吸いよせてしま」うことで、**エ**のように「それぞれの樹木の色に絹糸が染ま」っていく。そのことに筆者は感動しているのである。

参考

「ない」の見分け方は、よく出題されるので、しっかり理解しておこう。「水がない」という場合の「ない」は、形容詞。前に「は・が・の」などがある(または、入れることができる)。「飲まない」の「ない」は、助動詞。

上の動詞の意味を打ち消すはたらきをする。ほかに、「くだらない」というように、一つの単語（この場合は形容詞）の一部分の場合もあるので注意しよう。

4 心情を読み取る ②

本冊 100ページ

解答

1 (1)①爬虫類ではなくて人間らしい顔（14字）
②例友だちとの別れを悲しむ気持ち。（15字）
(2)だってこれ
(3)例故郷を離れる悲しみを乗り越え、決意や覚悟を胸に秘めて強く生きていこうとする心情。（40字）

2 (1)ウ　(2)エ　(3)ウ
(4)例落ち込んでいる圭を、気づまりな思いをさせずにはげましたかった（から。）（30字）

解説

1 (1)――線部①の直後に「爬虫類ではなくて人間らしい顔」とある。いつもの保とはちがい、「人間らしい顔を涙で濡らし、歯を食いしばるように手を振って」おり、さらに「ちぎれるほど手を振り……しゃがみ込んだ」ことから、友人との別れを悲しんでいることが読み取れる。

(2)「泣いてはいけない」という表現は本文中に三回出てくる。その最初の「泣いてはいけない」に続く文で、「これから東京に出たら……ならないことになる、と思った」と、「泣いてはいけない」理由が書かれている。

(3)――線部③の直前で「もう二度と故郷が恋しいという理由では泣かない、と決めた」とある。「泣いてはいけない」と自分に課していた「僕」は最後には泣いてしまったが、そのことにより「保の泣き顔と『佐田君がんばれ』」を胸に、これから強く生きていこうという決意や覚悟《かくご》ができたのである。

2 (1)[A]の前の部分で、「わたし」は圭に「何かあった？」と聞いている。返事はなかったが、「わたし」は「何かあったのだ」と思っているのである。

(2)――線部①をふくむ文の直前に「どう話しかければいいのかわからなかった」という「わたし」の気持ちが書かれている。

(3)「胸のつかえが下りる」は「心配していたことがなくなり安心する」という意味。「胸がおどる」は「期待や興奮《こうふん》で、わくわくする」という意味。「胸が痛む」は「辛《つら》くて苦しい」という意味。「胸を打たれる」は「深く感動する」という意味。

(4)――線部②の前の部分で「こんなふうにじっと圭をうかがっていると、かえって圭に気づまりな思いをさせてしまう」とある。どう話しかけていいかわからず、自分の気配を消して圭の様子をうかがっていた「わたし」だったが、気づまりな思いをさせたくなく、また、なんとかはげましたいと思ったため、アイスやポテトチップの話題で声をかけたことが読み取れる。

5 文脈に即して読む ①

本冊 104ページ

解答

1 (1)ア　(2)②父　③私　(3)Aエ　Bイ
(4)例自分一人で取り組み、失敗してもその原因を考え、納得するまでやればいいという思い。（40字）
(5)エ　(6)b　(7)一回きりの真剣勝負

解説

1 (1)「一本気な」は、ここでは「私」の父の性格を表している。「私」は自分の父の行動についてうらがないと感じており、「子供が自分の真似をしていることを知ってただ嬉しかっただけなのではないか」と推測《すいそく》している。「私」から見た父の〝純粋でまっすぐな性格〟が読み取れる。

(2)文脈に沿《そ》って読み取る。――線部②をふくむ一文を見ると、「彼は子供が自分の真似をしていることを知って……」とある。前の部分から、この「彼（＝自分）」は「私」の「父」のことであるとわかる。――線部③をふくむ一文は、直前の内容から、主語が「子供（＝私）」であるとわかる。

(3)[A]の前では父について「とんでもない気前の良さ」をもっていたこと、あとではその具体的なエピソードが挙げられている。よって、[A]には「たとえば」が入る。[B]の前では、父に言われて出汁巻きを作り続ける「私」の様子をのぞきに来る人たちの言動が描《えが》かれており、あとでは、彼らとは異《こと》なる父の振《ふ》る舞《ま》いが描かれている。よって、B には逆接の「しかし」が入る。

(4)――線部④のあとに注目する。「私」は、父が、「自分の足で歩け、……誰もそばにいなければひとつひとつ失敗するごとに自分一人でその失敗を引き受け、その原因を必死で考えなくてはならない……あとは勝手にやれ」と望んでいるのだと考え、「認められた」ような気持ちになり、「満足な出汁巻き」を作ろうと奮闘《ふんとう》している。「私」が受け止めた父の思いの内容を指定字数内でまとめる。

(5) X の前後の文脈からとらえる。「私」の母は、子供の「私」が「五時間もぶっ続けで出汁巻きを巻く」のを見て、「父に言うような敬語を使っ」ている。ここから、母が「私」に示したのは**エ**「尊敬の念」であることが読み取れる。

(6)「たったひとつ」という言葉に注目すると、父に「ひとつだけでええ」と言われた直後のbが最も適切だとわかる。「私」は父の言葉を聞いて、「……たったひとつ?」と「あっけにとられ」たのである。

(7)――線部⑤のあとから読み取る。父に「一日ひとつ」と限定される前の「私」は、出汁巻きを作ることについて、「失敗すれば次を作ればよいという安直な気持ち」でいた。しかし限定されてからは、「一回きりの真剣勝負とならざるをえなかった」のである。この部分から九字でぬき出す。

6 文脈に即して読む ②

本冊 106ページ

解答

1 (1) a消防 b看病 c標準 d体操 (2)ウ (3)ア (4) A新しい子供 B大人になることができないで (5)①例死んだ子供 ②例国語や理科、算数などを勉強し、死んだ子供たちの言葉を受けついでいくため。

解説

1 (2)「さじを投げる」は、よくなっていく見込《みこ》みがないとあきらめること。**ア**の「薬より養生」は、病気になってから薬を飲むのではなく常日ごろからの養生が大切であることをいった慣用句。

(3)このあとにある「私」の会話から、このとき、どんな気持ちでいたのかがわかる。「お母さん、僕は死ぬのだろうか?」とあるように、死に対する不安が心をしめている。

(4)空欄《くうらん》の前後にある表現に着目するとよい。Aはあとに「になれる」とあることから、死んだあとどのようになれると母が言っているかを考える。Bは、あとに「死んだ子供のかわりに生きている」とあり、本文最後から二つめの段落にも「その子供たちのかわりに生きている」という同じような表現がある。「その子供」のさしている部分が、「大人になることができないで死んだ子供」であることから、解答を見つけることができる。

(5)①――線部③のあとに、「死んだ子供らの言葉を受けつぐために」とあることから判断できる。

②学校へ来て勉強することが、死んだ子供たちの言葉を受けつぐことになると考えている。

7 主題をつかむ ①

本冊 108ページ

解答

1 (1)例宗一のさびきっていた小刀を平らに研いだ点。(21字) (2)イ (3)浩は自分が (4)われを忘れて研いだ (5)ア (6)エ (7) Aエ Cウ (8)Ⓐ小刀 Ⓑ心

解説

1 (1)二人の小刀の研ぎ方を比べて、浩は、平らに研いだ兄の宗一の研ぎ方を「周到」であると思ったのである。

(2)**イ**の「うらやんだ」と、**ウ**の「うらんだ」はよく似た言葉だが、意味は大きくちがう。兄の研ぎ方を「周到だった」と思った気持ちから考える。**エ**の「尊敬した」だと、あとの「心の動揺」にはつながらない。

(4)「やっていること」とは、小刀を研いでいることである。ここでいう「ふけっている」は、夢中になることである。本文のはじめのほうに「われを忘れて研いだ」とある。

(5)その前文に「自分もふけっているように見せかけた」とある。本当に「ふけっている」のと、見せかけているのとでは、時間の感じ方はちがうはずである。
(6)小刀の研ぎ方のことで、浩は兄の宗一のことを強く意識している。その気持ちが、こんな行動となって現れたのである。——線部⑤のあとの「浩は自分から」で始まる一文をふまえて判断する。
(7)AとCだけを入れることになっているが、全部をあてはめると次のようになる。Aこれをやらあ。Bけがはどうしっか。Cけがか、ポンプで洗って、手ぬぐいでおさえていよ。Dおまえのも切れるようにしてやるから、痛くてもがまんして待っていよ。E……。DとEは順序が入れかわっても不自然ではない。
(8)Ⓐ「小刀」はすぐわかる。Ⓑは「物」に対する「心」ととらえるとよい。題名も手がかりとなる。

8 主題をつかむ ②

本冊 110ページ

解答

1 (1)**例スタシャックさんはアウシュビッツ絶滅強制収容所で腕に青黒い囚人番号を刻まれ、強制労働させられた。その後、収容所を脱出し、数人の仲間と一緒に村人に匿われた。**
(2)**ナチスの狂気と残ぎゃく性**
(3)**例明るく楽しそうに会話する若者たちに、未来への希望を感じたから。**(31字)
(4)**ウ** (5)**ア○ イ× ウ×**

解説

1 (1)問題は、スタシャックさんの戦争が終わるまでの人生であるので、政治家や学者になったことはふれなくてよい。アウシュビッツで強制労働させられていたことと、あとに脱出して村人に助けられたことが書かれていれば正解とする。
(2)少し前に、「ナチスの余りにもむごい残ぎゃくな行為を黙って見過ごせなかった」とある。つまり、「ナチスの狂気と残ぎゃく性」が、彼女の「心の痛み」になっていたのである。
(3)冒頭《ぼうとう》に、八重桜のたもとで明るい声で夢中で会話する男女の姿が表現されている。最後の段落は、その部分と重ね合わせた場面で、孫娘であるカロリーナの姿に、スタシャックさんのいう「未来の希望」を筆者も感じたのである。
(4)「塩のためでも、土地のためでもなかった」を言いかえた表現が入る。塩や土地のためというのは、すなわち、助けることによって、村の生活が豊かになって幸せな生活を送れるということなので、**ウ**が正解となる。
(5)**イ**スタシャックさんについて三十歳ぐらい老けていると感じたのは、妻のエルナさん。**ウ**は、「悪運を変えることができる」が誤り。

読解 説明的文章

9 事実と意見を読み分ける ①

本冊 112ページ

解答

1 (1)**例捕食者である魚のいる場所に近づかず、またはその場所から逃げること。**
(2)**A二六 B八**
(3)**ア・エ** (4)**イ**

解説

1 (1)——線部①の次の段落《だんらく》に、「あなたならどうしますか」とたずねた上で、その答えが書かれている。この部分をまとめるとよい。
(2)昼と夜のそれぞれの図から、成体が最も多くいる水深をとらえるとよい。
(3)最後の段落のはじめに「答えを言いましょう」とあり、そのあと、「まず」「逆に」と二つの「不都合なこと」が示されている。
(4)**ア**は、それぞれ理由がわかっているミジンコの生態を「不思議な」としている点、**ウ**は、おこなったのは実験ではなく調査なので、「実験結果を比べる」という点が誤り。

10 事実と意見を読み分ける ②

本冊 114ページ

解答

1 (1)ア (2)主観的

(3)例(より多くの人が)血液型性格判断をあたっていると思い込むことで、そうした性格特性を自然と身につけ行動するようになったということ。(55字)

(4)イ

解説

1 (1)第三段落《だんらく》に「ほんとうにそういった性格を……正しいものとして受け入れるんだよ」、第四段落に「たとえばA型なのに、そういった性格……人を思い出そうとしない」とある。この二段落をふまえた内容が「つまり」のあとにくる。

(2)第七段落に「客観的にはあたらない場合の方が多くても、主観的には『いつも』あたっていると思ってしまう」とある。「自分の個人的な経験からあたっていると思い込」むことを「主観的」という言葉を用いて表現している。

(3)——線部②の具体的な内容が、次の第十一段落で述べられている。よって、この段落の内容をまとめればよい。

(4)筆者は、第十段落で「血液型と性格特性との関係が強くなってきている」という調査データを事実として挙げ、第十二段落で「偏見やステレオタイプ」についての意見を述べている。**ア・ウ**の内容は本文からは読み取れない。また、**エ**に「科学的データを示すことでその考えの誤りを指摘しないといけない」とあるが、本文第八段落の「そういう人たちに、科学的な……考えを変えようとしない」の部分から、筆者は科学的データをもって誤りを指摘することは主張していないとわかる。

11 指示語・接続語をおさえる ①

本冊 116ページ

解答

1 (1)例感覚器官の認識プロセスと植物の生長過程が共通しているから。(29字)

(2)1目 2耳 (3)Aウ Bア Cオ

(4)感 (5)ア

(6)耳の重要性(5字)

(7)例まずどう発音するのかを考えることが大切(だから。)(19字)

解説

1 (1)——線部①に続く四つの段落《だんらく》で、設問にある根拠について説明し、「このように考えていくと」で始まる段落でまとめている。そこに「植物のいちばん最初の生長段階である芽の発音が、目にネーミングされていてもおかしくはない」とある。なぜおかしくないかというと、感覚器官の認識プロセスの最初にあたるのが「目」であり、生長段階の最初も「芽」だからである。つまり、「目」と「芽」は、認識のプロセスと生長過程の最初という点で同じだということから「根拠のあることだ」と思うようになったのである。

(3)Aは、あとに蛇の例を挙げているので「たとえば」が入る。Bは、前にある「目で見ることからものを認識」するということをあとで言い換《か》えて説明しているので「つまり」が入る。Cは、これまで述べてきた目や耳を中心とした「認識のプロセス」から、「鼻」に話題を変えているので、「ところで」が入る。

(5)直前の段落で、認識プロセスの最初が目で、最後が耳であると述べていることから、それが書かれている**ア**が正解となる。

(6)——線部③をふくむ段落は、すべて「耳の重要性」について書かれた部分であり、「それ」で始まる文も「耳の重要性」について述べている。また、その文中の「……意味をもっていることからも、類推できます」という表現もヒントになる。

(7)柳田国男は、「どんな字を書くの」と言って、どういう漢字を使うのか気にすることを「どんな字病」と名づけた。それは、「どう発音するのかを考えることが大切」だと考えていたためで、どういう漢字を書くかを尋ねることに対して、警告の意味を込《こ》めて「どんな字病」と言ったのである。

12 指示語・接続語をおさえる ②

本冊 118ページ

解答

1 (1)科学的真理を唯一の真理だと考える合理

主義者（21字）
(2)[例]日本が神国であることや日本人の優秀さによって、日米の物量の差を越えられると信じて戦争をした（結果。）（45字）
(3)[例]科学的に説明できないものはすべて誤りとする信条。
(4)オ

1 解説

1 (1)この文章は、日本人が戦争を境として、どのような人間からどのような人間に変化していったのかを述べたものであり。冒頭《ぼうとう》の一文は、それを短く提示したもの。かつては、田舎の人々を中心としてキツネにだまされるという話が当たり前のこととして伝わっていたが、戦後の「日本的精神」や「大和魂」の否定は、その他のことまで「迷信」「まやかし」として否定する精神風土をつくりだし、それが田舎の人々までも「科学的真理を唯一の真理だと考える合理主義者」に変えていったというのである。

(2)——線部②の前にある二つの段落に書かれている内容を要約する問題。一つ目の段落では、日本が神国であり、神に護られていると思われていたこと。二つ目の段落では、日本人が器用で優秀であり、たとえ物量面で負けているアメリカと戦争をしても勝てると思われていたことが書かれている。この内容を文字数に合わせてまとめればよい。

(3)前の段落には、戦後の日本人の信条は、「科学的に説明できないものはすべて誤りという風潮」であったと書かれている。

(4)キツネにだまされることを信じていた田舎の人々、つまり「伝統社会の人々」の間にも、科学を絶対視《ぜったいし》する精神が広がっていったのである。

13 段落の関係をつかむ ①

本冊 120ページ

解答

1 (1)Aエ　Bウ　Cア
(2)行きずりの人間関係のウォーミング・アップ
(3)[例]黙ってひとを押しのけ、移動する（人間。）（15字）
(4)沈黙　(5)ア

1 解説

1 (1) [A] の前では、満員電車やエレベーターで人を押しのけて移動しようとする人の表情に対して腹が立つという気持ちが、あとでは、そのような気持ちから導かれる状況《じょうきょう》が述べられているので、順接の「したがって」が入る。[B]は、続く文で、「アメリカでコーヒー・ショップに……」とあり、前の具体例を挙げているので、「たとえば」が入る。[C]は、前後で「べつにお天気がよかろうと悪かろうと」「当方の機嫌がどうであろうと」とあるので「あるいは」が入る。

(2)「そういう簡単なひとこと」とは、——線部①の直前でも書かれている「おりますよ」「ごめんなさい」のことである。満員電車内やエレベーター内でのちょっとした声かけのことを言っており、あとの喫茶店での例でも同じようなことが述べられていることから、[7]段落の「行きずりの人間関係のウォーミング・アップ」が——線部①と同じことを表現しているとわかる。

(3)[1]段落と[2]段落からとらえる。

(4)[D]をふくむ[9]段落では、「日本文化が沈黙によって支配されている」原因が考察されている。思っていることを口に出さなくても察してきた、または、察してくれたという実績から、「沈黙」への自信を深めていると筆者はみている。

(5)[1]段落から[4]段落は、満員電車内やエレベーター内での例、[5]段落から[8]段落は、喫茶店内での例、そして、[9]段落で筆者の考えという構成になっている。

14 段落の関係をつかむ ②

本冊 122ページ

解答

1 (1)ウ
(2)[例]第二次分配で肉をもらった人。
(3)エ　(4)イ
(5)[例]同じキャンプに暮らすピグミーにとっては、食べ物は共有の財産であり、それを分かち合うことは当然のことだから。
(6)ア　(7)[6]

1 解説

(1)本文中にでてくる、「第一次分配」と「第二次分配」のちがいについて整理しておく。「第一次分配」とは、2段落にある、肉の分配方式で、「猟を手伝った人たち」が受け取るものである。それに対して、「第二次分配」とは、第一次分配で肉を手に入れた人たちが、肉をもらえなかった人たちに分け与《あた》えるものを意味している。

(2)「その人」のあとには、「さらにほかの人に肉を分ける」と続く。「さらに」とあるので、「その人」は、だれかからすでに肉を分けてもらった人であることが分かる。つまり、(1)の解説ででてきた、「第二次分配」で肉を得た人が「その人」であることがわかる。

(3)「『A』という格言は通用しない」は、Aはまかり通らない、ということである。4段落では、猟に出なかった人も、みんなと同じように肉を分けてもらえるということが書かれている。つまり、「猟に出ない人は肉を食べられない」という意味合いをもった格言を選ぶ。

(4)ピグミーにとって肉の分配は、「当たり前のこと」であり、また、「とくべつ感謝される」ような行為《こうい》でもないと書かれている。その様子を表す言葉がBに入るので、**イ**「たんたんと」を選ぶ。

(5)ピグミーにとって、食料を分けるという行為がどのようなものであるかを読み取る。6段落では、キャンプについて、「食物を分かち合う人びとの集まり」であるとして、また、「キャンプのものは、みんなの共有の財産なのだ」と書かれているので、ここを中心にまとめる。

(6)「水くさい」には、「よそよそしい様子」「他人行《ぎょう》儀《ぎ》な様子」という意味がある。

(7)1段落の内容について、2～5段落でくわしく説明している。そして、6・7段落では、なぜそのようにしているのかが書かれている。

15 要旨をつかむ ①

本冊124ページ

解答

1 **(1)毎日の基本的な、一般生活に密接に関係する基礎語（23字）**

(2)イ　(3)その時、生

(4)A平仮名　B漢字　C片仮名　(5)イ

1 解説

(1)本文では、「ヤマトコトバ」と「平仮名の言葉」は、同じ意味で用いられている。第七段落に「平仮名の言葉は、」で始まり、その性質について書かれている部分があるので、それをぬき出す。

(2)すぐ前に書かれた内容をまとめたものは、**イ**である。

(3)――線部③をふくむ文の書き出しが「その結果」となっていることに注目する。これは、「だから」という接続語に置きかえることができるから、この文の直前に理由が書かれていることがわかる。

(5)**イ**は、二つの内容から成り立っており、前半の内容は、最初の段落に書かれている。また、後半の内容は、「明治時代以後」で始まる段落に書かれている。

16 要旨をつかむ ②

本冊126ページ

解答

1 **(1)例社会や文化によって〈ワガママ〉と感じられるかどうかの差。（28字）**

(2)例電車の中での大声での携帯電話の使用。

(3)a例自己信頼に支えられた自己主張の追求によって、自分を生かし、他者も生かすものになる（40字）

b例自己信頼がないために、自身の行動を律することができず、他人に多大な迷惑をかけるものになる（44字）

1 解説

(1)第二段落《だんらく》に「何が〈ワガママ〉と感じられるかは、社会によってかなり違う」とあることに注目する。

(2)他に、「子どものことで一方的に教師を責め立てる親」や「インターネットの掲示板での攻撃的な発言」なども正解。

(3)第七段落に注目する。「自己信頼に支えられた〈我がまま〉の追求は自分を生かし、他者も生かす」「自己信頼のない〈我がまま〉は〈ワガママ〉となって他人に多大な迷惑をかける」とある。この部分をまとめればよい。

17 詩・短歌・俳句を味わう ①

本冊 128ページ

解答

1 (1)エ (2)イ (3)やはり
(4)エプロンで手をふく
(5)イ・ウ（順不同）

2 (1)例飛び込み (2)蜂 (3)雲（たち）
(4)①ウ ②エ (5)イ

解説

1 (1)台所でエプロンで手をふく自分の姿から、同じように台所に立っていた自分の母の姿を思い起こしている。
(2)娘も台所で、母である作者と同じような手つきをしているのに気がついて、おかしく思っている。
(3)作者は、「ずっと先の先の未来」、「孫の孫」にあたるような若妻も、やはり同じようにエプロンで手をふいているのではないかと想像しているのである。
(4)「何気ない動作」とは、「エプロンで手をふく」こと。冒頭《ぼうとう》に九字で示されている。
(5)第四連では、「私の知らない」という表現がくり返されている（反復）。また、作者の母や祖母の姿と、「私」や娘の台所での手つきが重なるように、そうした何気ない動作のくり返しが、次の世代に脈々と受け継がれていくことに思いを寄《よ》せている。

2 (1)「水の反射」、「花に向つて落ち」「つき刺さるようにもぐりこんだ」などという表現から、飛び込《こ》み競技であることをとらえる。他には水泳なども考えられる。
(2)「日に焦げた小さい蜂」は、「あなた」をたとえたもの。
(3)この飛び込み台は、屋外にある。青空にうかぶ雲たちがプールの水面に映《うつ》る。冒頭はそのことを表現したものである。
(4)①も②も、上の漢字が下の漢字を修飾《しゅうしょく》する関係にあるが、①は、「反対に射《い》る」、ウ「常に用いる」と、動詞を修飾する関係にあるのに対し、②は、「液状の物体」、エ「他の国」と、下の名詞《めいし》（体言）を修飾する関係になっている。
(5)飛び込み選手のはずむような肉体の美しさを表現した詩である。自然に関する描写《びょうしゃ》もあるが、それらは主に比喩《ひゆ》であることをおさえる。

18 詩・短歌・俳句を味わう ②

本冊 130ページ

解答

1 ①オ ②カ ③イ ④ウ ⑤ク

2 ①イ ②ア ③ウ ④エ

3 (1)ア2 イ3 ウ4 エ1
(2)ア (3)イ (4)ウ
(5)①エ ②オ ⑤ア ⑥ク

4 ①柿・秋 ②鶯・春 ③大根・冬
④蟬（蟬の声）・夏

解説

1 ①音数も大きなヒントになる。二音で、かつ、「鳴く」とあるところから、「雁」となる。②下の「たなびく」という表現から「霞」。③五音で、かつ、「鳴かなむ」という表現から「ほととぎす」。④「袖こそにほへ」という表現から、香りの強い花であることがわかる。
⑤「降りみ降らずみ」の「み」は、動作がくり返し行われることを表す語で、「降ったり、降らなかったり」の意。したがって、「時雨」が入る。「時雨」は、冬のはじめに、降ったりやんだりする雨。

2 ①「松の葉」から「白露」が次から次へと落ちるさまをスケッチするように表現している。まさに、「ふつうの人なら見過ごし」てしまうような細かい情景をとらえた歌である。②飛び上がった一瞬の雀の姿《すがた》をとらえた歌。自然の中で生きている若い命のかがやきがある。③藤の花にむらがる蜂の「命のはげしさ」と、それを冷静に見つめる作者の心が描《えが》かれている。冷静に見つめる作者の様子は、下の句（最後の七・七）から読み取れる。④夕日の岡に金色のイチョウが散る様子がロマンチックに表現されている。

3 (1)**1**は冬の句、**2**は春、**3**は夏、**4**は秋の俳句を入れるとよい。
(2)日が西にしずむころ、東から月がのぼってくるのは満月のころ。**イ**〜**エ**は、いずれもこの俳句の説明としてふさわしい。
(3)「花の雲」とは、咲きつらなっているサクラの花を雲のようにたとえたもの。目の前につらなるサクラの花をながめていると、どこからか鐘の音が聞こえてきたというのである。

(4)「山彦」は、山や谷などで声が反響《はんきょう》すること。動物ではない。

(5)それぞれの作者の代表作はおさえておきたい。

4 季語と季節は、よく出題される。主な季語とその季節は覚えておきたい。

参考 3に出てきた作者の作品で、覚えておきたいものを挙げておく。

森鷗外＝「舞姫」「山椒太夫」「高瀬舟《たかせぶね》」
与謝野晶子＝「みだれ髪《がみ》」
松尾芭蕉＝「おくのほそ道」
芥川龍之介＝「鼻」「羅生門《らしょうもん》」「蜘蛛の糸」
正岡子規＝「病牀六尺」
川端康成＝「伊豆《いず》の踊子《おどりこ》」「雪国」
三島由紀夫＝「潮騒《しおさい》」「金閣寺《きんかくじ》」
夏目漱石＝「吾輩《わがはい》は猫《ねこ》である」「坊っちゃん」「三四郎」「それから」「こころ」「明暗」

思考力強化編

1 資料を読み取って書く ①

本冊 132ページ

解答

1 (1)例世界人口が増え続ける（ことから、）食料の不足（という問題があることが読み取れる。）

(2)例日本では昆虫の個体数が少なくなったことに加え、ニワトリやブタなどの安価なタンパク源が簡単に入手できるようになったから。（59字）

(3)例筆者は、餌から体へのエネルギーの転換効率がいいこと、次々に育ち、沢山の収量を得られることから、昆虫が主要な食料になるとしている。わたしも、昆虫は主要な食料になると考える。

食肉の需要増加による動物性タンパク質の不足が起こる可能性を考えると、タンパク源として昆虫食は有効だと思うからだ。前にイナゴを食べた時、見た目をきらう人がいたが、粉末状の食品もあるので、その問題も解決できるはずだ。（191字）

解説

1 (1)——線部にある「世界人口が増え続ける」ことと関連した内容をメモから探《さが》すと、「二〇五〇年に世界人口は九十七億人に」「二〇五〇年には二〇一三年の二倍の食料が必要」という情報がある。また、「動物性タンパク質の不足」という点にも着目すると、人口増加に伴《ともな》う「食料の不足」が問題になっていることが読み取れる。この内容が「〜ことから、……という問題があることが読み取れる。」という形に合わせて書かれていればよい。

(2)「今はそうではない」ことは、本文第一段落の「昆虫食の伝統は急速に廃れてしまった」という部分からもわかる。この直前に、昆虫食が廃れた理由が書かれている。

(3)本文の内容をふまえ、問われていることと条件を正確に把握《はあく》して解答する必要がある。

まず、条件の二つ目にしたがって、「将来、昆虫は主要な食料になるかもしれない」という筆者の考えの理由を本文中から読み取る。理由は第三段落で「昆虫は食べる餌から体へのエネルギーの転換効率がいいから」、「昆虫は世代交代が早く、次々に育つため、同じ時間でニワトリやサカナに比べより沢山の収量を得ることができる」という二点が挙げられている。これらをもとに、筆者の意見に対して賛成か反対かといった立場を明確に示して自分の考えを書く。（解答の一段落《だんらく》目）

次に、条件の三つ目にしたがって、解答の二段落目で示した自分の考えの理由を、(i)・(ii)を満たすように書く。実際に昆虫食にふれた経験や、そのような経験をした人から聞いたこと、ニュースや本で知ったことなどを挙げて、具体的に書くとよい。（解答の二段落目）

ここに注意 解答する際は、条件で指定された形式から絶対に外れないようにする。

2 資料を読み取って書く ②

本冊 134ページ

解答

1 (1)エ

(2)例寺田さんが「花いっぱい作戦」に参加するのは、この町の活性化の取り組みによって、新たな産業が増加していることを若い人たちに伝えるためです。それによって、地元にも働ける場所があることを若い人が知り、地元で働きたいと思う人が増えるのではないかと考えているということがわかりました。(137字)

解説

1 (1)【下書き】と、【作成した新聞】の一つ目の記事を読み比べて考える。【下書き】では、第二～四段落それぞれで、事実と感じたことを続けて書いている。しかし【作成した新聞】では、第一～四段落で事実を整理して書き、第五段落で感じたことをまとめており、内容が伝わりやすいように工夫しているといえる。

(2)【資料1】からは、若い人たちの70%以上が地元以外で働きたいと思っていること、その理由として地元に働ける場所がないこと、人をひきつける魅力がないことが挙げられていることがわかる。これがこの町の問題（課題）である。【資料2】からは、町の活性化のためにラベンダーを使った商品開発などに取り組むことで、新たな産業が増えていることがわかる。また、【作成した新聞】のⓐの段落から、ラベンダーは町の特産品であることが読み取れる。「花いっぱい作戦」は、町の活性化につながる取り組みの一つだといえる。これらのことをふまえて、まず、寺田さんが何のために「花いっぱい作戦」に参加しているのかをはっきり書き、次に、それが町の問題解決にどうつながるのかを説明すればよい。

3 資料を読み取って書く ③

本冊 136ページ

解答

1 (1)これらの植・しかし、製

(2)例（その中で印象に残った手すき和紙のよさは、）光を通しやすいことです。例えば、ちょうちんや照明器具には、その性質が生かされています。しかし、全国の手すき和紙生産者の後けい者は少なく、全国の手すき和紙製造業の事業所数も減ってきていることがわかったので、手すき和紙のよさを残していきたいです。(121字)

解説

1 (1)【資料3】から、手すき和紙が環境《かんきょう》にやさしいといえる根拠《こんきょ》を探《さが》すと、「★原料」の項目《こうもく》に、「これらの植物は、……森林破壊にはなりません。」、「★製造方法」の項目に、「しかし、製造の工程で……自然にもどります。」という文がそれぞれ見つかる。

(2)「その中で印象に残った手すき和紙のよさは、」という書き出しに続けて書くので、まず、手すき和紙のよさが語られている【資料2】から、特に印象に残った内容を一つ選ぶ。その際、【資料1】の手すき和紙が使われている例にふれ、よさが具体的に伝わるように書くとよい。【資料3】からは手すき和紙の後継者《こうけいしゃ》が不足していること、【資料4】からは手すき和紙製造業の事業所数が減少していることが読み取れるので、続けてこの内容にふれ、手すき和紙のよさを残していきたい、といった思いを書くとよい。

4 資料を読み取って書く ④

本冊 138ページ

解答

1 (1)①例教養とは、多くの知識やその広がりであるだけではなく、自分の行動や判断のよりどころとなる考え方をもち、それをもとに行動するという、揺るがない自分を造り上げるために必要なものであるということ。(94字)

②例教養を身につけるとは、広い知識や広い体験を材料の一つとしながらも、それによって自分を一つのあるべき形に押し込めるのではなく、いつも物事に対してじゅうなんに「開かれて」いる自分を「自分」であると見なし、行動や判断のよりどころを造り上げていく作業を、死ぬまでずっと続

けていくこと。（138字）

(2) 例 私は、小学五年生のときから、姉といっしょに朝のジョギングをしています。走るのが苦手だったので、姉に協力をお願いして、毎朝一キロメートル走ることにしたのです。

しかし、始めたころはすぐつかれてしまい、と中で歩いてしまいました。三日目には、「私には無理かもしれない。」と姉に言いました。姉は困った顔をしていましたが、「ちりも積もれば山となるっていうでしょう。きょりを短くして、少しずつでもいいから、続けてみようよ。」とはげましてくれました。そこで、きょりを半分に縮して再開しました。続けるうちに、だんだん楽に走れるようになり、きょりも少しずつのばして、歩かずに走れるようになりました。

姉の言った「ちりも積もれば山となる」という言葉は、学校の授業で習ったことのあることわざでした。そのときはあまりぴんときていませんでしたが、この経験によって、私を支えてくれるものとなりました。単なる知識だった言葉が、人をはげます言葉になると知ったのです。

このようなことから、私は、「自分を造り上げる」ためには、積極的に多くの知識をきゅうしゅうすること、そして、それを自分で考えて応用する姿勢をもつことが必要だと考えます。（495字）

解説

1 (1) ① 文章A が「多くの知識やその広がりが教養の一要素になっている」と述べたあとに続くものであることをふまえ、「揺るがない自分を造り上げる」とはどういうことかを、「あるいは」以降《いこう》に着目してとらえ、説明する。

② 文章B が「教養を身につけるとは、きちんとした人間として、正しいと思う方向に向かって自分を造り上げていくことなのではないか」と述べたあとに続くものであることをふまえ、「いつも『開かれて』いて、それを『自分』であると見なす作業」が「死ぬまで続く」とはどういうことかがわかるようにまとめる。

(2) (1)で読み取った、「自分を造り上げる」とは、自分の行動や判断のよりどころとなる考え方をもち、それをもとに行動する力をつけるという作業であり、そのためには開かれた自分である必要があるということをふまえて、自分の体験を具体的に挙げて書く。

5 課題・テーマを読んで書く ①

本冊 140ページ

解答

1 例 学習する上で、「知識を身につけること」と「考えること」の両方がどちらも大切だと言われているのは、知識が考える材料になり、考えることが知識を育てることになるからだと思います。

私は、五年生のときに、初めて俳句を作りました。「顔いっぱい笑う妹しゃぼん玉」という句です。しゃぼん玉で遊びながら楽しそうに笑う妹の顔を思いうかべて作りました。

俳句のきまりに、季語を使うということがあります。私の句でいうと、「しゃぼん玉」が春の季語です。季語をたくさん知っていると、生活の中で他のことをしているときでも、俳句を作るヒントになります。季語という「知識」は、俳句を作るという「考える」作業をするうえで、とても大切だと感じます。それと同時に、「しゃぼん玉」という季語はどんな情景を表現するのに適した言葉なのかということが、俳句を作ることで、具体的にイメージできるようになってきます。

このように、「知識を身につけること」と「考えること」は、どちらも欠かせないものなのです。（425字）

2 例

今年の春に、クラス対こうのドッジボール大会が行われました。ぼくは六年三組のリーダーになりました。

でも、クラスの中には、ドッジボールが苦手な人もいました。ボールがこわくてうまくパスを回せない人は、他の人に迷わくをかけてしまうのではないかと不安で、あまり積極的に取り組めないのではないかと考えました。反対に、得意な人は、苦手な人の気持ちがなかなかわからないかもしれないと思いました。

　そこで、副リーダーと相談して、得意な人と苦手な人でペアを組んで、ルールを確認したり、パスの練習をしたりする練習メニューを組みました。すると、苦手な人も少しずつ、ボールをキャッチしたり、投げたりすることができるようになりました。得意な人は、苦手な人に教える中で、これまで積極的に取り組めずにいた気持ちがわかったと言っていました。

　練習を重ねた結果、六年三組は優勝することができました。大会のあとで、ぼくの練習メニューのおかげだよ、ありがとうと言ってくれた人がいて、本当にうれしかったです。

　これからも、いろいろな立場の人の気持ちを考えて行動することを心がけたいと思います。

（272行）

解説

1 「知識を身につけること」と「考えること」の両方が大切だと考える理由を明確に述べたうえで、自分の体験を挙げて根拠とする。「知識を身につける」経験としては、学校で学ぶこと、生活の中で学ぶことなどさまざまな場面でのことが考えられる。そこで得た知識を材料にして、自分がどのように考え、行動につなげたかを具体的に書くとよい。

2 テーマは、「人から感謝された体験」と、それを通してどんな「自分のよさ」を見いだせたかということである。まず、どんなときに人から感謝されたかという体験を思い出す。そして、その中で、自分の強みや、これからもっとのばしていきたいと思うことにつながるものを選ぶ。書くときは、はじめに体験を挙げ、そこから感じたことや考えたことを書き、自分のどんなよさを見いだせたかがわかるようにまとめるとよい。

6 課題・テーマを読んで書く ②

本冊142ページ

解答

1 例 わたしは、食品ロスの問題を解決するための取り組みとして、外食するときに食べ残しを出さないようにすることが必要だと考えます。
以前、友達とファストフード店に行ったとき、おなかがすいていないのに、友達と同じ量を注文して、残してしまったことがありました。食べ残しを店内のゴミ箱に捨てるとき、とても申し訳ない気持ちになりました。自分の食べきれる量を注文すれば、まだ食べられるものを捨てたりせずにすみます。また、レストランでアルバイトをしている兄から、お客さんの食べ残しが多いという話を聞きました。最近では、先に料理の量をお客さんに伝えて、適量の注文をしてもらえるようにし始めたそうです。その結果、捨てる食べ残しが少しずつ減ってきているようです。身近な取り組みが、成果を出しているのだなと感じました。

　日本国内だけで年間約六四三万トンもの食品が捨てられているというのは、大きな問題だと思います。食品がはいきされている所がある一方、食べ物が足りなくて困っている国などもあります。それぞれに必要な分の食料が行きわたるためにも、食べ残しを減らす取り組みを日常の中でしていきたいと思います。

（484字）

2 例 ぼくは、情報を集めるときは、インターネットから集める方法がよいと思います。なぜなら、インターネットなら、準備するのに時間のかかる本よりも、新しい情報が手に入るからです。
　本のほうが、インターネットの情報より正確だという意見もあるかもしれません。しかし、調べる側がインターネットを適切に使えば、インターネットでも正確な情報を得ることができると思います。

　例えば、ぼくは自転車のルールについて知

りたいと思い、インターネットで検さくをしました。検さく結果はたくさんあったので、その中で、国土交通省のサイトと、警察庁のサイトを選んで調べました。国や市町村など、信らいのおける団体が発信している情報なら、本で調べるより手早く、正確な情報を得ることができます。また、法律は変わることがあるので、インターネットのほうが最新の情報を得ることができます。

　このように、信らいのおけるサイトを利用すれば、新しく正確な情報をすばやく手に入れることができます。だからぼくは、情報を集めるときは、インターネットを利用するのがよいと考えます。（454字）

解説

1 「食品ロスの問題」が、作文のテーマである。まず、自分の経験を示す。そして、その経験から、食品ロスの問題の解決策《かいけつさく》となる取り組みを考える。書くときは、自分の考えを明確に示し、それを裏付《うらづ》けるものとして自分の経験を具体的に挙げて書くとよい。「三段落構成」という指定があるので、内容ごとに段落を分けて書く。

参考

［構成の例］

・**第一段落**…自分の考え
第二段落…考えの理由（具体的な経験など）
第三段落…自分の考え（まとめ）

・**第一段落**…自分の考え
第二段落…考えの理由①（具体的な経験など）
第三段落…考えの理由②（具体的な経験など）

・**第一段落**…考えの理由①（具体的な経験など）
第二段落…考えの理由②（具体的な経験など）
第三段落…自分の考え（まとめ）　など

2 テーマは、情報を集めるときには、本とインターネットのどちらで集めるのがよいかということ。条件が細かく設定されているので、それにしたがって書くことに注意する。
　本から情報を集めることのよい点としては、時間をかけて作られているため、情報の正確さが保証されていることが多いということなどが考えられる。また、インターネットから情報を集めることのよい点としては、最新の情報を得られることなどが考えられる。自分の立場を明確にして、体験や見聞きしたことを具体的に挙げて書く。

7 課題・テーマを読んで書く③

本冊144ページ

解答

1 **例私は、にんじんを取り上げたいと思います。理由は、栄養が豊富で地域の特産品となっている野菜だからです。**
まず、にんじんについて、「紙しばい」を作って伝えたいと思います。にんじんのキャラクターが自己しょう介をする内容にして、食べると体にどんなよいことがあるか、どんな食べ方がいちばん栄養がとりやすいかを説明します。にんじんの栄養を示すグラフや、加熱した場合と生で食べた場合の栄養の変化を示したグラフを見せたいと考えています。

**　次に、地域の農家でにんじんを生産している人にインタビューをして、にんじん作りで工夫していること、どんな思いでにんじんの生産に取り組んでいるかを伝えたいと思います。生産者の方に直接質問をするコーナーも設けます。地元で作られているにんじんを身近に感じてもらいたいからです。**

**　この活動を通して、にんじんが苦手な人も食べてみたいと思うきっかけを作りたいです。**（383字）

2 **例グラフから読み取れることは、地域や社会をよくするために何をすべきか考えたことがあるという人は、二〇一七年度から二〇一九年度の間で12%増えているものの、二〇一九年度の時点で、考えたことがないという人が、45%、つまり全体の半数近くいるということです。**
**　ぼくは、地域の防災活動に興味をもち、防災イベントにはよく参加しています。イベントでは、ひなん訓練や、水などを運ぶためのバケツリレー、持ち出しぶくろの準備のしか**

たの説明など、災害時にすぐ必要となることを事前に練習したり準備しておいたりする取り組みが行われています。

ぼくは、小学生にも防災のためにできることがあるのではないかと考え、学校を中心とした地域のひなんマップを作ることを思いつきました。この地域では、ぼくたちの通う学校がひなん所の一つになっています。そこで、地域の住宅やし設からのひなん経路がわかるようなマップを、小学生の手で作ってはどうかと考えたのです。地域の人に相談したところ、ぜひやってみようということになりました。クラスで改めて提案して、班ごとにエリアを決め、町を実際に歩いて、町の人から話を聞き、マップの作成を進めています。

この取り組みは、地域のことを深く知るきっかけにもなっています。これからもこのような取り組みを提案していきたいと考えています。（554字）

解説

1 テーマは、地域のイベントで、野菜ぎらいの小学生が野菜に興味をもつような取り組みの提案である。したがうべき条件に注意する。まず、【資料1】から選んだ野菜が何かを伝える。そのうえで、その野菜のよさを伝えるのに合った取り組みを考え、【資料2】から適当なものを二つ選ぶ。選んだ取り組み一つ一つについて、具体的な活動内容とその目的を書くようにする。

2 テーマは、「地域や社会の人たちとの関わり」。まず、グラフを正確に読み取る必要がある。グラフから読み取れる変化としては、「地域や社会をよくするために何をすべきかを考えることがありますか」という問いに対して、「あてはまる」「どちらかといえばあてはまる」と答えた人の合計が、二〇一七年度から二〇一九年度の間で、43％から55％に増えていること。これは前向きな変化だといえる。また、読み取れる課題としては、二〇一九年度の時点で、「どちらかといえばあてはまらない」「あてはまらない」と答えた人が45％、つまり全体の約半数いるということである。

この結果をふまえて、地域や社会の人たちとの関わりを深めるための取り組みや考え方を、自分の経験や具体例を挙げて書く。

入試完成編

中学入試　模擬テスト〔第1回〕

本冊　146ページ

解答

1 (1)**エ**　(2)**ウ**
(3)**それぞれの〜にすること**
(4)**例 人間は、類人猿のベッドにあたる構造物として家をつくったあとに、寝る場所としてのベッドをつくったということ。**
(5)**例 家族や共同体の信頼関係を反映した場所であるということ。**　(6)**ウ**

2 (1)**1エ　2ア　3イ**　(2)**イ**　(3)**エ**

3 (1)**①エ　②オ　③イ　④ウ　⑤ア**
(2)**①価　②現　③勤　④段**

解説

1 (1)「期して」は、元の形に直すと「期する」である。「期待する」や「心に決める」という意味があるが、ここでは「安全を期する」で「安全を得ようとする」という意味で用いられている。

(2)人間以外のサルや類人猿の歴史に関しては、――線部①をふくむ段落《だんらく》からひと続きの三段落で説明されている。この部分の内容として正しいものを選ぶ。**ウ**は、本文中にある、原始的なサルたちが木の洞を寝場所にしていたこと、主食が果実や葉に変化したこと、群れで遊動するようになり、寝場所を毎晩変えるようになったこと、類人猿になりベッドを樹上につくるようになったことが書かれているため、正しい。**ア**は、「食物を効率的に探すために昼中心の生活になった」ことは書かれていないので、誤《あやま》り。**イ**は、「岩壁や洞穴で暮らすようになった」のは、人類の祖先であるため、誤り。**エ**は、サルたちが、毎晩違った木の上で眠るようになったのは、「大型の肉食獣から逃れるため」ではないため、誤り。

(3)――線部②をふくむ段落の二段落あとに、類人猿がベッドをつくる目的が説明されている。「それぞれの個体が仲間の存在を確認しながら安眠できるようにすることが目的とされている」とあるので、ここからはじめと終わりの五字を答える。

⑷「二次的」とは、「主となるものごとに対して、それに付属する関係にあるさま」という意味。ここで主となるものは、人間に先行する類人猿のベッドである。「類人猿のベッドにあたる人間の構造物は家であり」とあるため、家（住居）に付属するものとして人間のベッドがある、ということから、「二次的」という表現を用いているのである。人間のベッドは寝る場所（寝床《ねどこ》）であるため、その要素も入れて説明する。

⑸筆者は、人間以外のサルや類人猿の住宅の歴史を挙げ、祖先をふくむ人間と比較《ひかく》することで、住宅やベッドの役割を明らかにすることを試みている。人類の祖先が家族や仲間と寄り合って寝ていたことが、後の家族や共同体が単位となる住居につながったのではないかと予想し、住居の役割を、「人間の住居は家族や共同体の信頼関係を反映する場所なのである」としている。この部分を使って簡潔《かんけつ》にまとめる。

⑹**ア**は、ピグミーの人たちの事例を「人間の理想的な住まい」としているわけではないので、誤り。**イ**は、寝場所が「なわばりの中心部に作られた」のは、メスが子どもを置いて食物を探しにいくためなので、誤り。**ウ**は、最後の段落の「外からの来訪者に……備えていたのだろう。」に沿った内容が書かれているため、正しい。**エ**は、本文中に「類人猿は生まれつきベッドづくりの能力をもっていて」とあり、「ベッドをつくる習性を失った」わけではないので、誤り。

2 ⑴1「いわば」は、「言ってみれば」「たとえて言えば」という意味。前の内容を「自虐的な立場」とたとえて言っている。2「いったい」は強い疑問《ぎもん》を表すので、「～でしょうか」という疑問の形の文末につながる。3「なかなか」は、あとに「～ない」などの言葉がついて、簡単に実現しないさま、という意味を表す。

⑵本文の第一・二段落目の内容をとらえ、AとBにあてはまる、「日本」と「世界」を区別する二つの対照的な立場を答える。一つ目の立場は、「日本を世界よりも下に置くという見方」で、二つ目の立場は、「『日本は素晴らしい』と考える立場」である。よって、適切な組み合わせは、**イ**。

⑶——線部のあとに、「（二つの立場）いずれの場合も、日本と世界とを必要以上に区別してきた」とあるので、対照的な立場であっても、日本と世界の関係性を過度に区別して考えている点で、二つの立場は共通していると筆者はとらえている。このことを、「面白い」と述べているのである。

中学入試　模擬テスト〔第2回〕

本冊150ページ

解答

1 ⑴**Aオ　Bア　Cウ**　⑵**中学受験の～という作戦**　⑶**ウ・エ**（順不同）　⑷**エ**
⑸**Ⅰお母さんにむりにさせられている　Ⅱやる気が出ない　Ⅲ自分がどうしたいかということ**

2 ⑴**Aウ　Cオ**　⑵**エ**　⑶**例成長に適切な放電時間**（10字）　⑷**短縮**

3 ⑴**川**　⑵**夏**　⑶**目**　⑷**百**　⑸**石**

4 ⑴**カ**　⑵**ウ**　⑶**ク**　⑷**ア**　⑸**エ**

解説

1 ⑴ A 直前に立ち去ろうとする陽菜子を、ここちゃんは「ちょっとだけだから、おねがい。」と引き留めているので、それだけ話したい気持ちが強く、必死であったことがわかる。B 直後の「やさしそうな薄い眉毛が八の字にさがる」の部分から考える。人間はこまった時などに眉毛が下がるため、ここちゃんがこまった顔をしていることがわかる。C 直前で陽菜子が「ありがとう」と感謝を伝えたあと、ここちゃんが「よかった」と安心していることがわかる。

⑵——線部①のあとで、「キャンペーン？」と陽菜子がたずねている。それに答えたここちゃんの言葉からぬき出す。

⑶——線部②の前で、莉紗ちゃんが「地元の中学に行く子をふやそうキャンペーン」をしている理由を、ここちゃんが説明している。地元の区立中学に行く人が少なく、さびしいことと、莉紗ちゃんが塾を辞めたのは家庭の事情が理由であったことが語られているので、それに合った内容の選択肢《せんたくし》を選ぶ。

⑷ここちゃんは、莉紗ちゃんとさくらちゃんが陽菜子を映画に誘おうとしたことが、キャンペーンの一《いっ》環《かん》であることを知っていたので、だましているように感じ、陽菜子を誘うのをやめさせたのである。塾

に行くことはその人の自由であるとここちゃんは考えており、友達のせいで陽菜子が塾に行かなくなることを避《さ》けたかったと考えられる。

(5)陽菜子は、「さらに、わからなくなっちゃったなあ。」と自分の受験に対する気持ちの行き場が見えないことを再確認《さいかくにん》し、笑おうとしたが、笑えなかった。それは、ここちゃんの、塾に行って中学受験をすることはその人が決めることだ、という発言が強く心にひびいたからである。そこで陽菜子は自分の受験に対する気持ちは、自分がどうしたいか、という問題であったことを自覚したのである。

2

(1) A の前で、島根県の高校生が発表した実験結果の内容が説明されている。電気を与えると植物の成長は早くなるものの、放電時間を長くしすぎると成長の度合いは下がるという実験結果をまとめて、A 直後の「『適切な放電時間をつきとめること』が必要であり……と結論付けています」と述べているので、前の内容をまとめるはたらきをもつ「つまり」が入る。

C の前で、「雷が多い年は豊作になる」ということが証明されたとは断言できないとした上で、C のあとで一つの根拠にはなると述べている。前のことがらに条件をつけているため、「ただ」が入る。

(2)放電を長くしすぎてもいけない、ということが書かれているので、何事もやりすぎることは足りないことと同じようによくないこと、という意味の**エ**が答えになる。

(3)直前の「適切な放電時間」を用いて答える。何に必要なものかということを考え、植物の「成長」という言葉を入れてまとめられるとなおよい。

(4) B の直後に「生産量の向上につながる」とある。生産量を増やすためには、収穫サイクルを早めることが重要なので、「短縮」が入る。

3

(1)泳ぎの上手なカッパでも、時には川の水におし流されることがあるということから、その道の名人といわれる人でも、失敗することがあるという意味のことわざ。「弘法《こうぼう》も筆の誤《あやま》り」や「猿《さる》も木から落ちる」も同様の意味をもつ。(2)夏の夜に、火の明るさに引き寄せられて飛んできた夏の虫が焼け死ぬことから、自ら進んでわざわいの中に飛び込《こ》むこと。(3)二階にいる人が下にいる人に目薬をさすことから、もどかしいことのたとえ。(4)雀《すずめ》は死ぬまでとびはねるくせがぬけないことから、若《わか》い時の習性は年を重ねても変わらないこと。(5)冷たい石の上にも三年座《すわ》り続ければあたたかくなることから、がまん強くがんばれば、必ず成功すること。

4

(1)身内のことを言うときは謙譲《けんじょう》語を用いる。「来る」の謙譲語は「まいる」。(2)目上の人には尊敬《そんけい》語を用いる。「見る」の尊敬語は「ごらんになる」。(3)身内のことを言うときは謙譲語を用いる。「会う」の謙譲語は「お目にかかる」。(4)対象がねこ(動物)の場合、相手を高めることも、自分がへりくだる必要もない。よって、丁寧《ていねい》語を用いる。(5)目上の人には尊敬語を用いる。「する」の尊敬語は「なさる」。

中学入試　模擬テスト〔第3回〕

本冊　154ページ

解答

1　(1)X エ　Y ア　(2)五百円足らず(←)　(3)例課題図書は読まずに、それを映画化したDVDを見て、読書感想文を書くこと。(36字)　(4)イ　(5)頭の中で想像する(楽しみ。)(8字)　(6)ウ　(7)エ

2　(1)A エ　B カ　C オ　(2)例学校では評価が表から見えにくい工夫がされているが、社会では競争がきつい「評価社会」であること。(47字)　(3)限界　(4)ウ　(5)ものです。　(6)イ　(7)ア×　イ○　ウ×　エ○

3　(1)ウ　(2)キ　(3)ケ　(4)ア　(5)エ

4　(1)①イ　②ア　③エ　(2)①異　②着(就)　③直　④支

解説

1

(1)X「ぱらぱらと」は、ここでは女性誌をめくる音を表している。Y「ずるずると」は、物事のしまりがないさまを表している。

(2)本を読まない「知り合いの四十代の女性」の「どうして本を読むんですか」という質問に対する筆者の答えの中からぬき出す。

(3)指示語の指す内容を答えるので、――線部②の前の部分を見る。筆者がラジオで聴いた、楽に読書感

想文を書く方法の内容をまとめる。「課題図書を読まない」「映画化したDVDを見る」という内容が書かれていれば正解。

(4)自らも幼い子供がいる親であるにもかかわらず、女性アナウンサーが、課題図書を読まない読書感想文の書き方を肯定《こうてい》したことに、筆者は「びっくり」しているのである。

(5)筆者は、直接情報が伝わる画面（映像《えいぞう》）ではなく、本を読んで得た文字の情報から頭の中で想像することが楽しみなのである。

(6)筆者は子供のころから本を読んで過ごしてきたため、一冊も本を読んでこなかった人に対しての理解をもつことができず、質問をして理由を考えている。

(7)「習うより慣れよ」は、人や本などから教わるよりも、実際に体験した方が覚えやすいということ。――線部⑥のあとにある内容をまとめたことわざと言えるだろう。

2 (1) A 筆者は前の段落《だんらく》で伝えなければならないことが二つある、と述べているので、並立《へいりつ》・累加《るいか》（添《てん》加《か》）の意味の「そして」を選ぶ。B 前の部分では、どんなに優秀で恵まれている人でも挫折を経験しているはずとあり、B のあとで「そうは見えないとしたら、」と反対の内容を述べている。よって、逆接の意味の「しかし」を選ぶ。C 直後の内容は、人生の苦味をうま味に変えることができる具体例なので、「例えば」を選ぶ。

(2)指示語の指す内容を答えるので、――線部①より前の部分を見る。学校と社会の評価のされ方のちがいを、「ズレ」としているのである。「学校では……社会では……。」と答えるようにする。

(3)「無限」とは対照的な言葉を入れる。「君にはこういう限界がある」の「限界」が答え。

(4)「自分の限界や挫折を知らない子どもたち、あるいはなかば知っていながらそれを認めたくない子どもたち」を簡単《かんたん》に表しているものを選ぶ。自分よりも優れた他者を認めない姿勢は、自己中心的な姿勢とも言える。よって、自分が一番えらいと思っていることを表している「オレ様」が正解。

(5)筆者が「苦味」という言葉を用いているのは最後の三段落である。「どうしても噛みしめざるをえない」ということから、「苦味」を経験する話が書いてある段落、「これを私は人生の『苦味』……ないものです。」の段落の最後に入る。

(6)「そういうもの」に注目し、前の部分を確認する。挫折という苦味を経験しても、それをうま味に変えることを、筆者は「人が生きる」ことだと考えている。それが書かれている**イ**が正解。

(7)**ア**本文中に「子どもはみんな可能性を……雰囲気があるようです」とあるので、誤《あやま》り。**イ**「自分がどんな狭い世界でもいいから……増えてきたからでしょう」の部分から、自分が一番でいたい子どもが増えてきたと考えられるので、正しい。**ウ**最後の段落では、「ストレスなどを感じながらも評価される」ことが人生のうま味につながると書かれている。評価することが大切ではないので、誤り。**エ**最後の段落に苦労の先に「知らない自分に出会ったりとか」とあるので、正しい。

3 (1)「夏の午後」に起きる「自然の激しい力」を表す現象を選ぶ。「夕立」は、夏の午後のにわか雨のことで、夏の季語。

(2)「春」に「鮮やかに咲く低木の花」を選ぶ。つつじは晩春《ばんしゅん》に咲く花で、春の季語。

(3)冬に川で洗った葉の生えた食べ物を選ぶ。「大根」は、冬の季語。

(4)夏の不順な天候を表す言葉を選ぶ。「五月雨」は、五月ごろに雨が長く降《ふ》り続くこと。四月から六月は、暦《こよみ》の上では夏のため、夏の季語。

(5)冬に吹きつける激しい風を選ぶ。「こがらし」は、秋の末から冬の初めにかけて吹く強く冷たい風のことで、冬の季語。

4 (1)①この場合の「で」は、場所を表すので、答えは空港という場所を示している**イ**。

②この場合の「ない」は、上にある語の意味を打ち消す意味をもつ。「泣く」を打ち消している。**ア**が答え。

③この場合の「の」は、「こと」と言いかえることができる。「話すことは得意だ」と言いかえることのできる**エ**が答え。

(2)①「正常」は、正しいとされる状態にあること。対義語は「異常」で、普通《ふつう》とちがっていること。②「退任」は、任務をやめること。対義語は「着任」もしくは「就任《しゅうにん》」で、任務につくこと。③「間接」は、対象のものとの間に他のものが置かれて、物事が行われること。対義語は「直接」で、間に他のものが入らないこと。④「収入」は、金銭《きんせん》などを自分のものとして収めること。対義語は「支出」で、自分の所有している金銭などを支払《しはら》うこと。